脱コモディティへのブランディング

―企業ミュージアム・情報倫理と「彫り込まれた」消費―

白石弘幸［著］

創成社

まえがき

　本書は，海外メーカーとの関係で競争力が低下し競争優位を失っている日本企業のうち，製品のコモディティ化にその原因がある企業を念頭に，競争力と優位を再生・再構築するためにはどうすればよいかという問題意識で筆者が行ってきた研究の成果をまとめたものである。同様の意識でものづくりや使用価値で見た製品の差別化に関して論じている研究書は多いが，本書ではむしろ口コミと情報倫理，企業設置の体験型施設，ブランドと製品の経験価値，オフマーケット・ブランディングによる脱コモディティ化が重要な位置を占めている。

　読者として，このような問題に関心のある実務家・研究者・学生を想定しているが，市民・消費者という立場の方々にも是非一読してもらえればと願っている。なぜならば，後半で取り上げる企業ガーデンや企業ミュージアム等の体験型施設は，ブランディング機能を担いうる以外に，環境保護に関する啓蒙，実践的な科学技術教育，食に関する教育（食育），就業体験の提供と働くことへの関心喚起，ものづくりや農業などへの興味の刺激に関して大きな役割を果たしている。そのほかの活動で地域社会の活性化に多大な貢献をしている施設も少なからず見られる。そしてこういう活動には，企業ならではのもの，企業だからこそ有効に行えるというものも多い。このため企業の社会的責任（CSR）の遂行という側面もあるという見方もできる。

　しかしながら人材，土地・設備，資金など企業が保有する資源も限られているから，こういった活動を企業が行うのにも限界がある。そのため，市民・消費者がこれらの活動を「あまり意義がない」，「大して重要ではない」と低く評価してしまうと，企業はこういった次世代育成等に消極的になり，これに対する取り組みは低調になりかねない。すなわち企業側の意識や考え方もさることながら，こういう企業による次世代育成等の活動が高度（活発）な状態で維持

されるために重要なのは市民・消費者側の評価である。

　したがって脱コモディティ化戦略の1つのあり方を実務家・研究者・学生に示すとともに，市民・消費者である読者に，こんなに次世代育成と社会貢献に努力している企業があることを知ってほしい，まずはこの頑張りを見ていただきたいという思いが本書には込められている。

　こういう本書の趣旨を理解し，刊行の意義を認めてくださった株式会社創成社に，この場を借りて心よりの御礼を申し上げたい。

2016年1月

著　者

目　次

まえがき

序　章　問題の所在とプロセスモデル ── 1
　　1．問題の所在 ── 1
　　2．本書におけるプロセスモデル ── 2

第1章　製品のコモディティ化 ── 8
　　1．薄型テレビ小史 ── 8
　　2．価格競争とコモディティ化 ── 12
　　3．コモディティ化の原因 ── 17
　　4．ものづくりとマーケティングの連携意義 ── 30

第2章　口コミの形成 ── 34
　　1．口コミの本質 ── 34
　　2．口コミの発生 ── 39
　　3．口コミの伝達と波及 ── 44
　　4．口コミの効果と影響 ── 46
　　5．口コミが信頼される理由と要件 ── 50
　　6．バズマーケティングと口コマれるブランドづくり ── 57

第3章　パブリシティ ── 63
　　1．パブリシティの本質 ── 63
　　2．パブリシティと広告の比較 ── 67
　　3．パブリシティの基礎づくりと刺激 ── 72

4．パブリシティの効果 75

第4章　ブランディングおよび販売促進と情報倫理 ———— 83
　　1．企業における倫理とコンプライアンス 83
　　2．情報倫理と経営倫理 88
　　3．ブランド選択と購入判断に関わる情報提供の倫理 92
　　4．パブリシティにおける情報倫理 96

第5章　ブランディングと「彫り込まれた」消費 ———— 101
　　1．ブランドの本質と階層性 101
　　2．ブランド・ロイヤルティ 107
　　3．不確実性および知覚リスクとブランド・ロイヤルティ 111
　　4．資産としてのブランドおよびブランド・ロイヤルティ 119
　　5．ブランド・ロイヤルティと「彫り込まれた」消費 125
　　6．オフマーケット・ブランディング 131

第6章　経験価値による脱コモディティ化 ———————— 143
　　1．ものづくりとマーケティングの相互補完 143
　　2．薄型テレビのコモディティ化―再考― 144
　　3．シグナル価値の形成 147
　　4．経験価値 149
　　5．脱コモディティ化と経験価値 155
　　6．体験型ブランディングの意義 163
　　7．体験型施設の本質・意義・形態 167
　　8．体験型冠施設の運用における要点 178
　　9．経験価値を高めるホスピタリティ 185

第7章　企業パークおよび企業ガーデンとブランディング ── 193

1．伊那食品工業「かんてんぱぱガーデン」……193
2．ノリタケカンパニーリミテド「ノリタケの森」……204
3．石屋商事株式会社「白い恋人パーク」……220

第8章　企業ミュージアムとブランディング ── 235

1．ヤンマー「ヤンマーミュージアム」……235
2．東芝「東芝未来科学館」……246
3．川崎重工業「カワサキワールド」……256
4．日清食品「カップヌードルミュージアム」……266

謝　辞　283
引用文献リスト　285
索　引　293

序 章

問題の所在とプロセスモデル

1．問題の所在

　日本における家電業界の歴史を概観すると，ほとんどのメーカーにおいてテレビ事業は長らくPPM（Product Portfolio Management）でいうキャッシュカウ（Cash Cow）的な存在にあった[1]。ところが薄型テレビ市場が本格的に立ち上がって3年から4年が経過した後，状況が大きく様変わりした。すなわち2007年前後から薄型テレビ事業の収益性は悪化し続け，大手家電メーカーのテレビ部門の利益率は軒並み低下した。この過程でAQUOSブランドで当該市場をリードしていたシャープが経営危機に陥った[2]。パナソニックの業績悪化もテレビ部門の低迷が一因だったと見られ，同社は2013年にプラズマテレビ事業から撤退した[3]。

　日本の大手家電メーカーにおけるこのような薄型テレビ事業の不振と収益減少の原因として挙げられるのは，サムスン電子やLG電子等韓国メーカーの追い上げ，テレビ放送の地上デジタル化と家電エコポイント制度による需要の先食いおよび同制度終了による需要の落ち込みである。従来は，世界的なスポーツイベント開催前にはテレビの需要が伸びる傾向が見られたが，実際このような海外メーカーの競争力向上と制度的要因もあって，オリンピック開催年だった2008年と2012年においても国内メーカーのテレビ事業の収益性は低迷したままであった。

　しかし当該原因として忘れてはならないのは薄型テレビのコモディティ化である。これは従来ともすれば市場の成熟化に関係する現象としてとらえられがちだった。しかし成熟化は需要の頭打ちによりプロダクト・ライフサイクル曲線がピークを迎える状況であるのに対し，コモディティ化は製品の差別化が困

難になって価格だけが主たる競争ファクターとなる現象である[4]。そういう意味で両者は似て非なる概念である。製品によっては成熟化とコモディティ化がタイミング的にほぼ同時期に現れることもあるが，理論的には「オープン・モジュラー化等の進展により製品のコモディティ化と低価格化が起こる。そしてそれは当該製品の普及率を高め，需要の飽和と当該製品市場の成熟化を導く要因になりうる」と考えるのが適当である。

製品のコモディティ化が進むと，当該製品事業の企業間競争はもっぱら価格をめぐるものとなり，ほとんどの企業の利益率が低下する。前述した薄型テレビは2007年前後からまさにそのような状況に陥ったと考えられる。企業がある製品の利益率を高く維持するためには，当該製品のコモディティ化がもたらす負の影響を回避する必要がある。

本書では，薄型テレビの市場価格推移を概観した後，コモディティ化とは一体いかなる現象なのかというその本質と，それはなぜ起こるのかという原因について考察する。その上で，脱コモディティ化を図るためにはものづくりとマーケティングの連携が必要であることを説き，その具体的戦略すなわちコモディティ化の利益率に対するマイナス影響を回避するための処方箋として製品とブランドに関する経験価値の形成と提供を取り上げ，その意義について検討する。

2．本書におけるプロセスモデル

企業の販売促進活動は従来，新規顧客の獲得，言い換えれば初回購買の刺激を念頭に，テレビCMや新聞広告に代表されるような不特定多数を対象にした情報提供，ある種のマスコミュニケーションとして行われてきた。つまり従来のマーケティングでは市場を開拓し，新しい顧客層を創造するということに力点が置かれていた。この重要性について，ドラッカー（1974）は次のように述べている。「企業は社会の機関であるから，企業の目的も社会の中にあるのでなければならない。企業の目的についての妥当な定義は一つしかない。それは『顧客を創造する』ことである。顧客こそ企業の基盤で，企業を存続させ

序　章　問題の所在とプロセスモデル　◎── 3

る」(Drucker, 1974, 61；邦訳上巻，93-94)。

　しかしながら，このような不特定多数を対象にした広範囲情報提供型のマーケティングは初回購買の刺激を重要目的としながらも，購買意欲喚起に関する有効性は実際は限定的であり，その効果は商品の認知度向上にとどまるという批判も従来よりあった。またこれと関連するが，商品の存在を認知したり，その名称を記銘することが現実の購買に結び付く可能性は必ずしも高くないという考え方もあった。

　そこで本書が注目するのは，企業ガーデンや企業ミュージアム等の体験型施設における製品とブランドに関する経験価値の付与，口コミの形成とパブリシティの拡大である。そういう経験価値の付与は本人の内部で心理的差別化を通じて，またブランディングを媒介して自社製品の非コモディティ的ポジションへの誘導，すなわち脱コモディティに機能する。たとえ製品の機能・性能が他社製と変わらなくとも，体験型施設で楽しい思い出ができた個人にとって，その企業の製品とブランドは特別なもの，時にはかけがえのないものとなるのである。

　一方，ブランドの選択と商品の購買意思決定において口コミの影響が近年高まっている。第2章で述べるように口コミは本来，自然発生的なもので，また自然発生的で非営利的だからこそ信頼性が高く，ブランド選択や購買意思決定における重要情報として参照ないし依拠される。第3章で取り上げるパブリシティにも，これに似た側面がある。

　ただしここで注意しなければならないのは，情報倫理の問題である。すなわち近年における情報通信技術，いわゆるICT (Information and Communication Technology) の進歩により顧客情報取得と販売促進の利便性が向上したが，個人情報の漏洩リスクや販促におけるICT悪用の余地も大きくなっている。法律上の違反はなくとも，倫理的，道徳的に問題があるのではないかと思われるような業務行為も増大した。口コミにおいてもそれは例外ではなく，その操作と歪曲化が問題となっている。端的にいえば，現状ではモラルとコンプライアンスの意識が技術の発達すなわちICTの発展に追いついていない。

　情報倫理が確立されればブランドと製品に関する口コミが刺激されるとは必

ずしもいえないが、現代において情報倫理と口コミはこのように密接な関係にある。言い換えれば今日、情報倫理の特に重要な対象となっているのは口コミである。実際のところ口コミはブランドの選択や購買意思決定に強い影響力を持つ一方、これに歪みを与えるステルス投稿等が相次いでいるため、口コミをめぐる情報倫理の確立が関心事となり、また急務となっている。そういう意味で現代において情報倫理の確立が特に大切となっている領域は口コミなのである。

　このような情報倫理の未確立は、ブランディングにとって大きなマイナス要因となる。より具体的には、継続的かつ組織的な努力によって自社のブランドを確立しても、情報倫理が軽視されていたりいい加減になっていたりすると、これに反する行為を招き、確立したブランドを危機にさらすことになる。ブランドの認知度向上とロイヤルティ形成は一朝一夕ではなされず、ブランディングには長い年月にわたる地道な努力が必要である一方、情報倫理に反する事態が起これば自社ブランドに対する信頼は瞬時に失われかねない。多数の社員による長期にわたる苦労が実って確立したブランドも、不祥事が起これば簡単に崩壊しうるのである。こういった情報倫理の問題は第4章で扱う。

　企業ガーデンや企業ミュージアム等の体験型施設は実体験の付与を通じて、製品およびブランドに経験価値を形成し、これを高める（図表序－1）。この実体験には体験学習も含まれ、学習の成果としてその企業や製品に関する知識や認識が植え付けられるという側面もそこにはある。もっともその実体験は快いものであり、その記憶が良き思い出として残るものでなければならない。このような経験価値は本人の内部においてブランド・ロイヤルティの形成と強化に機能し、情緒的なロックイン型消費、いわば「個人に彫り込まれた」消費を実現する。これは来場者においてブランディングが進んでいることを意味する。この点については第5章と第6章で詳しく述べる。

　さらに体験型施設の来場者が当該施設、その企業の製品とブランドに関する口コミを発信することで、他者のブランド認知と好感度を高めることもある。またマスコミがニュースや記事として体験型施設に関する話題を取り上げることにより、ブランドと製品の露出が増える。体験型施設を設けることで、第3

図表序-1 本書のプロセスモデルと章構成

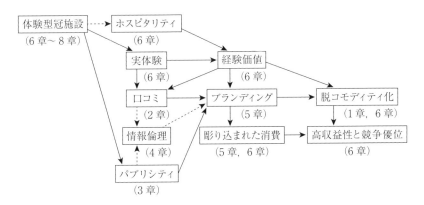

A ─→ B　AがBを付与・創出・強化するという関係
A ┄→ B　AがBを具備・保持するという関係

章で取り上げるパブリシティ効果が期待できるのである。これは来場したことのない人に対するブランディングに機能する。

　つまり楽しい実体験の付与は「面白かった」,「家族で行くと楽しいかも」という当該施設自体に関する口コミも生じさせうるし,経験価値の増大を通じて,また学習の成果として「品質管理は万全で安心」,「信頼できるブランドみたい」といった製品とブランドに関する口コミも発生させうる。前者すなわち体験型施設に関する口コミは,特に施設名にコーポレート・ブランドまたは主力製品ブランドが冠されている冠(かんむり)施設の場合,当該ブランドのネームコーリング,連続的な称呼とこれを通じた記銘につながる。つまり「A社展示館は楽しい」という口コミが発せられるたびに,「A社」が発信側と受け手側で意識づけられるのである。パブリシティについても同様のことがいえ,こういう効果が特に大きくなるのは冠施設においてなのである。

　ただし口コミによるプラスのブランディング効果を得るためには,先にも述べたように提供される実体験は快く楽しいものでなければならない。したがって体験型施設の運用にあたっては真心を持った触れ合いないしホスピタリティ,いわゆる「おもてなし」の意識と実践が重要となる。言い換えれば,ホ

スピタリティがなくとも体験型施設という物理的空間があれば実体験はなされる。しかしその実体験が楽しいものとなり，事後的に良き思い出となって来場者の心の中に残り続け，製品とブランドの経験価値形成に関してプラスに作用するためには，当該空間でホスピタリティが実践されていなければならない。つまりどんなに立派な洗練された空間であっても，真心による触れ合いとおもてなしの心がなければプラスの経験価値は生まれない。いわばハードが整備されているだけでなく，ソフトの充実も必要なのである。

　このような製品とブランドの経験価値形成およびこれによるブランディングは，自社製品を脱コモディティに導き，また「個人に彫り込まれた」消費を実現する。これは競合製品との泥沼的な価格競争と利益率低下を回避し，自社の収益性を高めて新たな競争優位を構築することにつながる。

【注】

1）PPM（Product Portfolio Management）は複数の事業・製品を保有する企業における各事業，各製品のポジションを市場の成長率と自社の相対的マーケット・シェアで分析するフレームワークで，ボストン・コンサルティング（Boston Consulting Group）によって考案された。キャッシュカウ（Cash Cow）は市場成長率が鈍化している一方，自社の競争力は維持され，資金の供給源となっている事業・製品をさす。ここではその資金供給源的な役割に注目してこのことばを使っている。
2）シャープは主力二行のみずほコーポレート（現みずほ）銀行と三菱東京UFJ銀行による3,600億円の融資により当座の危機は乗り越えたものの，財務基盤の再構築を図るため海外企業を含む他社の出資をしばらく模索した。
3）パナソニックでは2009年，2010年，2012年各年3月期に税引前利益が赤字となった。なおこのような収益に対する薄型テレビのマイナス影響は家電量販企業にも及び，投資家向け専門誌の業績概況欄には，上新電機「地デジ移行特需の反動大きい。柱の薄型テレビ，録画再生機器の落ち込みが想定以上」，ケーズホールディングス「テレビ底ばいで利益回復鈍い」，ヤマダ電機「テレビ急降下とパソコン不冴えで既存店前年割れ」といった文句が並んだ（東洋経済，2013，1465；1495；1784）。
4）本書では「商品」ということばと「製品」ということばが使われる。製品は「技術や製法などに基づく物理的，機能的な財」（博報堂ブランドコンサルティング，2000，14)，言い換えれば製造業者により生産された有形物をさすのに対して，商品というのは販売され

るもの全般を意味する。したがって商品には農産物や魚介類，サービスも含まれる。例えば畑から収穫されスーパーの店頭に並べられたキャベツは，商品であるが製品ではない。また銀行の預金やローンも製品ではなく商品ということになる。つまりこれらは金融商品ではあっても金融製品ではない。一方，製品も流通過程にのせるべく出荷段階になると，商品とも呼べるようになる。

第1章

製品のコモディティ化

1．薄型テレビ小史

（1）シャープと液晶事業

　薄型テレビの主要パーツである液晶パネルは，従来，シャープが高い技術力とマーケット・シェアを誇っていた。「シャープと言えば液晶，液晶と言えばシャープ」という感さえあった。言い換えれば，液晶技術はシャープにとってコア・テクノロジーであり，これを土台にして開発・製造する液晶パネルと，さらにこれを中核部品として組込む液晶テレビのビジネスは同社にとってコア事業であった。

　加護野（2004）によれば，コア事業すなわち「短期的にも長期的にも企業の根幹となっている主力事業」を保有している企業はそうでない企業よりも業績が全般的に良い（加護野，2004, 6）。これはコア事業が市場において強固な競争力を持ち，高いシェアを維持するために収益の源泉，PPM（Product Portfolio Management）でいうキャッシュカウ（Cash Cow），いわゆる「金のなる木」としての役割を果たすからである[1]。またコア事業は「技術の供給源」となり，当該企業の長期的な成長を支える。シャープの液晶事業は同社にとって，このようなコア事業であった（前掲同所）。同社の液晶事業は技術的な観点で市場のリーダーであったし，この事業はシャープという企業の存続と成長を支えるような存在であり続けてきたのである。

　このようなロジックに立脚すれば，コア事業としての液晶パネルないし液晶テレビはシャープの業績を向上させる，あるいは下支えする要因となるはずだが，2007年前後からの状況は必ずしもそうとはいえなかった。コア事業であったのは確かなのだが，利益率という点では液晶事業は少なくとも一時期，

シャープにとってむしろ重荷になっているようにさえ見受けられたのである。その1つの本質的な原因は薄型テレビがコモディティ化し，全体として低価格化したことによる。

（2）薄型テレビ価格下落の10年

　薄型テレビの市販後10年という期間を見ると，その価格下落傾向は顕著である。市場立ち上がり当初の2004年には薄型テレビとともにブラウン管テレビが現役の製品として流通しており，出荷台数ではまだ後者の方が優勢であった。具体的には，同年においてブラウン管テレビの国内出荷台数は575万台だったのに対し，薄型テレビは液晶が267万台，プラズマが34万台で合計301万台であった（電子情報技術産業協会調べ）。

　2005年には，消費者ニーズのウェイトが薄型テレビに移行した。ただし大画面の液晶技術が未熟で発展段階にあったため，32インチ型と20インチ型の二サイズが販売のボリュームゾーンとなっていた。当該実勢価格は32インチ型で23万円から37万円で，いわゆる「1インチ1万円」という相場感ないし基準がこの時期に形成された[2]。

　2006年は液晶テレビの32インチ型が前年同時期よりも下落しているが，20インチ型は上昇している。したがって薄型テレビの価格下落傾向はこの段階では固定化しているとはいえない。

　2007年は前年同時期に比べて日立製作所製のプラズマだけが価格をほぼ維持しているものの，他のプラズマと32インチ型液晶は価格が低下している。プラズマについては前年度は40万円台もあったが，パイオニア製，松下電器産業（現パナソニック）製ともに30万円台が主流となり，32インチ型液晶の店頭相場は前年度の20万円台から10万円台後半に低下している。

　2008年は北京オリンピック開催年で，テレビの更新需要が期待された。しかし実勢価格に関していえば，一部例外はあるものの32インチ型液晶を中心に「1インチ5,000円」水準まで下落している。通常，オリンピックやワールドカップ・サッカーはテレビの更新需要，すなわちこれを機会にテレビを買い替えたいとか，4年に一度しかないスポーツの祭典を映像品質が高く迫力のあ

る大画面で「お茶の間観戦」したいといったニーズを刺激する。しかし当該更新需要はこの年，少なくとも大規模には生じなかった。

　2009年も価格下落が続き，プラズマ，液晶とも全メーカーの製品が前年より値下がりしている。この年，本章の第3節でも述べるようにパイオニアがプラズマテレビ事業から撤退したため，国内のプラズマ陣営は基本的には日立製作所とパナソニック（旧松下電器産業）の二社だけとなった。ただし日立は前年に中核部品であるプラズマパネルの自社生産を中止している。

　2010年には地上デジタル放送が開始となり，環境負荷の小さいテレビやエアコン，冷蔵庫購入後に所定の手続きをすれば商品券等が支給される「家電エコポイント制度」もスタートした。液晶テレビは40インチ以上のもので10万円から16万円，32インチのもので8万円前後の売値が一般的となった。

　ジャーナリスティックな表現になるが，この時期に起こったテレビ価格の下落はすさまじい。換言すれば「底なしの下落」とでもいうべき状況が出現した（岡，2012，1）。例えば2011年における国内の40インチ薄型テレビの平均単価は10.81万円であったが，翌2012年にはこれが7.17万円と，1年で単価が3万以上急落した。販売台数に関しても，前述した制度的要因による増大の反動として大規模な減少が生じた。具体的には，月間販売台数で見て2011年は1月を除いて前年割れが続き，5月には前年同月比で7割減の31.8%まで落ち込んだ（BCN調べ）。

　薄型テレビの価格下落が続いたことから，家電メーカーのテレビ事業も採算性が悪化し，各社とも事業の再構築を余儀なくされた。例えばシャープはこの2011年，いわゆる「世界の亀山モデル」，製品ブランド名AQUOSの生産基地だった亀山第一工場（三重県）をスマートフォンやタブレット端末向け中小型液晶の工場に編制し直し再スタートさせている。この時，米国アップルはiPhone向けの液晶を安定調達するため，1,000億円の設備投資のうち約700億円を負担し，同工場は実質的に「アップル専用工場」となった。同社の機密を扱う部屋は「シャープ社員も入れない，治外法権の『租借地』」（日本経済新聞，2013年3月24日）となった。

　2012年も基本的には薄型テレビ市場は低迷を続け，前年に比べて市場全体

で販売金額は63.5%減少した（BCN調べ）。先にも述べたように，通常，オリンピックやワールドカップ・サッカーはテレビの更新需要，これを機会に新しいテレビに買い替えて4年に一度のスポーツイベントを「お茶の間観戦」したいというニーズを刺激する。そして2012年はロンドン・オリンピック開催年であったため，テレビ市場は活況を呈するという予想もあった。実際，「店頭ではロンドン五輪を前に大型で高精細な映像を楽しめる製品への買い替え需要を呼び起こそうと躍起だ」（日本経済新聞，2012年5月19日）という指摘もあった。しかし前述した地上デジタル放送の開始と家電エコポイント制度で需要を先食いしていたこともあり，当該更新需要は少なくとも明確な形では生じなかったし，価格下落の長期的趨勢にも変化は見られなかった。

　特に顕著なのはシャープ製品の値下がりである。より具体的には，32インチ型液晶テレビの上値を見ると同社製品はこの2012年，前年の半値水準になっている。当該期間すなわち2011年から2012年までの2年間は同社の業績が急速に悪化し，前述したように工場の編成し直しを余儀なくされた時期でもあった[3]。

　2013年には，韓国のLG電子や中国のハイセンスといった海外メーカーの製品を扱う量販店が増大した。しかも価格水準は日本製と同等でありながら，機能面では優位に立っているという次のような指摘も聞かれるようになった。「LGのスマートテレビは面白い。画面にはパソコンやスマートフォン（高機能携帯電話＝スマホ）で見慣れたアイコン（絵文字）が並び，直感的な操作で軽快に動く」（日本経済新聞，2012年6月12日，（　）内の補足は記事による）。

　一貫して大きなマーケット・シェアを取り続けたシャープのLC-32，ブランド名AQUOSの32インチ型を見ると，2004年において39万円から49万円であったのが，2005年には30万円前後となり，前述したようにいわゆる「1インチ1万円」となった。その後，価格は下落を続け，2008年には「1インチ5,000円」水準を割り込み，2009年には10万円を下回るようになった。ブラウン管テレビで20年ないし30年かけて起きたような価格下落が数年の間に起こったのである。2009年から2010年にかけて下落が一服しているものの，翌年以降再び低下し，2012年には10年の半値以下水準になった[4]。先にも言及

したように，2011年から2012年までの2年間は同社の業績が急速に悪化した期間でもあった。

さらに，前述したように亀山第一工場が事実上アップルのスマートフォン向けパネルの専用工場となったことにより，同工場の稼働率は当該スマートフォン販売の好不調に左右されることとなった。財務的には2013年時点で，主力取引銀行のみずほコーポレート（現みずほ）銀行と三菱東京UFJ銀行による総額3,600億円の協調融資により当座の危機を乗り越え，公募増資等で1,191億円，第三者割当増資でマキタ，LIXILグループ，デンソーから173億円を調達したものの，「発行済み株式が4割増える大型増資を強行し株主価値の希薄化を招いた」（日本経済新聞，2013年11月18日）。

ただし消費電力が従来型パネルよりも8割以上少ない省エネパネル「イグゾー」を開発したことに表れているように，シャープは経営再建につながる研究開発力も維持していたと考えられる[5]。むしろ問題としてより重要なのは，製造業企業が仮に高い研究開発力を持っていたとしても，それを高収益に結び付け，安定的に成長し続けるためにはどうすればよいかということである。換言すれば，次節で述べるコモディティ化ないしこれが利益率にもたらすマイナスの影響を回避できるかということが大きな問題となる。新製品を矢継ぎ早に開発する組織能力を保有していたとしても，市場投入の度にこれが早期にコモディティ化してしまうと業績の低迷は避けられず，その先行きは不透明感を伴うことになるからである。

2．価格競争とコモディティ化

価格競争が有利なのはマーケット・シェアの大きい企業であろうか，それともこれが小さい企業であろうか。これは存外，結論を出すのが難しい問題である。

一般に，市場における競争ポジションがリーダーである企業にとっては，業界全体の収益性を維持する，秩序ある競争が行われることが望ましい。というのは，最大シェアのリーダー企業はその業界の生み出す収益を最も大量に獲得

できる一方，業界全体の収益が減少した際に損失の絶対額が最も大きくなるのは当該ポジションの企業だからである。したがって，「業界の全体収益が減少するような方向を避ける強いインセンティブをもつことになる」(石井，1985, 102)。

このように業界全体の収益が減少する典型的なケースは，企業間競争が価格をめぐって行われる場合である。特に再三再四にわたり価格引き下げの応酬が行われる場合，収益の減少は大きなものとなる。したがってリーダーにとって価格競争は望ましくなく，みずからこれを引き起こすことは一般的には避けなければならない。

一方，顧客の奪取と業界内ポジションの向上，シェア1位の獲得をもくろむ企業，いわゆるチャレンジャーがとりうる戦略のうち，「代表的な攻撃戦略は，リーダー企業と同品質の製品をリーダー企業より安い価格で市場に供給する」(Kotler, 1984, 407) というものである。これはいわゆる低価格戦略と呼ばれる競争戦略である。ただしリーダーが対抗的に価格引き下げを行い，価格競争が泥沼的になることもありうる。価格競争は前述したようにリーダーにとっては望ましくないものの，これが泥沼化した場合には財務力の強いリーダーに有利となる。ベサンコら (2004) はこのことについて次のように述べている。「誰が始めたのかにかかわらず価格競争はマーケット内の全企業に損害を与える。一般に期待されているように，もし大きな既存企業が小さいライバル企業よりも (たとえば融資がより容易に受けられやすいために) 損失を長く維持できるとしたら，大企業の方が価格競争を長く続けることができる。このような場合，価格競争に資金をまかなうための『深いポケット』を持っていると言われる。他方では，特に競争が始まる前に大きな売上を持ち，小さなライバル企業に対してコスト優位がない場合には，価格競争の間により大きな損失を被ることになる」(Besanko et al., 2004, 322，（　）内の補足はベサンコらによる)。

価格競争が長期化すると，企業はライバルを撤退に追い込み，その顧客とシェアを奪うことによって累積損失を解消せざるを得なくなる。ライバル企業が市場に存在しなくなれば，販売価格を適正価格以上，すなわち適正利潤を確保できる水準以上に戻し，利潤を得ることによって累損の削減が可能になる。

価格競争が長引けば長引くほど,この方法でしか累損を減らすことが困難になるので,当事者が途中でその競争をやめることは難しくなる。このため低価格戦略の応酬は一般に「消耗戦」になりやすい。場合によっては,そのような消耗戦により勝者さえ財務状態が悪化し,経営が破綻することもある。この点について,ベサンコらは次のように述べている。「価格競争は消耗戦(wars of attrition)の例である。消耗戦では,2ないしそれ以上の当事者が互いに戦いながら資源を費消する。最終的に,生き残った企業は報酬を得るが,負けた企業は何も得るものがなく競争に参加したことを後悔しさえする。競争が長引けば,勝利した企業さえも競争が始まった時より財務状態が悪化する。というのは競争に勝つために費やした資源が最終的な報酬よりも上回ることもあるからだ。(中略)実質的にすべての企業が長期化した競争の間に財務状態が悪化する」(*ibid.*)。

したがって結局のところ,シェアや企業規模の大小に関わらず,長期間に及ぶ低価格戦略の応酬は望ましい競争の形態とはいえない。リーダーにとってもチャレンジャーにとっても,共倒れのリスクを秘めた価格競争は可能ならば避けた方がよいということになる。

コトラー(1984)によれば,製品が同質的で差別化が難しい業界ほど価格競争は泥沼化しやすい。そのため,そのような業界では2位以下の企業は価格に関してリーダーにチャレンジせず,これを模倣追随することが多いという。彼は具体的には次のように述べている。「鉄鋼,肥料,化学などの資本集約的で同質的な製品の産業では,意識的な模倣が見られる。品質の差別化やイメージの差別化が困難である一方,サービスの質はしばしば比較され,買い手側の価格弾力性は強い。したがって価格競争がいつ起きても不思議ではない。しかしながらこのような産業には,短期的にシェアを奪うことに否定的な雰囲気がある。そのような戦略は報復を招くだけだからである」(Kotler, 1984, 409)[6]。

製品のコモディティ化はこのような価格競争を引き起こす。端的にいえば,コモディティとは「同質的で品目当たりの生産量の多い汎用品」(原,1999, 79)であるが,これは製品を物理的属性面で差別化することができなくなり,買い手に訴求するファクターが価格だけになる状態であるともいえる。換言すれ

ば，コモディティ化すると企業は機能や性能に関して他社と差異をつくり出すことが困難になり，他社製品と価格で競争せざるを得なくなる。これは当該製品市場全体における価格下落，値崩れを引き起こす。複雑な構造を持つメカニカルな製品もその例外ではない。そういう製品もコモディティ化すれば，先に引用したコトラー（1984）のいう鉄鋼や肥料等のような同質的な財となり，価格競争が長期化しやすくなるのである。

　前節で見たように，薄型テレビ市場における 2007 年以降，特に 2010 年前後からの価格下落は「すさまじい」といえるようなものだった。この下落は以上で述べたようなコモディティ化に大きな原因があると考えられる。薄型テレビの価格低下は消費者側にとっては歓迎される現象であったが，「何か変だ」とか「何かおかしい」という見方も一部でなされた。例えばこのような値崩れに関して当時，次のようなコメントも見られた。「薄型テレビ，ブルーレイ，パソコン。今，家電の花形製品が熾烈な価格競争に巻き込まれ，底なしの下落に見舞われている。この下落ぶりを見ていると，家電市場がこれまでと異なるフェーズに突入したかのような印象さえ受ける」（岡，2012，1）。この頃，薄型テレビ市場ではまさに「これまでと異なるフェーズ」，コモディティ化が進行していたのである。ただしコモディティ化はある意味では普遍的なプロセス，状況次第でどの製品市場に起こってもおかしくはない現象で，近年において突然出現したわけではないし，薄型テレビ市場特有のものというわけでもない。

　詳しい議論は次節で行うものの，コモディティ化の主な契機ないし促進要因としては以下の3つが挙げられる。これらのうち複数が同時にコモディティ化に向けて機能することもありうる。

　1つは標準とドミナント・デザイン（支配的設計）の成立である。製品に複数の規格があり標準が確立されていない場合には，製品の差別化が容易であるため，コモディティ化は起こりにくい。ところがある種の製品には標準成立に向けていろいろなメカニズムが働く。より具体的には，新製品として開発され市場が立ち上がった当初は複数の規格があったとしても，政府や官庁，業界団体により調整が行われて，その中の1つが公的標準，いわゆるデジュリ・スタンダードとして認定されることがある。あるいは競争によって複数の規格が1つ

に収斂(しゅうれん)し，デファクト・スタンダードが成立することもあり，近年これに対する注目度が高まっている。これはユーザー数が当該製品から享受できる自己の便益に大きな影響を及ぼす効果，いわゆるネットワーク外部性の強い製品の種類と普及率，日常生活での役割や使用頻度が増しているためである。この特性を持つ製品市場では，発売のプリアナウンス，バックワード互換性の確保，ファミリー（陣営）づくり等，虚虚実実の駆引きが行われて，そういうデファクト・スタンダードの形成が進む[7]。そしてこのようなデジュリ，デファクトのスタンダード成立過程で，製品のドミナント・デザインが確立される。これはコモディティ化を促進する要因となる。

第二に，製品がサブシステム（ユニット）の結合で生産されるようになれば，構造やデザイン，機能に関して差別化する余地が縮小する。このような製品特性は近年モジュラー化と呼ばれて注目を集めている。このモジュラー化もコモディティ化が進行する原因となる。

第三に，製品に関する価値観が収斂し，これがユーザーの間で広く共有されるようになると当該製品のコモディティ化が進行する。「良い製品とはいかなるものか」という価値観が統一されていない場合には，いろいろな観点や特性での「良い製品」が成り立ちうるのでメーカーによる差別化可能性も大きい。しかしこれが明確になり，かつその観点や特性での製品改良が技術的に行き詰ったり，あるいは買い手による相違実感可能レベルを超えて性能向上が進んでしまうと差別化の可能性が飽和し，当該製品はコモディティ化する。

以上で述べた標準とドミナント・デザインの確定，モジュラー化プロセス，価値観の収斂と差別化可能性の飽和という状況ないし条件が1つでも存在（成立）すればコモディティ化が起こりうるのだが，これらはいずれも特殊な事象かというと必ずしもそうとはいえない。これらが全部揃う，すなわちすべてが同時に現れるというのは稀にしても，逆にすべてを永久に免れるという製品もおそらくなかろう。換言すれば，このうちのいずれかということであればどの製品に生じてもおかしくないのである。したがってコモディティ化も決して特別な現象ではない。状況次第でほとんどの製品に起こりうるともいえ，先にも述べたようにこれはある意味では普遍的な現象であると見ることもできる。

企業が画期的な新製品開発を行っても当該製品がすぐにコモディティ化すれば，市場で早期に価格競争とそれによる値崩れが起き，当該製品の開発コストを回収することはできなくなる。新製品開発の都度あるいは高頻度でこれが起きると，研究開発型企業の収益性は低下する。日本の家電業界において近年利益率が低下し経営状態が低迷するメーカーが出現した1つの大きな原因がここにある。

3．コモディティ化の原因

（1）ドミナント・デザインの成立
　製品に複数の規格が存在し，いろいろな基本設計，基本構造で同種の製品を生産し販売できる場合には，製品そのものに関して差別化を行うファクターが多く，独自性を形成する余地が大きくなる。このような状況では製品はコモディティ化しにくい。ところがデジュリないしデファクトの標準が成立し規格や基本的な設計・構造が統一されると，差別化の可能性が小さくなり，コモディティ化が進行する。

　製品の物理的な形状や仕組に関して市場で広く受け入れられる支配的な設計，ドミナント・デザイン（dominant design）が成立すると，企業が新製品開発に取り組む際の自由度が減る。見方を変えれば，企業にとって新製品開発の方向性に関する不明瞭さ，研究開発における「目標の不確実性」(target uncertainty) が低下する。と同時に，当該製品市場の企業間競争においてコスト削減と価格引き下げの重要性が相対的に高まる。製品そのものに関する独自性で競争することが従来よりも難しくなるため，企業は工程の改良等によりコスト削減を図り，さらにそれを価格に反映させることで競争上優位に立とうと従来よりも意識するようになるのである。例えば自動車産業では20世紀初頭においてフォードがモデルTを開発し，基本設計とシェアの両方に関して，つまり技術的に見ても企業間競争の観点でもドミナント・ポジションを確立した後，このような状況が生じた。生産者と消費者の双方で試行錯誤がくり返された結果，ガソリンを燃料とする内燃機関，前方搭載エンジン，直結駆動車

軸，左ハンドルが一般に受け入れられるようになり，これを総合した結晶としてフォードがモデル T を開発して，1910 年代の自動車市場でドミナント・ポジションを確立したのである（Abernathy et al., 1983, 45-46；邦訳，84-85）。

ドミナント・デザイン成立後に生ずるこういう状況，当該成立が及ぼす企業間競争への影響は，以下のように整理することもできる。「これが出現すると，競争の重点は，この支配的設計仕様を基本とした狭い範囲内での製品差別化と，量産に基づいた原価低減へと移行していく。そのため，大きな製品変化はなくなり，工程では特定製品への専門化や自動化，規模拡大が進み，生産・販売のための組織も大規模化して官僚制化が進む」（原，1999，78）。

もっとも，こうしたドミナント・デザインが形成されるか否か，形成される場合の速度と様態は状況や市場特性によって異なる。標準成立へのプレッシャーが強く働き，ドミナント・デザインが比較的スピーディに形成される典型的なケースは，前節で言及したネットワーク外部性，ユーザー数が当該製品から享受される自己の便益を規定する効果が強い場合である[8]。

すなわち製品の中には，自分以外にどれくらい（何人）のユーザーがそれを使っているかということが，自分にとっての便利さと利益に大きな影響を及ぼす製品がある。こういうネットワーク外部性の強い製品の場合，製品選択の際には，多くの人がそれを使っているので自分もそれを選ぶというように，累積購入者の人数，ユーザーの多寡が購入の決め手となる。ネットワーク外部性の議論では，このような累積購入者を市場が存続し成長するための基礎，また他規格との競争における基盤となるという意味をこめてインストール・ベース（installed base），既得顧客基盤という[9]。

ネットワーク外部性は典型的には，電話等のネットワーク財に見られる。例えば電話の場合，自分以外のユーザー数が増えると通話できる相手が増え，電話という製品から受ける便益が増す。このようなユーザー数の増大が便益を直接的に増大させる効果をネットワーク外部性の直接的効果という。

ネットワーク外部性にはこのような直接的効果以外に，何らかのファクターを媒介して便益を増大させる効果，間接的効果もある。そのような媒介要因としてカッツおよびシャピロ（1985）は次の事柄を指摘している（Katz & Shapiro,

1985, 424)。

　第一に，ある規格のハードがよく売れると，その規格向けの補完財が充実するというものである。つまり録画機器やコンピュータなど補完財が不可欠な製品の場合，ハードの売れ行きとその補完財の多様性に相関関係がある。例えばパソコン用アプリケーションソフトのメーカーにとっては，ユーザーの多い機種（OS）向けのアプリケーションを開発した方が売上が大きくなるから，ある機種のユーザーが増大するとこの機種用のアプリケーションが増え，ユーザーの便益が増す。そして便益の増大が当該機種のユーザー数を増加させ，それがさらに補完財を充実させる。今日，この現象はスマートフォンに関しても見られる。

　第二に，売れ行きの良い製品ほど，サービス網やサポート体制が手厚く整備され，修理やメンテナンス等のアフターサービスを受けやすくなる。また補修部品等も入手しやすい。

　第三に，売れ行きの良いものほど，その製品に関する情報の取得が容易で，疑問や不安も解消しやすい。例えばそれについて取り上げる雑誌の記事が増え，マニュアルやテキストの品揃えも豊富になり入手もしやすくなる。またユーザーが多いと，身近に熟達者がいる可能性が増し，種々の質問をしやすくなる。

　前述したように，ユーザー数の増加が当該製品から得られる便益を直接的に増大させるのがネットワーク外部性の直接的効果であり，ユーザー数の増加が補完財の増大といった以上のような媒介要因を介して便益を増大させるのが間接的効果である。

　製品の中には，買い手が価格や性能・品質の的確な把握に努めた上で，これらを重視して購買するというものも多い。しかし，ネットワーク外部性の強い製品市場では，ユーザー数の多い製品が好まれる。前述したように，ユーザー数が顧客の便益，自分がその製品から享受する便利さと利益を大きく左右するからである。買い手はその製品の価格や性能等よりもむしろ，すでにその製品を購入している人がどれぐらいいるか，また将来その製品を購入する人がどれぐらい生ずるか，その製品が今後いわゆる「売れ筋」になるかどうかに関心を持

ち，最後に支配的となる製品，今後最も多数のユーザーを抱えると考えられる製品を選びたがる（Shapiro & Varian, 1999, 177；邦訳，315）。

特に市場がある段階，クリティカル・ステージまで成長すると，将来の市場ドミナント製品が現在のマーケット・シェアやインストールド・ベースから予測され，これらが大きい製品に加速的に購買が集まるようになる（Leibenstein, 1950, 189）。言い換えれば，製品選択の際にシェア，累積販売数が将来「勝ち馬」になる製品を予測するためのシグナルとして機能し出すのである。そしてこのような「勝ち馬に乗る」心理をバンドワゴン効果（bandwagon effect）という。このようなネットワーク外部性とバンドワゴン効果を背景に成立するのが，前節でも言及した事実上の標準，いわゆるデファクト・スタンダードである。

ネットワーク外部性の極めて弱い製品の場合，55：45にマーケット・シェアが分割されている市場の競争構造は安定的で，シェアの変化はあっても当該二社の製品は今後も長期的にこの市場に残り続けるであろうと予測できる。言い換えれば，こういう製品市場では複数の規格や基本設計が並存しうる。このため独自性を形成する選択肢が豊富で，容易に差別化が行われうる。これはコモディティ化の阻害要因となる。

しかしネットワーク外部性の強い製品市場では，クリティカル・ステージ以降は購入においてシェアや累積購入者数の差が重視され，買い手側にバンドワゴン効果が働くため，少しでも大きなインストールド・ベースを持つ規格が徐々に支配的になる（Saloner et al., 2001, 311-312；邦訳，383）。つまり小さな差が拡大し逆転不可能な差となって，シェアで劣る企業の製品が撤退に追い込まれる。要するにこの種の製品市場は弱者がますます弱くなり，強者がますます強くなる市場，いわゆる「勝者の総取り市場」（winner-take-all market）なのである（Shapiro & Varian, 1999, 176-177；邦訳，313-314）。このため複数の規格が並存しにくく，支配的なデザインが成立しやすい。したがってコモディティ化も進行しやすい。

薄型テレビを例に取ると，従来大きく見て中核部品のパネルにプラズマを用いるものと液晶を用いるものの二方式があった。前者は2枚のガラス基盤と硬

質の壁で作った密閉空間に希ガスを封入し，上下に取り付けたプラスとマイナスの電極間で放電を起こして紫外線を放出させ，それが蛍光体を刺激して光を発するという仕組みで，技術的にはブラウン管テレビの発展型と見ることができる。後者は液体と固体の両方の性質を持つ物質に電圧を加えると光の透過，反射等の状態が変わるという原理を応用したものである。

　プラズマ陣営の中核企業はパナソニックで，尼崎工場（兵庫県）に最新鋭の生産建屋を三棟建設するなど大規模投資を行って，シャープ等が推進する液晶方式と当初激しい販売競争を展開した。しかしプラズマ方式のシェアが低下する中で2005年にソニー，2009年にパイオニアが当該方式から撤退したことにより，液晶タイプの優位が顕著となっていった（図表1-1）。さらに陣営の中核企業であったパナソニックが，プラズマテレビの生産を2013年に打ち切った。これにより薄型テレビにおける液晶方式のドミナント化，デファクト・スタンダード化が決定的となり，差別化の可能性も狭まった。

図表1-1　日本企業のテレビ事業縮小・撤退小史

1999年	日立と富士通，プラズマパネル事業を統合
2004年	パイオニア，NECのプラズマパネル事業買収
2005年	ソニー，プラズマテレビ事業から撤退
2008年	ビクター，国内テレビから撤退
	日立，プラズマパネル生産撤退
2009年	パイオニア，プラズマテレビ事業から撤退
2012年	東芝，液晶テレビの国内生産から撤退
	日立，液晶テレビの生産から撤退
	ソニー，サムスンとの合弁解消
	シャープ，堺工場に鴻海精密工業の出資受入

（日本経済新聞2013年3月19日より）

（2）アーキテクチャのオープン・モジュラー化

　内部構造，コンポーネンツと機能の対応関係，コンポーネンツ間インターフェース（接続様式）等に関する製品の基本的な設計思想を一般に製品アーキ

テクチャと呼ぶ[10]。ここでコンポーネンツとは言い換えれば，製品の構成要素，いわゆる部品やパーツであるが，アーキテクチャの議論ではコンポーネンツのうちそれ自体が複数部品の集合体（ユニット）ないしシステムをなすものをモジュールと呼ぶ。つまりモジュールはトータルとしての製品やシステムを構成するサブシステムと見ることもできる。

アーキテクチャはコンポーネンツと機能の関係，コンポーネンツ間の相互依存性によってインテグラル型とモジュラー型に分けられる。インテグラル型はすり合わせ型ともいい，複数部品の調和や相互連携によって全体としての機能を実現する設計思想ないし製品をさす。それに対してモジュラー型は部品と機能の関係が明確で，部品の単純な結合によって製品が作られ機能する。これは組み合わせ型ともいう。いわゆる「キットもの」がこれに当たる。

構造的な観点でいえば，モジュラー型製品は「すでに設計済みのモジュールや部品の事後的な寄せ集めがきく」製品である（藤本，2004，129）。これに対し，インテグラル型製品は部品自体の設計を伴い，これらを結合し有効な連携や円滑な動作を実現するのに調整が必要で，これに労力を費やす必要がある製品と見なせる。場合によってはそのような結合と連携，動作のために，部品の設計し直しや作り直しという事態が生ずる。

機能的な観点でいえば，モジュラー型製品は「機能と部品との関係が限りなく一対一に近く，（中略）それぞれの部品つまりモジュールが自己完結的な機能を持っている」製品である（前掲書，128）。それに対し，インテグラル型製品は「機能と部品との対応関係が非常に錯綜している製品」（前掲書，129）である。

安全性や優れた品質を達成するために，コンポーネンツ間の微妙な相互調整が必要な自動車は，インテグラル型製品の典型例である。走行安定性にはサスペンション，ボディ，エンジンすべてが関係するが，この３つは快適性（乗り心地）や燃費にも密接に関係している。走行安定性，快適性，燃費といった機能とコンポーネンツ間の関係が多対多対応で複雑である上に，コンポーネンツの有機的な連携の上にある機能が実現しているといえる。

一方，パソコンは東京の秋葉原，そのほかにある専門店で手に入るCPU，ハードディスク，ほかの電子デバイスを組み立てることで製作できる。モ

ジュールと機能の対応関係は1対1的で，各モジュールは機能的にはっきりと区別される。演算等の処理を行うのはCPU，記憶を担うのはハードディスク等のメモリー，表示を担当するのはディスプレイといった具合である。

　開発に要する時間，生産リードタイムという点ではインテグラル型よりもモジュラー型の方が有利であるため，企業は自社製品のモジュラー化を志向する。インテグラル型の場合，不具合が見つかって一部を修正すると，その影響が製品全体におよび，すべてを設計し直して生産工程も見直しという事態になりかねない。このため特に自動化ラインによる大量生産と，そこにおける生産効率の向上を追求する現代企業は，自社の製品をモジュラー化する強い動機を有するといえる。

　このようなモジュラー化は製品差別化の可能性を小さくし，コモディティ化を進行させることになる。組立や部品間の連携にすり合わせの能力，微調整を行う組織的なノウハウないし個人的な熟練（スキル）が必要な製品は，独自性を出しやすい。いわば職人技の利いた「味のある」製品ができる。しかし「キットもの」の製品ではこれが難しい。

　このように製品はモジュラー化すると設計と生産が容易になる一方，機能や性能を差別化することが難しくなってコモディティ化する。家電製品の場合，このような設計と生産の効率性向上という理由で，家電メーカーのイニシャチブによりモジュラー化が進められた。モジュラー化を主導したのは家電メーカー自身であるが，この過程で製品の物理的属性を差別化することによって競争優位を構築することは，どのメーカーにとっても難しくなった。

　さらに卑見では，一部の日本企業はデジタル家電を中心とするモジュラー化というトレンドの中で，中核的なコンポーネンツの開発と製造に関して自前主義を取った。例えば映像パネルから開発しなければテレビメーカーとはいえない，あるいは半導体，集積回路（IC）から製造しなければコンピュータメーカーとはいえないという立場を取り，これに固執した。このため，テレビやパソコンがモジュラー化するのに従い，中核部分を含めて安価なモジュールやパーツを調達し，これを組み立てて低コストで生産する中国のテレビメーカーや台湾のパソコンメーカーとの競争で劣勢に立たされることとなった。

翻って考えるに，個々のモジュール内部で差別化を行い，これを外販しなかった場合，当該メーカーは競争優位を構築・維持できるであろうか。つまり「モジュラー化されても，モジュールを市場で購入できなければ，技術のない企業が商品開発・製造をすることはできない」(延岡・伊藤・森田，2006，27)。しかし実際にはこのような参入障壁を築いた上でモジュールを差別化し，競争優位を維持するということも難しい。たとえモジュール内に独自性を持たせたとしても，規模の経済性を実現しコスト面での生産効率化を図るために個々のモジュールは大量生産せざるを得ないからである。スケール・メリットを追求する過程で，その生産量は一般的に自家消費量を超え，自社製品への使用ではカバーしきれない程大きくなるため，外部に販売せざるを得なくなるのである。このためモジュールを差別化しても，製品の独自性や競争優位性に対するそのプラス効果は社外にも及び，組立専門メーカーも恩恵を受けることになる。大量生産しなければコスト競争で負けることがはっきりしている現代において，モジュール差別化によるメリットを社内で保持することは事実上不可能なのである。

　しかも完成品市場が需要的に飽和し買替え需要しか見込めない成熟製品の場合，モジュールの外販が当該企業にとっては大きな収益源となる。短期間のうちに業績を向上させたり開発コストを回収したりする必要に迫られている場合には，企業はなおのことこれに期待せざるを得なくなる[11]。

　モジュラー型製品についてさらに厳密に述べると，製品を構成する一つ一つのモジュールに関してメーカー間で互換性が高く，流通市場が形成されているモジュラー型製品は特にオープン・モジュラー型製品と呼ぶことができる。それに対し，モジュールの互換性が低く，これが外販されずに特定企業の製品だけに組込まれる傾向が強いのは，モジュラー型の中でもいわばクローズド・モジュラー型である。ただし実際には，前述した規模の経済性と生産効率化の観点で企業はオープン・モジュラー型を志向せざるを得ない。またモジュール外販ビジネスが魅力的に見える，すなわち当該外販で大きな売上が期待されるのはオープン・モジュラー型製品に関してである。先にも述べたように，このような製品の事業において完成品市場の需要飽和に直面した企業やコモディティ

化と過当競争のリスクを予測する企業は，往々にしてモジュール外販ビジネスによって開発コストや広告宣伝費等の市場立ち上げコストを回収しようともくろむが，この外販ビジネスがコモディティ化と過当競争を促進するというジレンマ，矛盾がそこにはある。

　モジュールのオープン化に加えて，モジュールの組立に関する知識，組立図面等も市場化，流通化が進んでいる。パソコンを例に取れば，CPU の開発・製造を担当するインテルや AMD は新しい CPU を市場投入する際に，販売促進戦略の一環としてパソコンメーカーにリファレンスデザインをしばしば提供する。新型 CPU を上市する際に，「こう使ってみたら」という推奨設計を提示することで，早期の販売拡大を図るのである。

　またこれとは別に，パソコンの設計と開発を請け負うサードパーティの台湾企業もある。製造までも行い，クライアントのブランドを付けて納品するいわゆる ODM（Original Development and Manufacture）の企業も多い。実際，自らパソコンを設計・開発する技術力を持たない企業は「台湾 ODM に開発からベアボーン生産のすべてを委託」するか，「製品統合を自社で行うことがまだできないので，ODM から設計案を丸ごと購入している」（上野，2006，58）[12]。

　一方，テレビの場合，従来のブラウン管型と現行の薄型ではそのアーキテクチャ特性が大きく異なる。同じテレビであっても前者はインテグラル（クローズド・インテグラル）の傾向が顕著だったのに対し，後者ではモジュラー（オープン・モジュラー）的性格が強くなった。

　すなわち「ブラウン管テレビでは，美しい画面にするための独自のノウハウを各社が持っていた」し，また「部品同士の相性や，組み立てる手順などにも気を配った」（日本経済新聞，2011 年 6 月 11 日）。要するに，ブラウン管テレビはインテグラル型，パーツの系列取引，閉鎖的流通を考えるとクローズド・インテグラル型の製品だったのである。

　ところが「薄型テレビで使う部品は，規格さえ満たしていれば相性を気にせず自由に組み合わせることが可能」で，「液晶パネルなどを買い集めれば，わりと簡単に高品質の製品ができあがる」（前掲同所）。これはオープン・モジュラー型アーキテクチャの特徴そのものである。

このように端的にいえば，テレビはブラウン管型から薄型に世代交代したのと同時に，そのアーキテクチャも大きく変わってしまった。ブラウン管型から薄型への世代交代は換言すればアナログからデジタルへの転換でもあったが，デジタル化することによってテレビのアーキテクチャはオープン・モジュラー型となったのである。そしてそれがテレビのコモディティ化と低価格化を引き起こす一因となったと考えられる。

（3）差別化飽和と価値観収斂

顧客サイドにおける価値尺度と差別化ニーズもコモディティ化に影響を与えうる。すなわちこれらの多様性はコモディティ化の抑制要因となる。逆に，ある製品において性能の向上が買い手の認識可能レベルを超えることにより差別化の余地が飽和したり，その製品に関する顧客の価値観が収斂したりすれば，当該製品のコモディティ化が進行する。言い換えれば，製品（市場）がこの段階になると，それを超えた性能向上や機能付加は過剰品質となってしまう。結果として，企業は価格でのみ競争せざるを得なくなり，その市場はいわゆるレッドオーシャンとなる[13]。

延岡ら（2006）はこのような状況を「顧客価値の頭打ち」と呼んでいる。彼らによれば，「商品に対して顧客の求める機能や価値のレベルに限界があり，頭打ちしてしまえば，コモディティ化が進みやすい」（延岡・伊藤・森田, 2006, 35）。つまり顧客にとってもう十分というレベルに性能や機能が到達して，顧客が当該レベル以上の要求をしない状況がこの頭打ちで，この状況に製品が至ると技術的改良による商品性向上の可能性と必要度が低下する。このような頭打ちには後に述べる二類型，「機能ニーズへの頭打ち」と「顧客ニーズの広がりへの頭打ち」がある。前者は本書でいう差別化飽和と密接に関係し，後者は本書の価値観収斂とコンセプト的に相通ずるところが多い。

これらのどちらか，あるいは両方のニーズ頭打ちが生じた場合，製品はコモディティ化し，価格でしか独自性を打ち出せなくなる。特に後者，2つのパターンでの顧客ニーズ頭打ちが同時発生した場合には，企業間競争は低価格戦略の応酬になりやすい。すなわち「機能ニーズとその広がりという両面から頭

打ちした場合には，参入企業が増え，差別化が困難になり，価格競争になる」（前掲書，36）。

　まず差別化余地の飽和について述べよう。人間の知覚や認識力には限界があるから，製品性能の向上が一定レベルに達するとその差異が実感できなくなる。そして「企業が競争を続けていくと，遅かれ早かれ製品が（中略）顧客の必要とする水準に到達してしまう」（楠木，2006, 9）。例えばパソコンのように，どのデバイス（装置），どのスペック（仕様）に関しても十分なレベルや充実度に達し，それぞれの違いをほとんどのユーザーが認識できないという製品は近年多い。

　実際のところ，CPU の処理速度（クロック数）が 2.2GHz と 2.4GHz のパソコンを使い比べてみて，その違いがわかるというユーザーは極めて少数であろう。また一般消費者にとって吸込み能力が 500W と 600W の掃除機は区別がつかないし，あまりにこの能力が強くなりすぎるとかえって使いづらくなることも考えられる。またデジタル機器に関し，20Mbps と 30Mbps の通信機能で使い勝手はそう変わらないということであれば，この面での技術的改良は利益率増大に関しあまり意味を持たない。技術レベルが一定に到達すると，当該性能に関する差別化ニーズが限界に達し，差別化の余地がなくなるのである。これはいわば差別化飽和とでもいうべき状況と見なせる。

　先に触れたように，延岡ら（2006）はこれを「機能的に顧客が求める価値が頭打ちする」（延岡・伊藤・森田，2006, 36）と表現している。言い換えれば，これはデジタル・カメラであれば 500 万画素までは欲しいがそれ以上は必要ないというような「機能ニーズへの頭打ち」（前掲同所）である。

　テレビに関していえば，ブラウン管テレビ時代にソニーがトリニトロン方式を開発・製品化した際には，「確かに以前より見やすくなった」ということを実感できた。しかし画像の優劣を見極める人間の視覚には限界があるから，薄型テレビ時代となってある水準以上に性能が良くなると，新製品と旧製品の画像品質の違いがわからなくなってしまった。また，「今の薄型テレビの画質や大きさで，買い手は十分満足」しているというのが実情で，「メーカーは人の動きをなめらかに見せたり，より自然に近い色を出したり工夫しているが，普

通の人にはなかなか見分けがつかない」（日本経済新聞，2011年6月11日）。このような状況で画質を良くしても，消費者の購買意欲を刺激することは難しい。

一方，買い手が製品選択の際に重要と感ずる属性，差別化属性が限定的となるとやはりコモディティ化が進行する。つまり製品の差別化はいろいろな事柄に関してなされうるものの，買い手が重要と感じていないことで差別化を実現しても，それは当該企業に高収益をもたらさない。あくまで買い手が製品選択の際に関心を持つこと，言い換えれば製品比較の際に注目する要素，差別化属性に関して差別化を図ることが重要で，買い手の価値観が多様でこの差別化属性が多数ある場合には差別化の方向性や選択肢が幅広く，製品のコモディティ化は抑制される。しかし価値観が収斂し，このような差別化属性が限定的になると企業の差別化は行き詰り，当該製品のコモディティ化が始まる[14]。

すなわち差別化属性は買い手の価値観と密接に関係し，後者が多様であれば前者も同様となり，差別化のオプションが豊富になる。つまりある製品に対する顧客側の価値観が多様であれば，価値観の異なる顧客セグメント別にタイプの異なる製品が市場で共存しうる。この場合には同一製品市場で特徴やセールスポイントの違う多数の製品群が競争力を持ちうるし，また価格競争も起こりにくい。その製品をどういう基準で評価したり比較したりするのかという評価や比較の基準，何を見て選ぶのかという選択の基準が統一されていない場合には，企業はそれぞれの価値観を志向した製品，これに合致した製品を作ることで価格競争に巻き込まれずに済むのである。

例えば同一ジャンルの製品であっても，購入品を外形で選ぶという顧客もいれば，性能の良し悪しやスペック（仕様）を見るという顧客もいる場合には，性能は月並みだがデザインがおしゃれ，外形は見栄えしないけれども性能が優れているといった異なるタイプの製品が価格競争を回避しながら市場で生き残りうる。つまり価格以外の属性で企業は競争できるし，それぞれが顧客のニーズをうまくキャッチすれば，どのタイプの製品も高い利益を獲得しうる。

選択基準が外形であるという場合も，保守的なデザインや配色を好む者もいれば，おしゃれ感や斬新さを求めるという者もあろう。何をもって保守的，おしゃれ，斬新とするかの判断基準が違うということも考えられる。同じデザイ

ンをある人はおしゃれ，斬新ととらえても，別の人はそのデザインを保守的ととらえるかもしれない。また同じ人がおしゃれと感ずるデザインがその時々によって変わることもありうる。若い頃は2枚ドアのクーペをおしゃれと感じていたのに，中高年になるとフォードセダンをおしゃれと思うかもしれない。こういう場合はまったくデザインのコンセプトが異なる製品群が存在しうるし，しかもそのどれもが高い収益性を実現する可能性がある。

　選択基準が性能であるという場合も動作速度を重視する者もいれば，ランニングコスト，例えば消費電力を気にする者もいるだろう。こういう場合も訴求性能の異なる製品間で価格以外の属性，性能に関する「売り」をめぐって競争が展開されることになる。

　ところが価値観の収斂，すなわち買い手の多くが共通の基準，同じ考え方である製品の選択や購入判断を行うという傾向が強まると，企業から見て差別化属性が限定的となり，差別化可能性も狭まる。楠木（2006）はこのような価値観の収斂を価値次元の可視性が高まるプロセスととらえている。

　彼によれば，一般的に市場の成長段階では価値の多次元化が進む。例えばパソコンの場合，従来，ユーザーは処理速度や価格だけでなく，耐久性，モニターの大きさや解像度，多様な付加機能，サポートやアフターサービスなどさまざまな価値次元を持ち，メーカーもこれらに対応したいろいろな形の差別化を志向した。しかし往々にして「企業はイノベーションの成果を模倣しあい，他社と差別化できる価値次元は1つひとつ失われていく」（楠木，2006, 9）。パソコンについても，そういうプロセスが生じた。またユーザー側にもパソコンを選ぶ際の基準として最も重要なのは，CPUの性能であるという認識が徐々に共有されるようになり，主としてこれだけが気にされてパソコンが購入されるようになっていった。結果として，CPU性能以外のスペックは余程の熟練ユーザーやスペシャリストでない限り見なくなって，差別化属性と差別化可能性が減少し，パソコンのコモディティ化が進行した。延岡ら（2006）によれば，こういう状況では「顧客価値が，デジタル・カメラの画素数やパソコンの速さなど，具体的な機能に限定されるという意味での頭打ち」，端的にいえば「顧客ニーズの広がりへの頭打ち」が生じていると見ることができる（延岡・伊藤・

森田, 2006, 36)。

　そして価格でしか競争しようがないという製品市場は，価値次元の可視性が最も高くなった状況にあると見ることができる。つまり，「『価格』という最も特定しやすく，測定しやすく，普遍的で安定的な次元で製品の価値が決まるという状態である」(楠木, 2006, 10)。

　ただしすぐに思い浮かぶその製品の機能，単純に考えた際の当該製品の用途を超えたニーズが充足されるようになり，コモディティ化が進行しないということもある。例えば自動車であれば輸送や移動という機能を超えて，アウトドア派といったライフスタイルの象徴，ステイタスシンボル等，顧客にとって自己表現に関する価値が今日あり，その点で充足ニーズに広がりが生まれている。時計であれば時刻の表示と時間の計測という用途で使われる以外に，アクセサリーないし宝飾品という使い道があり，またコレクションの対象，所得の高さや経済的余裕を示す象徴的グッズとしても重宝されている。端的にいえば，これらでは顧客ニーズが機能に限定されず，これに幅があるので，低価格だけを追求する形で競争するという状況にはなりにくい。

4．ものづくりとマーケティングの連携意義

　コモディティ化は強いネットワーク外部性の存在やアーキテクチャのオープン・モジュラー化，差別化飽和と価値観収斂という条件・状況があればいつでも起こりうる以上，開発と生産という狭義のものづくりだけで製品の脱コモディティ化を図ることには根本的な難しさがある。言い換えれば，脱コモディティ化に関する議論は開発と生産の領域だけでは完結しにくいし，これを図るための戦略を考える際に狭義のものづくりに関してだけ検討するのでは不十分である。つまり開発・生産の論理は製品のモジュラー化を要求する一方，モジュラー化はコモディティ化を促進するという本質的なジレンマがそこにはある。このジレンマを内包しつつ脱コモディティ化の議論を開発と生産の論理だけに依拠して行うという近年の流れは，袋小路に入りかねないという危険性を秘めている。

コモディティ化を防止したり，そこから脱却したりするためには，マーケティング等における取り組みも必要となってくる。そしてそこでは製品とブランドの経験価値形成を通じた顧客内部での心理的差別化が重要となる。この経験価値とはその製品あるいはブランド，メーカー（企業）との関連で経験されたことから生ずる個人的，心理的な価値である。これはその製品，そのブランドに傾倒し情緒的に入れ込んでいるというような状態（感情）と「個人に掘り込まれた」消費に結びつく。この経験価値の形成においては何らかの「場」づくりが重要となる。

　そういう経験価値形成につながる「場」としては，例えば顧客同士が情報交換を行うコミュニティをインターネット上に設けるような施策も必要となる。しかし実体験のもたらすインパクトの強さを考えると，より有効なのは体験型施設すなわち企業パークと企業ガーデン，企業ミュージアムを設置し，多数の人を呼び寄せて試食や操作・運転等の実体験を与え，自社とその製品に関する認識を深化させるというような取り組みである。このような体験型施設は往々にしてものづくり一般に関する知識も提供するので企業の社会的責任，いわゆるCSR（Corporate Social Responsibility）の観点でも重要であるが，こういう体験学習の「場」として機能する過程で結果的にブランドの浸透とブランド・ロイヤルティの形成が進むという効果もそこにある。自社製品の脱コモディティ化を図るためには，体験型施設の持つこのようなブランディングに関する有効性と効力を認識し，その設置が検討されなければならない。

　さらに経験価値によるブランディング効果を大きくするためには，「場」の設置に加え顧客や潜在的買い手と真心を持って触れ合い，感動や良き思い出を提供することが意識されなければならない。ホスピタリティ・マネジメントに関して優れている，すなわち傾向的に「おもてなしの心」が他国に比べて強いといわれる日本の組織は，このような活動において有利な位置にあると考えられる。ノウハウやスキルもさることながら，そこで重要なのは意識であり，日本企業のビジネスパースン，現場スタッフは心がけ次第でそういう心理的な価値，経験価値の形成と提供を十分行いうる。例えば企業パークと企業ガーデン，企業ミュージアムにいる案内係や説明係全員がそういう意識を持って来場

者に接すれば，大きな経験価値が自社の製品とブランドに形成される。日本企業において経験価値の形成と提供が新たな競争優位基盤として認識されるべき時が来ているのである。このような取り組みとして注目される先駆的事例は，第 7 章および第 8 章で取り上げる。

【注】
1） PPM とキャッシュカウ（Cash Cow）については序章の脚注 1 を参照。
2） 実勢価格は 4 月～6 月の四半期中における東京地区の店頭実勢価格。日本経済新聞「価格情報」による。なお 20 インチ型液晶テレビの掲載は 2006 年で終わっている。
3） シャープの 2012 年 3 月期決算は営業利益で見て 375 億 5,200 万円の赤字，経常利益で見て 654 億 3,700 万円の赤字であった。また 2 兆 4,558 億 5,000 万円の売上に対し，有利子負債は 1 兆 1,741 億 5,900 万円であった（いずれも連結数値）。
4） ここにおけるシャープ製 LC-32（AQUOS）の実勢価格についても，各年 4 月～6 月の四半期中における東京地区の店頭実勢価格。2007 年までの数値は日本経済新聞「価格情報」，2008 年以降の数値は同新聞「価格定点観測」による。
5）「イグゾー」は亀山第二工場で生産され，富士通が 2013 年 10 月に発売したパソコン「ライフブック SH90」等に早期に採用された。
6） 価格弾力性は価格の変化に敏感に反応する度合，価格の下落あるいは上昇で需要がどの程度増減するかを意味する概念である。
7） ここでのプリアナウンスは発売予定の数カ月前，場合によっては数年前における発売事前告知をさし，バックワード互換性は現行機と新型機の間での周辺機器やソフト等に関する共通利用可能性を意味し，ファミリー（陣営）は自社製品の同規格機ないし補完財を生産・販売する企業群と定義される。
8） ネットワーク外部性が強い製品市場におけるドミナント・デザインは，企業ではなくユーザーが主導して形成しているという見方もある。例えばある研究者は次のように言及している。「ネットワーク外部性を前提に展開された議論は，ユーザーが大きな役割を果しながら，ドミナントデザインが形成される，という視点に基づいていると考えられる」（朱，2003，90）。
9） ロールフズ（1974）はインストールド・ベースの代わりにユーザーセット（user sets）ということばを用いて，ネットワーク外部性の強い製品市場について分析している。彼によれば，ネットワーク外部性の強い製品市場には，ほかの製品市場に比べて複雑かつ困難な立ち上げの問題（start-up problem）がある（Rohlfs, 1974, 35-36）。基本的には，このよ

うな製品市場では,「事業者は最低限の自己充足的ユーザーセット (self-sufficient user sets) を構築することでサービスを開始できるようになる。そして徐々にユーザーセットが拡大し,望ましい均衡状態の規模にそれが達すると,サービスは自己発展を始める」(*op cit.*, 36)。

10) ウルリッヒ (1995) はこれを「(1) 機能的要素 (functional elements) の配列, (2) 機能的要素から物理的コンポーネンツまでの配置 (mapping), (3) 相互作用的な物理的コンポーネンツのインターフェースの仕様」(Ulrich, 1995, 420) と定義付けている。言い換えれば, (1) は製品機能の分割と機能要件相互の関係付け, (2) はどの機能をどのコンポーネンツに担当させるかの整理, (3) はコンポーネンツ間の接続様式ということになろう。

11) このようなロジックから注目されるのは海外,特に中国市場である。より具体的には,人海戦術のアセンブリー・メーカーすなわち内陸部の低賃金労働力を活用する組立専門の企業が多数登場していることから, 同国市場ではモジュールへの需要が急拡大している。そして日本企業から見れば, 中国市場に参入することが重要なのであって, 販売するのは完成品であってもモジュールであっても構わない。つまり多少の情勢変化もあるが「市場に参入さえすれば, 中国市場の恩恵を受け, 成功する可能性が高い」のであり, 最終製品のみならず「中間財に関する莫大な需要が中国で生まれている」(延岡・伊藤・森田, 2006, 35) という状況がある。同様のことはインドに関してもいえるだろう。

12) ベアボーンは半完成品で部品を組み付ければ完成品となるものをいう。なお ODM はその機能的側面に注目すれば, 自動車や家電業界における OEM (Original Equipment Manufacturing) に相当する。

13) キム&モボルニュ (2005) は手付かずの未開拓市場をブルーオーシャンと呼び, バリュー・イノベーションすなわちコスト優位と差別化の両立によりこれを創造する戦略をブルーオーシャン戦略と名付けた (Kim & Mauborgne, 2005, 12-13 ; 邦訳, 31-32)。これに対し競争者が多く利益率の低い市場がレッドオーシャンである。

14) 買い手は製品の比較を行う際に, すべての性能や品質を見るわけではない。製品を比較する際に重視する属性が製品ごとにいくつかある。そのような属性は, 差別化属性 (Differentiating Attribute) と呼ぶことができる。例えば自動車の場合, エンジンの大きさ (排気量), 燃費, 操作パネルのデザイン, 車体のスタイルはこの差別化属性にあたるが, タイヤのサイズはそうではない。実際, ユーザーは車種を選択する際に, 排気量, ガソリン (軽油) 1リットルあたりの走行距離, 操作パネルのデザイン, 車体スタイルを重要な判断材料とするし, 同じ乗用車でもスポーティクーペとファミリーセダン, ステーションワゴンでは, ユーザーのニーズを反映してこれらに大きな相違がある。一方, タイヤのサイズは購入時の判断材料とはならないし, もともと車種によりタイヤサイズに目立った差があるわけでもない (Robertson & Ulrich, 1998, 21, 24)。

第2章

口コミの形成

1．口コミの本質

(1) インターネット社会における口コミの本質

　そもそも口コミとは、「非営利的な存在であると認識される話し手と聞き手の間で交わされるブランド、製品、サービスに関する口頭による個人間コミュニケーション」(Arndt, 1967a, 190) であり、本来的には企業等と利害関係のない個人の間で、かつ口頭コミュニケーション（発声言語）で交換されるブランドと製品、そのほかに関する何らかの感想・評価やコメント、あるいはその交換過程をさす[1]。

　口コミは相手の購買行動を統制したり意識的に他者に影響を与えたりするというよりも、心に感じた思いを明確な意図なしに伝えるという側面が強い (Katz & Lazarsfeld, 1955, 185)。誰か人と会った際に何かの話題のついでに話す、友人・知人が集まった場所で話の種として口にするというのが元来の口コミである。そして前述したように、その伝達は口頭コミュニケーションを前提にしている。

　しかし近年は口頭以外による口コミ、特にパソコンやスマートフォンなどを情報端末とし、インターネットを通信インフラとする口コミが増大し、そのウェイトが増している。電子メール、ネット上の掲示板や口コミ専門サイト、ソーシャル・ネットワーキング・サービス (SNS) とオンライン・コミュニティ、ブログによる口コミがその例である。そしてそのようにネット上で伝達されることにより、「いままでは時間をかけて、少しずつしか広まらなかった口コミ情報が、今日では瞬時に全国、あるいは全世界規模で広がるようになった」(田中, 2003, 31)。つまりブランドや製品に関する良い評判も悪いうわさも

瞬時にネット経由でさっと広がるようになった。

　後にも述べるように，特定の人間関係に根ざした口コミは送り手が受け手に対して直接的に発信するものであるが，ネット上の口コミのうち掲示板や口コミ専門サイトに投稿されたり書き込まれたりするものは，いつか誰かが見てくれるだろうという期待のもとにコメントやレビューを書き込んで掲示しておくもので，伝言ノートにメッセージを書き残したり壁かけの掲示板に張り紙をしておいたりする感覚に近い。口頭での口コミは「聞かせる」ものであるのに対し，ネット上の口コミ，特に掲示型のものは「読まれるのを待つ」ものであるという点で，両者はかなり異なる。本書でいうネット上の口コミまたはネット口コミは，この掲示型のネット口コミをさす。

　こういう掲示型のネット口コミを一部の先行研究はeクチコミ（eクチコミ情報）と呼んでいる。例えば藤本・玉置（2010）はこれを「ネット上の掲示板などオープンなメディアに電子的に書き込まれた情報であって，商品の評価や推薦について消費者自らの経験や嗜好に基づいて記された文章」（藤本・玉置, 2010, 824）と定義している。

　このような異質性を考慮し，本書では親族や知人，友人，同僚とすでに成立している特定の人間関係に根ざした口コミを従来型の口コミと呼ぶことにする。ここで従来型口コミとネット口コミを区別する基準はネットを媒介しているかいなかよりも，むしろ特定の人間関係を土台としているかどうかということである。したがって本書では，こういった面識のある人から送信される電子メールや友人・同僚とのSNSによる口コミは従来型口コミとして考える。

（2）従来型口コミとネット口コミの比較

　従来型口コミとネット上の口コミを比較した場合，面識のある人に「聞かせる」ないし「送る」という積極的意識が従来型口コミにはあるのに対し，ネット口コミにおいては能動的なのはむしろ受け手である。ネットでの受け手は実際には「受ける」のではなく，関心のあるブランドや商品に関する口コミを「探す」という明確な意識，主体的な意思を持っている。そして書き手の方はコメントやレビューが読まれるまでじっと待っているか，もしくはコメント

（レビュー）を書き込んだこと自体を忘れたりすることも多い。こういうことに注目すると，送り手の方がある意味で受動的であるといえる。換言すれば，ネット上の口コミでは口コミが伝わるかどうかの主導権は受け手側にあることになる。

そして先行研究によれば，「従来の口コミが基本的には家族や友人・知人という一定範囲内の対人関係の中で交わされるだけのものであったのに対し，インターネットを介した口コミは，居住地域，年齢，性別，民族を超え，あらゆるタイプの人々との間で交わされるという特徴がある」(杉谷，2009，49)。言い換えれば，従来の口コミは「友人・知人などとの間の交友関係を前提としたパーソナル・コミュニケーションのチャネルによって伝達されるものであった」ために，「ある消費者が受け取るクチコミ情報は，彼または彼女がたまたまどのような交友関係を持っているかに大きく左右される」という傾向があった（澁谷，2007，12）。

しかしインターネットおよびパソコン，スマートフォン等ネット接続端末の普及により，そういう範囲に関する制約性がなくなった。つまり「限定された親しい人々の対人コミュニケーションが，インターネットを介することで，今までは知り得なかったような広い範囲の多様な人々との社会的ネットワークにおける対人コミュニケーションへと拡大」しているのである（宮田，2008a，2）。

このようにネット上の口コミは関係性の薄い不特定多数の間で共有されたり広がったりする。強いていえば，関係性があるとすれば，ある商品ないしブランドに関心があるということであるが，それを関係性と呼ぶことには多少問題もあろう。そして不特定多数によるやり取りであるから，ネット口コミでは多くの場合，発信者に匿名性がある。このことが後に述べるように，口コミの信頼性に影響を及ぼす。

さらにネット上の口コミが参照される際は，当然のことながら有線ないし無線の通信回線に接続されたパソコンやスマートフォン等，インターネット利用環境でこれが読まれ，容易にほかのサイトや情報にアクセスできる状態にある。言い換えれば，「ネット上には，ｅクチコミ情報以外にも，企業のホームページや，サードパーティの商品レビューなどさまざまな情報源が存在する」

ので,「消費者にとっては,eクチコミ情報だけでなく,その他のさまざまな情報源に接触する機会が増大する」(藤本・玉置, 2010, 824)。

　実際,インターネットでは口コミ情報の閲覧がきっかけになってある商品への関心が増し,あるいは購買意欲が喚起され,これに続いて当該商品に関するほかの情報収集が行われるということがある。つまりネット上の口コミが読まれる際には,往々にして商品の機能や性能,詳細なスペック等,ほかの情報もあわせて検索される。例えば出張の際に泊まるホテルであれば,口コミ(レビュー)を読んだ後,室内にどういう備品やアメニティ(歯ブラシやかみそり)があるのかを調べたり,写真が載っていればそれを見たり,地図上で立地場所を確かめたりする。もちろんこれらを見る順序が逆になることもあるが,いずれにせよネット口コミの閲覧は当該商品に関する多角的な情報検索の一環として行われるか,あるいはその引き金になって,すぐにこれに発展しうるのである[2]。

　加えて,「インターネット上の口コミは『検索性』をもつという点が特徴的である」(杉谷, 2009, 49)。これはすでに購入している人や使用経験ないし訪問経験のある人の評価や感想,意見の入手を容易にする。つまり「従来は,自分の身の回りにその製品の使用経験がある人がいなかった場合には口コミ情報を得ることは出来なかった」が,「インターネット上では,検索することによって簡単に使用経験者の口コミを探し出すことが出来る」(前掲同所)。マーケティングとの関連でいえば,「インターネットの口コミの『検索性』は,企業のマーケティング活動が届かないところで,製品を消費者に知ってもらえる機会を増加させる機能も持っている」(前掲同所)。これは第6章以降で取り上げる企業の体験型施設すなわち企業パークと企業ガーデン,企業ミュージアムに関してもあてはまる。

　一方では,消費者は広告宣伝,企業側の発信情報によってではなく他者の使用経験に基づいて商品の本質や自分のニーズとの適合性を見抜こうと心がけるようになってきている。体験型施設についても,やはりこれはいえる。つまりパーク・ガーデン型,ミュージアム型を問わず,訪問するかいなかの意思決定においてすでに訪問した人の口コミが検索され,これが重要情報として参考に

されるという傾向は今後どんどん強まるだろう。

　澁谷（2007）はこの点について次のように述べている。今日では「インターネット上の膨大なクチコミ情報を消費者が容易に検索・収集できるようになった」（澁谷，2007，12）。そして前述した伝達・共有範囲の無限定性とも関連するが，「クチコミ情報はここ数年ネット上に大量蓄積され，網羅性や検索性を備えたことによって社会的文脈依存性という限界を克服し，その結果従来とは比較にならないほどの強力な影響力を消費者行動全般に及ぼし始めている」（前掲同所）という。

　先に述べたのは口コミとの関連で，あるいは口コミ情報の閲覧をきっかけにしていろいろな情報が検索される，多角的な情報収集が刺激されるという特徴であったが，ここで紹介している特徴は口コミ自体がネット上では容易に検索されうるというものである。いずれにせよ情報検索が容易な環境で閲覧されるため，ある商品ないしブランドに関するいろいろな情報の収集を行っている間に口コミが読まれることが多い。言い換えればネット上の口コミはインターネットによる商品，ブランドに関する多角的な情報検索の中で，その一部として参照されるという傾向がある。

　このようにネット口コミには，受け手の方がむしろ能動的で，伝達・共有される人的範囲に制約がなく，多角的な情報検索への発展性があるとともに口コミ自体が検索容易であるため，対象商品・ブランドに関するいろいろな情報入手の一環として参照されることが多いという特徴がある。

　なお一言でネット上の口コミといっても，これが掲載され伝達される「場」にはオンライン・コミュニティ，チャットルームもあれば，口コミ専門サイト，ネット通販サイトもある。このうちオンライン・コミュニティはいわばネット上の同好会ないしサークル的な集まりであり，仲間意識が強い。また基本的には共通の趣味を持つ人や同じ商品・ブランドの愛好者が参加する。それに対して，＠cosmeやトリップアドバイザー，食べログといった口コミサイト上のコメント，Amazonや楽天等のネット通販サイトに付随した口コミ情報ないしレビューは，そのような仲間意識や意識面でのつながりがないか，これが極めて弱い不特定多数の個人がアクセスする。このためコミュニティと口コ

ミサイト，ネット通販サイトでは，掲載されているコメントに対する態度や見方も違ってくることが考えられる。

2．口コミの発生

(1) 口コミの発信者

　口コミは当然のことながら発信者がいるからこそ生まれる。次項で述べるような動機があれば誰でも口コミの発信者となりうる一方，特定の商品・ブランドに関して口コミを頻繁に発する個人，あるいは商品・ブランドを問わず発信者になる頻度の高い個人に先行研究は「ハブ」，「シーダー」，「カリスマ消費者」，「オピニオン・リーダー」，「マーケット（市場）の達人」，「トレンド・リーダー」，「インフルエンサー」といった呼称を付けてきた。

　一般的にはこのような発信者となりやすい個人は，商品やブランドに関する知識が豊富で他者とのコミュニケーション量が多く，かつ他者に対する情報発信力が強い個人，これを行使したがる個人である。ただし，その定義には多少相違がある。

　例えばローゼン（2000）は口コミネットワーク（ハブ＆スポーク）のかなめであり起点であるという意味を込めてこのような個人を「ハブ」（Hub）と呼び，「ある製品について，平均よりも多くコミュニケーションする人」（Rosen,2000,43；邦訳，63），また「情報を伝え，他者の製品についての意思決定に影響を及ぼすような人々」（*op cit.*, 52；前掲邦訳, 74）と定義している。そして，そこでは口コミネットワークの中継者は「ノード」（Node），関心や価値観，社会的地位やライフスタイルが似ていて口コミ情報が比較的容易に広がりこれが共有されやすい集団は「クラスター」（Cluster）と呼ばれている。口コミのかなめ，起点である「ハブ」については，「研究者たちは，彼らのことを『オピニオン・リーダー』と呼んできた。業界では，『影響力のある人々』や『リードユーザー』，時には『パワーユーザー』と呼ばれている」（*op cit.*, 43；前掲邦訳, 63）と述べているように，後に述べるオピニオン・リーダー，インフルエンサーと概念的に共通性が高い[3]。

一般的には口コミが生ずるためには何かきっかけや刺激が必要となる。例えば唐突に化粧品に関するコメントが口にされるわけではなく，ドラッグストアでもらったサンプルを使ってみたら使い心地が大変良かったとか，あるいは新しい化粧品のCMを見たといった際に，その化粧品に関するコメントが発せられ，場合によってそれが口コミとなって伝わっていくというケースが多い。ある実務家は口コミの発信性向が強い個人を「シーダー」（最初に種を撒く人）と呼び，その定義にこのような「きっかけ」，「刺激」を盛り込んでいる。具体的に述べると，そこではこれが「何かのきっかけによって刺激を受けると，元気に行動を起こし，周囲に種を撒く力を持つ人たち」（日野，2002，29）と説明されている[4]。

　宮田（2008a）によれば，新しいコミュニケーション・ツールとしてブログとソーシャル・ネットワーキング・サービス（SNS）が普及するのに従い，製品とサービスに関する評価や情報収集に関する消費者間の「協働」が活発化している。その過程で「カリスマ消費者」が登場し，これが「社会における消費者の意見や評価の影響力を高めることに貢献」している（宮田，2008a，3）。これは「一消費者でありながら，何万人もの読者を持つブログやSNSなどを書いている人」と定義されている（前掲論文，16）。

　一方，「オピニオン・リーダー」は世論の形成に大きな力を持つ人を意味することもあるが，社会心理学やマーケティング論では，特定の商品カテゴリーに関与が高く，また当該カテゴリーに関して豊富な知識を有し，「求められればその情報を発信する存在」（呉，2005，146）とも説明される[5]。ロジャース（1995）は実証研究を前提にオピニオン・リーダーシップの度合い，オピニオン・リーダー性というより操作性の高い概念を提示し，これを公式的な権力と区別して「非公式な形で他人の態度や行動にある程度の頻度で望むとおりの影響を与えられる度合い」（Rogers, 1995, 354）と定義している。池田（2008）の実証研究では，これが「特定の分野の商品・サービスについての知識が深く，さらに若干弱めではあるが他者から尋ねられることもあるという特性」（池田，2008，120）として抽出されている。

　これに対して，「マーケット（市場）の達人」（Maket Maven）は「多くの種類

の製品，買い物をする場所，市場の他の側面（facets）に関する情報を保有し，消費者とのディスカッションの口火を切って，消費者からの市場情報の要求に応える個人」と定義されている（Feick & Price, 1987, 84）。今日におけるその特性としては，「評判や互酬性の動機によってコミュニケーションを行っており，メールのやり取りも多く，メールマガジンなども広く閲読し，商品に関してマスメディア系，インターネット系の情報にも広く接している」ということが挙げられる（池田，2008, 141）。また「メールのやりとりの多さと並んで，検討の対象になった商品・サービスについても対人的な情報接触が豊富で，情報の拡散者としての役割」を有しているのに加えて，「他者からも知識ある人として一目置かれており，他の市場の達人との結び付きが強い」という特徴を持つ（前掲同所）。もっとも「マーケットの達人」はコメントをしている商品に関して購買経験が豊富かというと必ずしもそうではない。つまり「商品・サービスの購買にはそれほど熱意があるわけではなく，比較的ネットを通じた購買はするが，全体的な購買の活性度ではオピニオン・リーダーには劣る」という（前掲同所）。こういったタイプの個人は近年現れたわけではなく，先に紹介したフェイクおよびプライス（1987）においてすでにその存在が指摘されていた。しかしインターネットが社会に浸透し普及したことによって，商品やブランドに関する情報を収集し拡散する意欲および能力が如何なく発揮されるようになり，さらに当該能力に磨きがかかったと見ることができる。

　日本の場合，首都圏の女子ティーンエイジャーが「トレンド・リーダー」として一定の役割を果たしているという指摘もある（電通EYE・くちコミ研究会，1995, 158）。彼女達はみんなが知らないことを友達に話したいと思っており，流行の芽や新しい情報を敏感にキャッチしようと常時アンテナを広げている。そして面白い商品や情報を感知すると，すぐにインターネットやメールを使って仲間達に広げていく。流行に乗り遅れるのは嫌なので，常にその芽を感じ取ろうとしているし，みずから流行の原点になることに幸せを感じているという。

　ヒューズ（2006）では，後に取り上げるバズマーケティングの目標が「会話のきっかけをつくること。つまるところ，あなたのブランドについて人に話を

させ,マスコミに記事を書かせること」であるとされている (Hughes, 2006, 5；邦訳,9)。そして周囲の意思決定に影響力を持ちバズの起点となりうるような個人が「インフルエンサー」と呼ばれ,バズの刺激,口コミの活性化ではそういう個人に影響を与えるのが大切であるということ,すなわち「影響力のある人物に影響を与えること」(influencing influencers)の必要性が説かれている (*op cit.*, 18；前掲邦訳, 26)。

(2) 口コミの発信動機

口コミの発信動機として,口コミに関する早期の実証研究であるディヒター (1966) は商品との関連で際立った経験をした際に高まった精神的エネルギーの放出,目利きやパイオニアとしての自任意識,良好あるいは親密な人間関係を維持するための周囲への配慮を指摘している[6]。

口コミの発信動機として最も多いのは製品やサービスに関連する興奮のはけ口というものである。すなわち彼によれば,「際立って快い(もしくは相当程度不快な)経験は適当な状況があればいつでも会話による再現を誘う傾向がある」(Dichter, 1966, 149, ( )内の補足はディヒターによる)。製品ないしサービスに伴う素晴らしい,あるいはひどい経験により興奮を覚えた個人は,いわばある種の精神的エネルギーが高まった緊張状態 (tension) にある。そしてそういう緊張状態は日常的生活では解消されにくく,ほかの人との会話,その相手への推奨や不満の告白によってエネルギーが解放される必要があり,そうすることで内的均衡が回復され心理的な平静が取り戻される。良くも悪くもインパクトの強い経験をすれば,「他の人に話さずにはいられない」という興奮を覚え,実際に話すことによりその興奮が緩和されるのである。

実際,第7章と第8章で紹介する体験型施設,すなわち運営が有効になされ来場者が継続的に増大している企業パークと企業ガーデン,企業ミュージアムでは,「行って良かった」という口コミが興奮気味にインターネット上で投稿されている。こういった体験型施設で来場者を増やすためには,広告宣伝よりもむしろ口コミを形成することが重要で,そのためには興奮や感動を来場者に与えることが大切となるのである。

ディヒターによれば発信動機として次に多いのは目利きやパイオニアとしての自任意識（self-confirmation）によるものである（*op cit.*, 149）。他者に対して口コミを発することにより，その注目を引いて話題の中心となれるし，自分には鑑識眼（見る目），目利きとしての能力があるという意識，パイオニアであるという感覚を味わえる。また口コミを発することにより，賢い消費者であるという優越性をアピールできる。さらには，ある特定の社会的地位にある人，今日の例でいえばいわゆる「セレブ」（金持ち）が多用するような製品であればそれについて話すことにより自分自身がその地位にあるという意識を持てるし，そういう地位にあるということを他人にアピールすることもできるのである。

　発信動機の3番目は，抱いた感情や有益な知見を他者と共有したいというものである（*op cit.*, 151）。これは良好な人間関係を維持するために，あるいは思いやりの気持ちから周囲の人間に有益な情報を流すというもので，友情や愛情の表出という性格を有する。

　このようにディヒター（1966）では，口コミの発信動機として購入時や使用時の経験によって生じた興奮の発露，注目を集めたり自分の先進性や地位をアピールすることによる満足，良好な人間関係を維持したいという思惑と他者に対する配慮が指摘されている。

　このほかの発信動機として先行研究では，多少の重複もあるが，「特別の関心を持っていて他者にその商品のことを話すのが楽しみ」や「純粋に自分が助言することによって他者の役に立ちたいという動機」（杉本，1997，224）が挙げられている。また「自分自身が注目されたい」あるいはパーティ等で周囲が喜ぶような情報やニュースを紹介することによって「楽しく魅力的な人物」であると思われたいというような意識，沈黙が続いた際の退屈しのぎや気まずさ解消のために「人々に話題を提供しなくてはならない」というある種の気配り（プレッシャー）も指摘されている（Hughes, 2006, 28-29；邦訳，41）。

　加えて，「自分が『商品やサービスに詳しいと思われているから』という評判に基づく動機」，「他者から以前に商品やサービスの情報を教えられていたから自分も情報を伝えるのだという互酬性に基づく動機」（池田，2008，124）あるいはこれとは逆に，教えればいずれは自分も教えてもらえるのではないかとい

う見返りないし互助への期待もありうる。さらに先に紹介したディヒター(1966)の指摘とも関連するが，その商品もしくは商品ジャンルに豊富な知識があることを示したいというある種の自己顕示欲，何か面白いことや秘密を発見した際に黙っていられずそれを他者に伝えたいという伝達や暴露の欲求，豊富な知識や情報を持っているのだから，それを伝えて他者の意思決定を正しい方向に導いてあげたいというある種の任務意識も発信動機として考えられる。

　特定の人間関係を土台にした従来型の口コミは送り手が受け手に対して直接的に伝達する。また従来型の口コミは「話す」，「聞かせる」，「伝える」という明確な意思を伴って能動的に発信される。それに対し，ネット上の口コミは第1節でも述べたように，いつか誰かが見てくれるだろうという期待のもとにコメントやレビューを，いわばとりあえず書き込んで掲載しておくもので，伝言ノートや壁かけの掲示板にメッセージを書いたり張り紙をしておいたりする感覚に似ている。例えば目の前にいる職場の同僚に向けての口頭による口コミは発信と同時に相手の耳に入るのに対して，ネットによる口コミは誰かが検索した際にヒットし読んでもらうのを待つ（それまでは放置される）という相違がある。

　このようにネットによる口コミは「送る」というよりも「掲載し，読んでもらうのを待つ」という感覚に近い。誰かの検索でヒットすれば読まれるが，ヒットしなければ読まれずに放置されるという口コミも少なくない。このようなことを考えると，その発信（投稿）において，先に述べたようなパーティの席上沈黙が続いて気まずいので話題を提供するとか，同僚や友人と親密な人間関係を維持するといった動機はないか，極めて弱く，そこでは興奮の発露，自己顕示，目利きやパイオニアの自任，互酬の意識が強いと考えられる。

3．口コミの伝達と波及

　人間関係に根ざした従来型の口コミは親族や知人または友人，職場の同僚，同じ学校の父兄など何らかのつながりのある人の間で，最初の一人が話題にしたことが水が流れるように，あるいはバケツリレー式に次から次へと伝わって

いく。口コミが小範囲でそういう比較的単純な経路で伝わることも多い。

　しかし大規模な口コミで，しかもネット上での伝達がこれに加わる場合，そのコミュニケーション・プロセス，連鎖構造は全体として複雑で錯綜した形をなす。こういう不特定多数による広範囲の口コミ波及については「線型でも，予測可能でもない」(Rosen, 2000, 97 ; 邦訳，126)。個人が同じ商品，同じブランドに関する情報を複数の源泉から収集する場合もあるし，同じ内容の口コミ情報をある個人は同僚から聞き，別の個人はネット上の掲示板を閲覧して知るという場合もある。そして前者が今度はネットに投稿し，ネットで情報を仕入れた後者が次の日に同僚に話すといったこともありうる。

　ある特定の人間関係に根ざした従来型の口コミであっても，内容が不特定多数に共通した関心事であったり，どの人にとっても有益であったりする場合は，ねずみ算的に波及範囲が拡大していき，そのような人間関係を越えてこれが社会的広がりを持つ場合もある。古い所では，金融恐慌（1927年）の発端となった一部銀行への取り付け騒ぎがその例である。そこでは「あの銀行はあぶないらしい」という風説が口コミとして伝わっていき，それが本当に一部銀行に危機的な状況をもたらした。自分の預金が大切というのはどの預金者にとっても同じであり，その払い出しができない事態が起こらないかというのは預金者に共通した関心事であったから，地域によって「あぶない」とされる銀行の名前を変えて全国規模でそういう口コミが広がっていったのである。

　このように社会的な広がりを見せる口コミの伝播プロセスは，ある意味で伝染病の流行（感染）にも似ている。こういうプロセスで自社製品に関する好意的な口コミが広がっていったとしたら，それは企業にとっては望ましいことであるが，現実にはそういう状況が生ずることは多くなくむしろ稀であるといってよい。しかしそれ自体の特徴や魅力が口コミを刺激する製品というのもある。ローゼン（2000）はそういう製品を「感染型製品」(Contagious Products) と呼んでいる。彼によれば，「このような製品は，自分自身で広まり，話題をつくる性質を持っている」という (Rosen, 2000, 104 ; 邦訳，134)。実際，自然と口コミが形成されて，これが感染するように広がっていく「話題性のある」商品や施設，第6節で述べる口コマれるブランドというのはあるし，企業はその創

造・育成を目指す必要がある。

それではネット上の口コミの場合，このような伝染病の流行と感染のようなプロセスが生じ，社会的に広がるという性格は相対的に見て強いであろうか。これは一概には何ともいえない。従来型口コミと違って人間関係の制約がない一方，基本的にネット口コミは，前述したように伝達するというよりも，投稿し掲示しておき，検索でヒットした際，あるいはネットサーフィンをしていて目についた際に見てもらうことになる。病気は黙っていてもうつることがあるが，そういった本当の伝染病と異なり，ネット口コミは受け手が何もしていないのに感染するということはない。受け手による検索と閲覧がそこでは不可欠となる。つまりそこにおける感染には受け手の意思が介在しているといえる。

4．口コミの効果と影響

（1）ブランド選択と購買意思決定への全般的効果・影響

口コミはその受け手に対しどのような効果・影響を及ぼすのであろうか。ある実証研究ではこれについて，「買う後押しとなった」という回答が「周りの人々との話」に関しては52.5％，「クチコミサイトや電子掲示板」では38.6％だったと報告されている。これより口コミにはブランドの選択や商品の購買に向けて背中を一押しする効果があるということがわかる。一方では購買の断念に関しても，口頭コミュニケーション，ネット上の口コミにより3割の人が影響を受けている。具体的には「周りの人々との話」，「クチコミサイトや電子掲示板」によりそれぞれ30.5％，29.9％が「予定の物の購入を取り止めた」と回答している（宮田, 2008b, 89）。このことから，ブランド選択や商品購買に際し，あるブランドを選ぶ，ある商品を買うという意思決定を覆す効果が口コミにあることがわかる。つまり販売促進を意図して緻密な計画のもとにつくられる広告宣伝と異なり，口コミは選択・購買を後押しするだけでなくこれを思いとどまらせることも少なくないのである。

別の調査では，ネット上の口コミも含めた場合，商品購入や店・サービスの選択で口コミ，具体的にはほかの消費者の実際に使った際の評価や感想を参考

にする比率は年齢・性別により異なるという結果が出ている。「たまに参考にする」という中間的な回答を除いて「よく参考にする」の回答比率と「あまり参考にすることはない」の比率を検討すると，全体では前者が31.4％であるのに対し後者は11.6％であるが，30代女性の場合これがそれぞれ50.4％，4.0％で「よく参考にする」の比率が高くなる。一方，50代男性では，これが17.6％，20.8％で両者の比率が逆転する（日経産業地域研究所，2012年3月調査）。

　それではブランドの選択と商品の購買意思決定プロセスにおける時期・フェーズによって，口コミの影響度は変わってくるであろうか。これについては選択・購買判断プロセスの最終フェーズに近づくほど，その影響度は強くなるという考え方がある。すなわち濱岡（2007）のことばを借りるならば，「広告は意思決定の早い段階，クチコミは後の段階で相対的に強い影響を与えると指摘されてきた」（濱岡，2007，7）。しかし彼の実証研究では，「クチコミが早い段階から利用されている」という実態が浮き彫りになっている（前掲同所）。つまり「クチコミは意思決定の後半だけでなく前半段階でも利用されている」というのが実際の傾向であるとともに，どの段階でも「消費者は情報源を1つだけ使っているわけではない」（前掲同所）。したがって近年，広告宣伝におけるメディア連携，クロスメディア戦略の重要性が強調されているが，そこに口頭での口コミとネット口コミも加えて考えないと不十分であり，後に述べるバズマーケティングの検討も必要であるという示唆が導かれる。

　なお，口コミ情報を備えたネット上のサイトにアクセスした際に，どの段階でこれが閲覧者に影響を与えているのかの見極めは複雑で簡単ではない。例えば商品比較サイトにおいて最終段階で購入者や使用経験者のコメントを見ている場合であっても，最初に表示される一覧リストや主要コンテンツである商品紹介ページにおける商品の見せ方が口コミを反映していることも多い。これは施設や店舗の比較サイトについても当てはまる。

　つまり往々にして口コミの投稿を受け付ける際に，総合評価を例えば5段階等で求め，商品・施設・店舗の表示順序や写真の大きさが過去の評価アベレージ，それまでの回答平均値に依存しているということもある。そういう場合は，閲覧者本人は気づかなくとも，最初から購入・使用経験者や訪問済みの人

の評価に影響されながら商品の性能・機能といった属性情報,施設・店舗に関する特徴説明,これらの画像等に接していることになる。ほかの人の評価とは独立して情報収集を進め独自の立場で意思決定を行っているつもりでも,実はその評価の影響を受けていることも少なくないのである。

(2) 知覚リスクと関与度合による相違

　口コミの効果と影響に関する重要な知見の1つは,比較的早い段階でアーント (1967b) によってもたらされている。そこではブランド選択に関する知覚リスク (perceived risk) が重視され,これは製品の重要性 (importance) と不確実性 (uncertainty) に規定されると考えられている[7]。

　結果として,知覚リスクの大小によって口コミの利用形態が変わるという傾向が得られている。より具体的には,分析結果として次のことが述べられている。「この研究では知覚リスクが高い者は口コミ情報を得ようと,より努力する傾向があるということが明らかになった。口コミは知覚リスクの低い者から高い者へ流れると見られる。このことより口コミは知覚リスクの高い者により強いインパクトを持つと推定される」(Arndt, 1967b, 294)。

　第6章以降で論ずる企業の体験型施設はパーク・ガーデン型,ミュージアム型を問わず,市外や県外に住んでいる人が訪ねるという場合,期待はずれの施設であると時間的に損をしたという意識が強くなる。特に遠方からの旅行中に訪れるという場合には,自分の判断ミスあるいは時間的な浪費(ロス)をしたという認識からもたらされる心理的苦痛や後悔は大きくなる。つまりこういう人にとっては知覚リスクは高く,訪問するかいなかの判断において口コミへの依存度が大きくなると考えられる。

　渡辺 (1992) では社会心理学的な問題意識で,化粧品の購買における口コミの影響度について東京の女子大学生を対象に調査が行われている。そこでは口コミ（当該研究ではくちコミ）や雑誌の記事,広告宣伝,店頭の実物,そのほかの情報探索手段への依存度を6点尺度で評価し平均値が算出された。結果として商品に対する関与 (product involvement) によって当該影響度には相違があるという傾向が現れている (渡辺, 1992, 176)。この関与とは端的にいえば,生活

におけるその商品カテゴリーの重要度，これに対する当該消費者が持つ関心やこだわり，コミットメント意識のことである。第5章でも述べるように，同じ商品であっても，ある個人はなくてはならないものと感じ，別の個人にとってはそうではないという場合，前者の方が当該商品に対する関与は高い[8]。

　調査の結果，広告と比較した口コミへの依存度，雑誌記事に対する口コミ依存度いずれに関しても，商品に関する情報を探索する場合，関与の低い者の方が口コミへの依存度が高いということが明らかになった。裏を返せば，化粧品を使い慣れている人，これに対するこだわりが強い人は，他人の意見をあまり参考にせず，商品の実物やマスメディアから情報を収集して自分で選択と判断をしているということをこれは意味している。

　第6章以降で論ずる企業の体験型施設すなわち企業パークと企業ガーデン，企業ミュージアムは，日常的に利用する頻度の高いスーパー等の小売店，図書館や病院といった公共サービス機関と異なり，これに対してこだわりや持論を持っている人というのは少ない。そういう意味で関与の低い施設である。したがってこの点からも，訪問するかいなかの判断において口コミへの依存度が大きくなると考えられる。

　第5章で紹介するように，山本（1999）はサービス商品のように事前の品質評価が難しく，利用できる手がかりが少ない場合には知覚リスクが高まるとしている。その後，山本（2003）はこのような商品の例として旅行を取り上げ，その購入すなわち参加申込みに際して，どのような情報が利用されているかに関して調査を行った。対象者は首都圏に住む一般の男女個人であった。事前に設定した仮説の1つは「知覚リスクが高まると口コミ情報の重視度が高まる」（山本，2003，24）というものであった。結果として，「旅行商品に関して危険を感じている消費者は，インターネットや口コミを重視する度合いが高まる」（前掲論文，31）という傾向が明らかになり，当該仮説の妥当性が検証されている。

　第6章以降で取り上げる企業の体験型施設はパーク・ガーデン型，ミュージアム型を問わず自分自身による事前評価が困難で，評価に際して利用できる情報も少ないため，知覚リスクは高くなる。一度も行ったことがない施設の場

合，訪問する価値があるかどうかの判断が難しく，一般的にはパンフレットなど手元にある資料もないか，非常に少ない。こういったことから，訪問するかいなかの判断においてやはり口コミへの依存度が大きくなる。つまり企業の体験型施設において来場者を増大させるためには，広告宣伝よりもむしろ口コミの形成が重要となる。

5．口コミが信頼される理由と要件

（1） 全般的な口コミの信頼性根拠

　前節で見たように，知覚リスクの程度，商品への関与度合，消費者の年齢・性別によって多少異なるものの，一般的にいってブランド選択，商品の購買意思決定における口コミの影響度，これへの依存度は大きい。特にインターネット上で容易にこれを参照できる今日では，その依存度，少なくとも参照頻度は高まっていると考えられる。

　それでは口コミがブランドの選択，商品購買時の情報として参考にされるのはなぜであろうか。あるいは口コミで商品が売れるのはどうしてであろうか。端的にいえば，それは口コミの情報としての信頼度が高く，意思決定の前提として頼りにできると思われているからであろう。さらに突き詰めると，そのように情報としての口コミの信頼度が高いのはなぜであろうか。

　広告宣伝は基本的にはブランドの認知度向上や商品の販売促進，売上の増大を意図して行われるものであり，広告代理店，新聞やテレビといったマスメディア等，その作成者および発信者はクライアント企業より料金を受け取った上で，その意向に沿って作成・発信を行う。作成と発信が外注されず社内で行われる場合には，これはなおさらで，内容や発信のされ方に当該企業の意思が直接的に働きそれが反映される。

　このため広告宣伝では，どんな商品でもすべて「良いもの」，「優れたもの」として扱われ，長所や特長が紹介されプラス面だけが訴求される。そこで商品の短所や欠点までが洗いざらい伝達されることはない。そして消費者はそれを知っているから広告宣伝のメッセージや説明を鵜呑みにしない。消費者側には

「我々は広告にずいぶんだまされてきた」という思いがある（Hughes, 2006, 26；邦訳, 37）。別の先行研究では，このような広告宣伝の営利性が次のようにも説明されている。「マス媒体を通じた広告が有料のものであり，スポンサーの意図に沿った情報であること，したがって，都合の悪い情報は伝えられないと言うことを，受け手である消費者は知っている。そのため，一般に，広告情報を受け止める際には一定の距離がおかれる」（二瓶, 2003, 35）。

　それに対し，口コミは「広告と違い，情報の発信者と製品の間に利益関係がない」（杉谷, 2009, 47）。第4章で述べるステルス投稿等の例外ないし違反行為は別にして，口コミの場合発信する当人がコメントをする際に企業側から金品をもらっているわけではなく，商業的ないし営利的な側面が弱い。「クチコミは非商業的であるという点で，広告，PRやCMといった営利活動，すなわち，サービスや製品をうるための手段とは大きく異なる」のである（五藤, 2010, 49）。

　また口コミ情報は「人が自らの意思で他人に話すかどうかを決める」（日野, 2002, 28）のであり，そういう意味で口コミとは「人の自由意志を基本にした情報伝達手段」である（前掲書, 32）。実際，口コミは多くの場合，「会話の流れのなかで自然発生的に始められたり」，目の前にいる人が手に持っているものをきっかけに「偶然に始められたりする場合が多い」（渡辺, 1992, 177）。つまりそこでは，売り込む，説得するという意図は希薄であるのが一般的である。口コミは「語り手側の説得する意図も，受け手の側の説得される構えも弱い状況でしばしば発生している」（池田, 2010, 11）のであり，そのように「ささやかで偶発的であるが，そこにあなたの購買の判断に働く大きな力がある」（五藤, 2010, 49）というのがその大きな特徴であるといえる。すなわち「消費者間の非商業的なコミュニケーションのなかにあるものは，話題内容の共有やお互いの信頼であり，この非意図的な背景が，大きな説得力をもたらす」のである（前掲同所）。そしてそういう意味で「クチコミは，マスメディアの疎遠さ，一方的性質，疑わしさ，うさんくささやあからさまな意図に勝る」（池田, 2010, 10）。

　このように非商業的，非営利的であるから，口コミでは商品のプラス面とマイナス面両方に関する正直なコメント（情報）を期待できる。先行研究はこの

点について次のように述べている。「企業による広告は自社製品の利点のみを伝えるのに対して，クチコミについては実際に使ってみた不満など，企業や製品についてネガティブな情報も含まれる。このことがクチコミが重要視されている理由の一つである」(濱岡, 2007, 6)。また次のような論評も見られる。「商業的なコミュニケーションとは異なり，そこにはときに商品に関するマイナスの情報まで含まれ，このことが，コミュニケーションが非意図的で信頼できるものとの評価を高めるのである」(五藤, 2010, 49)。このように口コミは強制や金銭的インセンティブによってではなく本人の自由意思で行われ，また短所や欠点も包み隠さず伝達するため，参考にされる度合いが高いのである。

　特に親族や知人，同僚から発せられた口コミ，すなわち特定の人間関係を土台にした従来型の口コミには，そういった身近にいて血縁・地縁関係や面識があり，自分と利害や運命をともにするような人がいい加減なこと，実態とかけ離れたこと，自分をだますようなことを言うはずはないという安心感，信頼するに足る理由がある。ヒューズ (2006) は，「友人，隣人，同僚，あるいは家族から聞いたおもしろい映画や製品，サービスの話を信じる」理由として，前述した口コミの非営利性，すなわち「彼らは宣伝のためにお金をもらっているわけではないから」ということを述べている (Hughes, 2006, 25；邦訳, 36)。これに加えて，そういう人たちと自分は日常的に顔を合わせており，もし嘘を言って自分に不利益を与えれば，次回会った時に相手だって気まずいはずというより強い信頼性の担保・保証がそこにはある。

　情報過多であることが，意思決定における口コミへの依存度を高めているという見解もある。例えば大木・山中 (1997) によれば，口コミにはそれが発生しやすい環境的条件，「特定の情報環境」というものがある。そしてこれには「情報量が少なすぎる」状況とともに「情報量が多すぎる」状況がある (大木・山中, 1997, 32)。このような情報過多の場合，個人の情報処理能力では対応が追いつかなくなり，情報の解釈や情報価値の見極め，すなわちどれが重要な情報なのかの区別と判断ができなくなる。情報は意思決定の前提となるから，これは意思決定機能の不全につながる。二瓶 (2003) はこれを「情報過多の状況の中で，かえって情報が欠乏するという皮肉な状況が出現する」(二瓶, 2003,

28）と表現し，「情報過多（overload）は，情報不足と同じ結果をもたらしうる。その意味で，インターネットの世界もまた，くちコミが生じやすい状況にあると言わねばならない」（前掲書，29）と指摘している。こういう場合，情報解釈能力のあると思われる人の口コミが意思決定に関して価値の高い情報として頼りにされることになる。そういう個人が第2節で述べた「カリスマ消費者」や「マーケットの達人」と呼ばれる人たちである。

　特に情報探索能力や情報編集能力の低い個人，これに自信がない個人はそういう探索（収集）や編集（解釈）を誰かに依存しなくてはならない。見方によっては，そのような個人に対して商品情報に関する収集と編集の代行を行うというのが口コミの1つの側面である。そして「編集の役割は言うまでもなく解釈機能であり，そうした機能が果されない状況では，だれかがこの機能を果さざるを得ず，結局は，友人や仲間という身近な情報源に依存するようになる」（二瓶，2003, 29）か，あるいは前述の「カリスマ消費者」や「マーケットの達人」のような個人に頼ることになるのである。

　前にも触れたように，インターネットの普及も口コミの影響度を高めている大きな要因である。すなわち今日ではネット上に口コミ専門サイトが多数登場しているし，またネット通販サイトの商品・店舗・施設を紹介するページ上で画面上の一部をクリックすれば口コミ（レビュー）を簡単に見られるようになっている。書いてあることをすべて鵜呑みにするわけにはいかないというように情報の信頼度を見極めたり，これを取捨選択したりしようと思う気持ちを持っていても，口コミを閲覧する利便性や頻度が上昇しているので，これが参考にされる度合いがどうしても増すことになる。

　このようにブランドを選択したり商品を購買したりする際の意思決定情報としての口コミの重要性，これへの依存度は従来よりも高まっているといえる。第4章で述べるように口コミの意図的歪曲が社会問題化しているのは，当該依存度が高まっているからこそでもある。前述したように発信者の解釈が加わるということはある意味で避けがたいとしても，意図的な歪曲は消費者の意思決定を歪める危険性が大きく，看過できない問題となる。

(2) ネット口コミの信頼要件

　前項で述べたように，口コミが信頼される理由の1つは広告宣伝に対する消費者の懐疑的な態度にあり，これが近年強くなっているために，ますます口コミが意思決定情報，判断材料として頼りにされるようになっている。しかし懐疑的態度がどんどんと強まれば，口コミにも疑いの目が向けられるようになるし，その兆候はすでに見られる。このことはディヒター（1966）において早くも指摘されており，口コミを聞く際には，口コミ発信者は受け手である自分の幸福や利益のことを考えてくれているかということと，当該商品に関する経験や知識の点で話し手の言うことには説得力があるかということが関心事項になるとされている。より具体的には受け手は，「話し手の意図は何らかの実利が理由で売ることにあるのか，それとも自分を助けたいのか」，「相手を十分に信頼して良いか」，「相手とその製品はどういう関係にあるのか」，「相手はその製品に関してどれ位わかっているのか」といったことに考えを巡らすと指摘されている（Dichter, 1966, 152）。

　特にネット上の口コミでは多くの場合，発信者に匿名性があるため，発信者が誰なのか，もしくはどういう人なのかが気にされる度合いが，従来型口コミの場合に比べて高くなる。前項でも述べたように，常日頃から会話を交わしているような親族や知人，同僚との間でやり取りされる従来型口コミの場合，根も葉もないことをいえば次回会う際に発信者自身も気まずくなるはずという推測が成り立つ。そういった人間関係により，口コミの信憑性が保証されているし，受け手側もそれを認識している。ところがネット口コミの場合，匿名であることを良いことに面白半分でいい加減なコメント（デマ）を流す愉快犯がいないとも限らない。発信者に悪意がなくとも属性や立場・境遇が異なれば，受け手にとって口コミに書いてあることが適合しなかったり，有益でなかったりすることも多い。

　二瓶（2003）によれば，「知人からの情報は，当然のことながら無償のものであり，信頼のおける相手からの情報であることから，広告に対するときのような『構え』を持つことはない」（二瓶, 2003, 35）。澁谷（2007）のことばを借りるならば，「従来のクチコミ情報は基本的に受け手から見て信頼のおける友

人・知人から伝えられたために，(中略) その情報の発信者に対する信頼性が高かった」(澁谷，2007，11)。そのため，「広告で製品の良さをいくら連呼されても信用しない消費者も，当該製品を好意的に評価するクチコミ情報を友人・知人から受け取ると，大きくこれに影響を受けた」(前掲同所)。このような口コミの信頼性根拠については前項でも言及した通りである。

これに対し，「ネット上のクチコミ情報には，情報の発信者に対する信頼性という従来のクチコミが持っていた強みに関しては不十分であるという弱点がある」(前掲論文，12)。つまりネット上の口コミは波及範囲が人間関係 (交友関係) に規定されるという関係が弱い一方，発信者の匿名性がその信頼性を低めている。第１節でも述べたようにネット口コミがインターネットによる検索性を備えているということは消費者の口コミ依存度，その参照頻度を高めているが，そこにおける発信者の匿名性は掲載されている口コミ情報の信頼度を損なう方に働いているのである。

このようにインターネットによる検索性を備えたネット口コミの普及は消費者の口コミ依存度を高める要因となっている一方，発信者がどういう人であるかわからないというそこにおける匿名性は口コミの信頼性に関してこれを低める要因，マイナス要因となりうる。知人や職場の同僚等，特定の人間関係に根ざした従来型の口コミには，発信者は企業と無関係でこれより金品を受け取っていないという非営利性，血縁・地縁および利害の共通性と常日頃からの面識を伴う発信者と受け手間の親密な間柄が信頼性根拠の一部をなしていたが，発信者に匿名性のあるネット口コミの場合，後者はまったく担保されていないし，前者の非営利性についても不確実性が生ずる。従来型の口コミにおいても，口コミを発している相手が本当に金品を受け取っていないのかということに不確実性がないことはないが，ネット口コミの場合は相手との面識がなくその素性がまったくわからないためにその不確実性が格段に大きくなる。受け手としてそのことに確信が持てないというケースも多くなる。

このようなことからネット口コミに関しては，従来の特定の人間関係に根ざした口コミに比べて，受け手はその信頼性により注意を払うことになる。そして澁谷 (前掲論文) によれば，発信者に関する情報がある場合，ネット口コミ

の信頼性は当該発信者の持つ類似性,専門性,中立性の3つに影響される。

類似性とは,口コミ情報の発信者が自分と属性等に関してどの程度似ているかという尺度である。そして消費者は生活レベルや年齢,価値観,家族構成に関し自己と類似した者によって発信された口コミ情報により強く影響されるという[9]。

そして専門性とは,口コミ情報の発信者が取り上げている特定の製品やサービスに関してどの程度の知識や経験を有しているかという尺度で,消費者は専門的知識を持つ者によって発信された情報をより信頼する傾向がある。特に,「複雑性が高い製品や専門性が高いサービスなどに関する口コミ情報に対しては,消費者は自身との類似性よりも,当該製品・サービスに関してより豊富な知識や経験を有する者によって発信されたクチコミ情報を信頼する」(前掲論文,14)。

最後に中立性は,口コミ情報の発信者が当該製品・サービスの販売やマーケティングに関して利害関係を持っているかどうかという判断基準である。より具体的には,「本来クチコミ情報というものは,その発信者の中立性ゆえに受け手において高い信頼性を獲得してきた情報であるため,ネット・クチコミにおいても発信者がクチコミ内容で取り上げられる製品・サービスの販売などに関して何らかの利害関係を有していると判断された場合には,そのクチコミ情報の信頼性は著しく低下する」(前掲同所)。そればかりでなく,「『やらせブログ』の問題などのように,しばしばネット上ではこの中立性の問題が大きく取りあげられ,この点に関して正しい情報が提示されていない場合や情報に偽装があった場合などには,非常に厳しい非難を受けることがある」(前掲同所)。そういった「やらせ」やステルス投稿等の問題については,情報倫理との関連で第4章で詳しく論じる。

ネット口コミの信頼度に関わるこのような発信者の類似性・専門性・中立性という基準を第6章以降で取り上げる企業ガーデンや企業ミュージアム等の体験型施設に当てはめると,自分と同じ境遇や立場の人で,何度もそこに訪問した経験があり,その施設に関して生の知見を持っている一般住民のコメントが受け手から見て信頼性を持つことになる。例えば今度の日曜日に小学生の子供

といっしょに行こうかと考えている親ならば，同じように小学生の子供を持ち，その施設の近くに住んでいて当該施設について詳しく知っており，当該施設（企業）とは利害関係のない人の口コミが重視されることになる。

6．バズマーケティングと口コマれるブランドづくり

（1）バズマーケティング

　ある特定ブランドないし商品に関する口コミが活発になっている状況はバズ（Buzz）と呼ばれる。このバズはもともとは蜂や機械，人の話し声など，ブンブンとうなるような低い音，ざわめきを意味した。これが近年マーケティングとの関連で使用される場合には，口頭とネット上を問わず口コミが活性化し盛んになっている状況をさすようになった。

　ちなみに，ローゼン（2000）は「バズはそのブランドについての，クチコミすべてである」とした上で，ネット上での口コミが増えている現状を踏まえて，バズを「ある特定の製品・サービス・企業について，あらゆる時点で行われる人と人とのコミュニケーションをすべて集計したものだ」と定義している（Rosen, 2000, 7；邦訳, 20）。またヒューズ（2006）でバズマーケティングは「あなたのブランドや会社について話題にすることが楽しくて，魅力的で，報道価値のあることになるまで，消費者とマスコミの注意をひくこと」（Hughes, 2006, 2；邦訳, 6）と定義されている。つまりここでは，次章で論ずるパブリシティの刺激を含む概念としてバズマーケティングが定義されている。端的にいえば口コミの発生を促し，場合によってはパブリシティをも刺激してこれを活性化し，ブランディングと商品の販売促進につなげるのがバズマーケティングである。

　なお大規模な口コミの波及プロセスには第3節で述べたように伝染病の流行と似た側面もあり，これを重視した場合バズマーケティングではなくバイラルマーケティングという用語が使われることもある。この場合のバイラル（Viral）とは「ウィルス性の」，「感染性の」という意味で，人から人へ口コミ情報が伝達されるプロセスを，ウィルスが増殖し感染者を増やしていく様子にたとえたものである。

（2）口コミの刺激と口コマれるブランドづくり

　マーケティングの観点では口コミがどのように生まれたり広まったりするのかを分析するだけでは不十分で、いかにこれを生み出して広めるかということも検討されなければならない。ただしそのような意図や作為が強すぎると口コミは信頼されず、マーケティング上逆効果となる。

　第2節でも述べたように、動機があれば人は皆口コミを発する可能性がある一方、これを頻繁に発する人と発しない人がいる。したがってバズマーケティングでは、口コミ発信者として有望な人に対して働きかけをすることも選択肢となる。具体的には、口コミ波及の起点となりうる人、トレンド・リーダー、インフルエンサーをまず見極め、必要な場合はサンプル（試供品）を提供したり、商品や施設・店舗の特長等に関して説明したり、第三者に対する紹介の方法を示したり、最初のユーザーとしてマスコミに紹介したりするといった取り組みも必要となろう。

　ただし注意を要するのは、先にも言及したように作為が行き過ぎると逆効果となるということである。そもそも口コミには自然発生（自生）的で「管理のプロセスには馴染まない側面があることも確かである」し、また「個々人がコミュニケーション・メディアになるのがくちコミであるとすれば、伝播の過程すべてをコントロールしようとすることは、原理上不可能であるといって良いだろう」（二瓶, 2003, 24）という見解もある。あるいは濱岡（2007）のことばを借りるならば、「クチコミが影響を与えるのは企業にコントロールされていない率直な情報が入手できるから」であって、「これをコントロールしようということ自体ジレンマではある」（濱岡, 2007, 10）。

　一方では、何度か述べてきたように口コミはブランドの選択や商品購買の意思決定に強い影響力を持つ。つまり「くちコミの厄介な点は、このようにコントロールが困難であるにもかかわらず、購買決定に対する影響力がきわめて強いことである」（二瓶, 2003, 26-27）。したがって、波及プロセスは管理になじまないとしても、自社に有利となる口コミの発生に向けて何の努力もしなくてよいというわけでも決してない。

　このようなことから、何らかのインセンティブやアフィリエイトによって安

易に口コミを生じさせようとするのではなく，商品とブランドそのものの魅力，また地道な活動により，なるべく自生的かそれに近い形で口コミを生じさせるのが有効であるし，現実的でもある[10]。

　以上で述べたように，口コミはその本来の性質において自然発生的なものであり，また自然発生的だからこそ信頼される。そこに何か意図的なもの，企業による作為が感じられると，消費者はその作為の源泉である企業に批判的な態度を取りかねない。したがって口コミはブランド選択や購買意思決定に大きな影響力を持つとしても，性急にまた安易に口コミ自体をつくり出そうとするのではなく，むしろこれが生まれるきっかけをつくるようにしなければならない。すなわち口コミは本来，自然発生的である一方で，その発生には何らかの刺激や契機があることも多い。例えば化粧品に関する口コミは目の前で誰かが化粧をしている，あるいは友人が持っている化粧品を目にした，昨日試供品を渡されたので使ってみたといった特定の状況を契機に発生することが多い。往々にして「他人のメークや化粧品といったような外的なきっかけ」（渡辺，1992, 177）が存在するのである。

　このようなことから自社ブランドを口コミの対象，すなわち「口コマれる」ブランドにするためには，何らかのしかけやきっかけが必要となる[11]。ヒューズ（2006）はこのようなきっかけを「会話の糸口」（coversation starter）と呼び，「クチコミ・マーケティングの核心は，人々に，すばらしい物語を与え続けること」だとしている（Hughes, 2006, 27；邦訳，39）。また彼は次のようにも述べている。「もしあなたが，あなたの製品について人々に語ってほしいと考えるなら，語るだけの理由を与えなくてはならない。物語を与えるのだ。しかも，そんじょそこらのものでない物語を」（ibid.；前掲同所）。さらに彼は，「あなたのブランドについて，語るだけの理由を人々に与えるのだ」という言い方もしている（op cit., 28；前掲邦訳，40）。

　このようなブランドに関する口コミ発生のきっかけとして有効だと思われるのが，第6章以降で論ずる体験型施設である。さらに体験型施設自体の口コミを刺激するためには，これを舞台にしたイベントやおもてなし等，そのためのきっかけ，物語が必要となる。

すなわち企業パークと企業ガーデンもしくは企業ミュージアムを設置し，そこにおいてヒューズ（2006）の言う「すばらしい物語」を提供することが当該施設に関する効果的な口コミの刺激，さらにはブランドや製品に関する口コミの発生（誘発）につながると考えられる。そういうしかけによって企業は自社のブランド，製品に関する自生的な口コミが形成されるようにしなければならない。

ブランディングの観点では楽しい経験を提供し良き思い出を付与することができればそれだけでも効果的なのであるが，望むらくは自生的に口コミが生まれるよう，体験型施設における実体験を強く印象に残るものとし，ほかの人に話さずにはいられないという口コミ発信動機を来場者に与えることも重要となるのである。

すなわち第2節で述べたように，口コミの発信動機には興奮のはけ口というものがある。製品ないしサービスに関する素晴らしい，あるいはひどい経験により興奮を覚えた個人は，いわばある種の精神的エネルギーが高まった緊張状態（tension）にある。そしてそういう緊張状態を解消する最も手っ取り早い方法は，他の人にそのことを話すということである。つまり相手への推奨や不満の告白によってエネルギーが解放され，内的な安定状態が回復され心理的な平静が取り戻される。良くも悪しくもインパクトの強い経験をした個人は「他人に話さずにはいられない」という興奮を覚え，実際に話すことによりその興奮が緩和されるのである。もちろん企業パークと企業ガーデン，企業ミュージアムで提供される経験は，良い意味でインパクトのあるものでなければならない。

【注】
1）口コミの発信後すぐに受け手から反応がある，あるいは返事がなされるということもあるが，ここでの「交換」はそれに限定せず，ある時受け手だった個人が別の機会には発信側になりうるという意味である。
2）従来型口コミにおいても電子メールやSNSを利用している場合は，このような多角的情報検索にすぐに発展することがある。

3) クラスターは帰属意識や境界があいまいでゆるやかな結び付きのものも含まれ、クラブや団体のように必ずしも目に見える形をなしているとは限らない。このクラスターの形成についてローゼン（2000）は、「自分自身と似た人々と接触を持つのは人間の生理的欲求だ」（Rosen, 2000, 60；邦訳, 85）と述べている。より具体的には次のような説明がなされている。「科学者は、科学者たちと話すのを好む。お金持ちは、お金持ちとつきあう。マウンテン・バイクに夢中なら、他のバイカーとつきあうだろう。人が自分に似ている人々を好み、つきあう傾向は『同類性』（homophily）と呼ばれている。これは目に見えないネットワークの基本原理の一つだ」（*op cit.*, 60-61；前掲邦訳, 85）。

4) ローゼン（2000）では「賢い企業は自社の製品についてのクチコミの広がりを加速するために、各クラスターの重要なメンバーにタネをまいている」（Rosen, 2000, 153；邦訳, 190）となっているように、種まき（seeding）をするのは企業側であり、シーダーは組織体としての企業もしくは企業のマーケティングやPRの担当者ということになる。

5) 関与とは端的にいえばこだわりのことであるが、これについては後に詳しく取り上げる。

6) ディヒター（1966）ではニューヨーク市を中心とする24地域の消費者255人を対象に口コミを発する際の動機が調べられ、明確な発信意図（意識）のある能動的な口コミによる352の商品推奨事例が収集されている。発信の動機については「重複的」（overlapping）、「複合的」（combined）というように複数にまたがっていることも多い（Dichter, 1966, 148）。

7) 当該研究は495室からなる既婚学生アパートの住民と当該アパートの売店に陳列されている加工食品ブランドに関する実証研究である（Arndt, 1967b, 291）。ここで重要性は「これまで一度も試したことがないブランドが現在使用中のブランドと同じくらい良い。このことはあなたにとってどれくらい重要ですか？」という主旨の質問で見られている。一方、不確実性は「これまで一度も試したことがないブランドが価格に対する価値に関して現在使用中のブランドと同等であることはどのくらい確かですか？」といった質問で評価している（*op cit.*, 294）。

8) 渡辺（1992）では対象商品（化粧品）に対する関与が「化粧品には、普段から関心がある」、「化粧品はそれを使うこと自体が楽しい」、「化粧品には愛着がわく」、「化粧品には魅力を感じる」、「化粧品に関しては、どのようなものを使うかについてこだわりがある」（渡辺, 1992, 173）という質問文で調べられ、6点尺度でこれらに高いスコア、例えば「6. 非常によく当てはまる」と答えると関与が高いと見なされている。

9) 同研究ではマンション探しのケースが例示として出されている。すなわちそこで例として示されているのはマンション購入における役立つ情報提供者の属性で、候補物件探し、

候補物件の詳細検討，申込み物件の決定，その他の局面で多少相違はあるものの，全般的に役立つとされているのは「生活レベルが自分と同じような人の意見」，「住まいに対する価値観が自分と似ている人の意見」，「年齢や家族構成が自分と近い人の意見」，「同じ物件の検討者・購入者の意見」である（澁谷，2007，13）。ただしネット口コミの場合，こういう属性等に関する自己との類似性，本文で後述する専門性，中立性を推定する手がかりがまったくないことも多い。

10) アフィリエイトはインターネットにおける成果報酬あるいは成果報酬型のネット広告等をさす。この場合の成果報酬は，ホームページや口コミにはった企業のリンクを経由してそのサイトにアクセスし，そこで会員登録をしたり，商品を購入したりした場合に支払われる。これにより当該報酬を得るために口コミを掲載する人が生ずる。

11)「コミュニケーションの方向性を明示する動詞」として「口コマれる」は口コミにおいて「受け手となることを指す」（池田，2010，11）という語法もあるが，ここではこの用語を「口コミの対象となる」，「口コミで取り上げられる」という意味で用いている。

第3章

パブリシティ

1．パブリシティの本質

(1) パブリシティと情報発信

　企業の活動や店舗ないし施設，商品が新聞や雑誌に記事として，あるいはテレビやラジオでニュースとして取り上げられ，結果としてブランドの認知度向上や販売促進，企業としての知名度上昇とイメージアップに大きな効果を持つことがある。例えばこういうマスコミの記事やニュースで「行列のできる店」という趣旨で取り上げられると，それを見て興味を持った読者・視聴者が客として訪れるようになるため，その店の売上がさらに伸び認知度も高まる。このように記事，ニュースがブランドの認知度向上や販売促進の効果をもたらすのがパブリシティである。また当該効果をパブリシティ効果という。

　先行研究はこのパブリシティを次のように定義している。すなわち企業みずからの意思による直接的な情報発信ではなく，企業活動に関するマスコミ報道であるという本質・要点をとらえれば，「パブリシティとは，企業活動等を新聞や雑誌などが間接的に報道すること」である（古江，2007，15）と定義される。あるいは「企業や団体が，新聞，雑誌，テレビ，ラジオ，映画など各種の媒体（客観的な報道機関）に対して，その意図している方向，商品の特質などの情報を提供することによって，対象媒体の積極的な関心と理解のもとに，一般に報道してもらう方法および技術をいう」（加固，1980，63，（　）内の補足は加固による）という定義，「商品・サービス，企業の活動実態などに媒体側が関心を示し，読者・視聴者に知らせる価値があると判断して，記事や番組，ニュースなどに取り上げてもらうことをいう」（広瀬・森住，2008，51）という概念規定もある。

　このようなパブリシティをめぐる企業の対応や活動方針には受動的なもの

と，能動的なものがある。基本的にはパブリシティにおいて，企業は記事やニュースとなりうる成果を上げたり活動を行ったりし，それが公衆向けに広く知らされることの価値を認識し，報道されることを期待していても，報道機関が実際に記事やニュースとして取り上げるのを待たなければならない。ただし報道機関から問い合わせがあった場合にはこれに丁寧に回答する必要があるし，求めに応じて資料等の提供を行うのは当然である。依頼があった場合には訪問を受け入れて，その取材に協力しなければならない。

このようにプレスリリース等による積極的な働きかけを行わず，報道機関が自社の活動や施設，商品，イベントに興味を示してくれるのを待ち，要望があった場合に情報提供や取材協力を行うという動き方ないし対応は，受動的パブリシティ活動あるいはパブリシティに関する受動的ポリシーと呼ぶことができる。ただし加固 (1980) によれば，こういうように積極的働きかけをせず要請があってから対応するという場合でも，「社内の即応体制が整備されていないと，記者に悪印象を与え，報道結果にも誤りや問題」が生じやすくなる（加固, 1980, 64）。したがって適切な資料や情報を迅速に提供するための準備はこの場合も必要となる。

これに対して，「能動的パブリシティとは，企業の PR 目標に基づいて，それをより効果的に達成するため，計画的・積極的に展開するものであり，これはマスコミとの友好関係を土台に，報道されることを主目的としてなされる活動」である（前掲同所）。つまり自社をめぐる出来事，取り組みや店舗，商品がマスコミに取り上げられるよう企業が積極的に働きかけるのが能動的パブリシティ活動，パブリシティに関する能動的ポリシーで，現実に即していえば，これは広報に近いという見方もできる。実際のところ能動的パブリシティ活動ではプレスリリースを配信する，記者に連絡して取材を呼びかける，記者会見を行う，イベントやパーティに記者を招待する等の活動が行われる。こういった実際の活動に着目すると，実態としてはこれは広報にかなり近く両者の区別は難しくなる[1]。

自然に取り上げられ「記事やニュースとなる」場合も取材協力は必要である一方，「記事やニュースにしてもらう」べく働きかける場合もあくまで取材す

るかいなかのイニシャチブ，記事やニュースとして取り上げるかいなかの判断権，どういう形式・内容で流すかの裁量権は報道機関側にある。振り返ってみると，冒頭で示した先行研究の定義でも企業が報道機関に対し取材や媒体への掲載を働きかける可能性を残しつつ，取材と報道の主導権はいかなる時もマスコミ側にあるという前提と立場で概念規定が行われている。イニシャチブが報道機関側にあり，一般企業側から見れば情報発信に関して相手次第，いわば「あなた任せ」であるという点がパブリシティの特徴なのである（電通, 1976, 116）。

なおパブリシティ，特に能動的パブリシティ活動はPRの一環として行われるとしている先行研究もある。つまりこの立場では，能動的，積極的に報道機関に働きかける場合，パブリシティは情報発信等による公衆との関係強化，いわゆるPRと密接に関係することになる。「パブリシティはPR（パブリック・リレーションズ）へのスタートであるが，基本的にはPRの下位概念であって，数あるPR手段のなかの一つである」（広瀬, 1981, 17, （ ）内の補足は広瀬による）というのがその例である。

以上で述べてきたようにパブリシティには，自然に取り上げられ「記事やニュースとなる」場合と「記事やニュースにしてもらう」べく積極的に報道機関に働きかける場合がある。理想をいえば，企業にとっては日々の事業活動を粛々と行うプロセスで，あるいは社会的な責任，いわゆるCSR（Corporate Social Responsibility）を遂行する過程で，何も働きかけをせずとも自然にそれが報道機関に記事やニュースとして取り上げられ，パブリシティ効果を生むというのが望ましい。最初からパブリシティを狙うのではなく，例えば社会の発展に寄与するような新事業を立ち上げた際，人々の幸福につながるような新製品の開発に成功した際，あるいは次世代育成，環境保護等に関する地道な活動を継続する中で，それが結果としてマスコミに報道されるというのが正道であるといえよう。しかし社会的に有意義な活動を行っていても，黙っていてはなかなか報道機関は気づいてはくれないし注目もしてくれない。

そのようなことから企業は社会に貢献するような成果を上げたり有意義な活動を行ったりしている場合には，プレスリリースなどを通じてそれに関する情

報を報道機関に提供するのが一般的である。また自社について広く知ってもらうために活動内容をオープンにし，これに関する情報を発信するのは企業市民としてはある意味で当然である。ともすれば従来，日本の企業は「いいことをやっていれば黙っていても消費者は評価してくれるはず」，「自らアピールするのは下品」という発想をしがちであったが，こういう考え方は資本主義内の機関，収益を存続要件とする営利組織としては不十分であり，ある意味で「あまい」。

つまり有意義なことを行っているのならば，それを対外的にアピールするのはむしろ営利組織としては真摯なのである。これは第6章以降で取り上げる企業ガーデンや企業ミュージアムなど体験型施設の設置とそこにおける活動に関しても当てはまる。ただし情報を発信するからには，その活動は現実に社会的に意義のあるものでなければならず，そこに誇張や見せ掛け，うそ偽りがあってはならない。

（2）パブリシティの発生要件と説得力源泉

記事やニュースが結果として特定企業にブランドの認知度向上や販売促進の効果をもたらすとしても，報道機関としては人々に知らせる価値があるならばそうするのが合理的ないし当然であり，番組や紙面で取り上げるのはある種の責務であるということになる。つまりニュースバリューがある，報道する価値があるということがパブリシティ発生の最も重要な条件であるといえる。特定企業の知名度向上に作用してその収益増大に資することが認識されており，その一方で広告出稿料は得られないことがわかっていても，報道価値があればこれを記事やニュースにする必要があるという判断がそこでは働くのである。

自然に取り上げられ「記事やニュースとなる」場合，「記事やニュースにしてもらう」べく報道機関に働きかける場合，いずれにおいてもブランディングや販売促進に関して重要なのは記事やニュースとして報道されるということであるし，また取材への協力はどのような場合も必要となる。要するに，パブリシティの特徴として重要なのは記事やニュースとして報道されるというファクターで，これが情報の受け手すなわち読者や視聴者に信頼感を生む。

そもそも新聞社等の報道機関，あるいはそれに所属するジャーナリストには，権力になびかないいわば「正義の味方」といったイメージを持っている人が多い。このため，先行研究が「テレビのニュースや新聞・雑誌の記事として提供されるパブリシティは，受け手からみれば公平な第三者の判断によるものとして，広告よりも信頼される可能性がある」としているように（嶋村，2008a, 108），発信者が報道機関であるということ自体が読者や視聴者の安心感につながる。「パブリシティされるということは，客観的立場の報道機関としてのメディアが，社会にその情報を伝達することの価値と必要性を認めたからであり，一方的な企業の自己アピールではなくなる」のである（勝倉，2008, 325）。

これに加えて，先に触れ，また後にあらためて詳述するように，編集権が報道機関側にあり一般企業にとって内容や形式をコントロールすることが困難であるということも，消費者側から見てパブリシティが持つ信頼感の源泉となる。いずれにせよ，パブリシティが受け手に対して持つ説得力や訴求力の源泉は，企業自身による広告ではなく報道機関から記事やニュースとして発信されるということであるといえる。

2．パブリシティと広告の比較

（1）消費者情報源の分類

池尾（2011）によればコントロール可能性と人間を媒介するかいなかの二軸によって，消費者の情報源は4つに区分される。より詳しく述べるならば，「企業にとって直接コントロール可能」か「直接コントロールが不能」か，情報の媒体が「人的」か「非人的」かで類型化すると，第1セグメント（コントロール可能×非人的）に該当し，二次元平面上の当該象限に入るのは広告である。そして第2セグメント（コントロール可能×人的）は営業担当者，第3セグメント（コントロール不能×人的）は口コミ，第4セグメント（コントロール不能×非人的）はパブリシティが当てはまることになる（池尾，2011, 25）。

これに対して，櫻井（2013）は商品情報の発信形態に関して3つの分類軸を提示している。そしてこれらの軸でどう分類されるかが，コントロール可能性

や信頼性，到達範囲や受け手（対象）への到達可能性すなわちリーチを規定するとしている[2]。

　第一の分類軸は，「商品情報を発信する主体は誰か」，より具体的には発信者は「自社，すなわち当該商品を製造あるいは販売している企業なのか，それ以外の企業や個人である他社（他者）なのか」（櫻井，2013，25，（　）内の補足は櫻井による）というものである。これは前述の池尾（2011）のフレームワークにおける第一の分類軸すなわちコントロール可能性と密接に関係する。つまり発信者が自社ならばコントロール可能，他社（他者）ならばコントロールが不可能ないしはこれが極めて困難ということになる。そして「コントロールが可能である情報，例えば広告は（コントロールが可能なために）信頼されにくく，逆にコントロールが困難な情報，例えばパブリシティや口コミは（コントロールが困難な分）信頼性は高いといえる」（前掲同所，（　）内の補足は櫻井による）。

　第二の分類軸は「商品情報が発信されるメディア（媒体）の所有者は誰か」というものである（前掲同所，（　）内の補足は櫻井による）。これには第一の分類軸と同様に自社と他社（他者）が考えられるという。そしてこの分類は到達可能性（リーチ）の相違につながる。すなわち「一般的には自社メディアはリーチが小さく，他社メディアはリーチが大きい」（前掲論文，26）。

　第三の軸は「商品情報をメディア（媒体）に載せるための費用が発生するかどうか」である（前掲同所，（　）内の補足は櫻井による）。これは第一の分類軸における発信者と，第二の分類軸におけるメディア所有者が異なれば有料，同一であれば無料となるという。

　この分類に従えば，パブリシティと第2章で取り上げた口コミは，基本的には他社（他者）が発信し，他社（他者）の所有するメディアを媒介し，媒体費用が無料の情報発信ということになる。このことから両者とも「企業による情報のコントロールは困難だが，逆に情報信頼性は基本的に高い。リーチの規模は不確定だが，リーチが大きい場合も多い」としている（前掲論文，28）。

　このようなパブリシティと口コミが持つ信頼性の高さを考えると，極論すれば広告宣伝予算が潤沢な企業や施設は不幸であるとさえいえる。なぜならば当該予算に恵まれた企業，施設はブランドの確立，第5章で述べるブランディン

グにおいてどうしても広告に頼りがちとなり，パブリシティの活発化と口コミ形成に対する意識が希薄になってしまうからである。もっともブランドの認知を浅く広く行き渡らせる知名度向上に関する広告の効果を否定するわけではない。

（2）広告との比較と相違

　パブリシティは広告と比較した場合にその特徴が顕著となる。そのように広告と比較する形でパブリシティの特徴を整理すると，以下のようになる。

　広告は有料で，その企業（広告主）の意思でつくられるのに対し，パブリシティは無料であるかわりに，企業の統制が利かない。媒体の中で取り上げるかいなか，何をどう見せるのかの裁量権は報道機関側にあり，内容・形式はその判断次第で大きく変わる。つまり「報道するか否かは報道機関であるメディア側の判断に委ねられ，また必ずしも企業や団体がPRしたい点がそのまま伝えられるものでもない」（勝倉，2008, 324）。

　報道するかいなかの決定権についてさらに述べると，広告が企業側の出稿意思によって行われるのに対し，パブリシティが行われるかどうかは先に述べたように報道機関側の意思にゆだねられている。つまり記事やニュースとして取り上げるかいなかの決定権は報道機関側にある。前節でも相手次第と言及したように，「パブリシティでは，スペースやタイムをさいて報道するかどうかは，報道機関の自主的な判断にまかせるより仕方のない」という点がその特徴なのである（電通，1976, 116）。

　原稿の内容や分量，記事の掲載スペース，ニュースの放送時間等も報道機関側に裁量権がある。媒体のスペースは限られているから，ニュースや記事で取り上げるという判断になった場合も，取り上げる活動や施設，商品，その他に関する内容のうちどの部分，どういう情報を報道し，どの部分をカットするのかの取捨選択も報道機関側の判断でなされる。原稿の内容と表現，のせ方や見せ方も含め編集上の権限，いわゆる編集権は全面的に報道機関側にあるといえる。

　そしてあくまで記事やニュースであるから，このように編集権は報道機関側

にあるといってもその表現や内容は客観的で不偏不党，中立的でなければならない。その上で，報道したことに関する責任は報道機関側にあると考えるのが一般的である。企業側が提供する情報や資料が正確でなければならないのは当然であるが，いわゆる文責は報道機関側が負うと見なされる。換言すれば，「一旦，記事として採用されると取材記事と同等に扱われる」ことになる（広瀬，1981，16）。

　以上のことが前述したようにパブリシティが有する説得力と訴求力の大きな源泉となっているのだが，企業から見れば内容や分量をコントロールできないというジレンマ，「伝えたい内容がそのまま伝わるとは限らない」（広瀬・森住，2008，51）というもどかしさがそこにはある。言い換えれば，「広告物ならば隅々まで自分達の管理下にあるが，パブリシティの場合必ずしも自分達の希望に沿ったものとはならないかもしれない」という可能性があるし（嶋村，2008a，108），これが掲載や放送の直前まで企業側にとってある種の不確実性，リスクとなる。

　それに対して，広告では伝達される情報や原稿の内容は出稿企業側が決めることができるし，また内容に関する責任も出稿企業が負うことになる。広告掲載料やCM放映料を払えば，「媒体社が定めたコードに抵触しない限り」という条件はあるものの（広瀬・森住，前掲書，17），媒体に載せる価値は問われず，基本的には広告主の意向に沿う形でこれとの契約に基づき希望の日時やスペースに掲載ないし放送される。すなわち広告は「媒体からスペースやタイムなどを買って（中略）出稿する活動であり，訴えたい内容について真実性，倫理性などを定めている広告コードに反しない限り，自由に盛り込むことができ，媒体の掲載，放送を期待できる」（電通，1976，116）。

　また基本的にパブリシティは一回限りもしくは一日限りで終わる。記事やニュースとして報道されたその瞬間をもってニュースバリューは消滅し，それ以後，再度報道されることは同日における場合を除き滅多にない。それに対して広告の場合，同じ内容のものがくり返し発信されうる。

　概念規定に立ち戻ると，広告は「直接または間接に商品に対する需要を喚起するために，商品またはこれを提供する企業に関する情報を提供したり，商品

の効用性について説得したりメッセージを新聞,雑誌,放送,その他の媒体を利用して送達する活動であって,その主体を明らかにし,媒体所有者に対して有償で行うもの」(久保村,1969,7),あるいは「明示された広告主が,目的を持って,想定したターゲットにある情報を伝えるために,人間以外の媒体を料金を払って利用して行う情報提供活動」(嶋村,2008b,15)と定義される。これらの定義の中に「需要を喚起するために」,「目的を持って,想定したターゲットに」とあるように,広告の場合,対象や目的がはっきりしている。

　広告は「広く告げる」と書くものの,一般的にはこのように対象を決めて企画される。端的にいえば,「誰に伝えたいかがはっきりしている」というのが広告の1つの特徴である(嶋村,前掲書,14)。ターゲットが定められているので,内容や形式,掲載したり放映したりする媒体とタイミングもそれとの関係で有効となるように計画される。しかしパブリシティでは主として誰に伝えたいかということははっきりしていない。また「発信側の意図したとおりに,メディア側が報道するメッセージの伝達時期や対象層を設定することも難しい」(勝倉,2008,324-325)。

　そして広告では先にも言及したように目的がはっきりしている。多くの場合,最終的な目的は需要を喚起し,購入してもらうことであるが,「そこに至るまでに名前を知ってもらう,商品,サービスそのものを理解してもらう,競争相手のブランドと一緒に選択肢に入れてもらう,店頭で比較検討してもらう」といったことも目的として設定されうるし,また「企業名を知ってもらうことで,営業担当者が営業活動をしやすくすることが目的の場合もある」(嶋村,2008b,15)。

　以上のように広告は対象や目的を明確にした上で企画されるし,またこれらがはっきり設定されているからこそ,その内容や形式が綿密に計画されうる。パブリシティでは編集方針や掲載・放送の計画は報道機関で事前につくられるが,取り上げる企業の事業活動との関連で立案されているわけではない。つまり特定企業の事業活動へのメリットを念頭に置いたり,これに有利になるように考慮したりしてコンテンツの編集,掲載・放送の計画づくりが行われるわけではない。

しかし記事やニュースとして報道されるため，何度か言及したようにパブリシティは広告よりも信頼度が高く，消費者に受け入れられやすいというメリットがある。そのため，ブランドの認知度向上や販売促進に関して大きな効果を持つのである。

3．パブリシティの基礎づくりと刺激

（1）報道機関との信頼関係

　適切なパブリシティがなされるために，一般企業はどのようなことを意識しなければならないのだろうか。基本的にはその土台となるのは報道機関との信頼関係である。プレスリリースや記者会見，イベントやパーティへの記者招待は，パブリシティを刺激する直接的な契機や誘因となりうるとしても，常日頃から自社と報道機関との間に信頼関係がなければパブリシティは活発化しにくい。またそういう関係がないと，報道がなされても自社にとって望ましいもの，ブランディングにプラス効果をもたらすものとなるかどうかの不確実性が大きくなる。

　本章の第1節で，パブリシティ，特に能動的パブリシティ活動はPRの一環という側面を持つと述べた。PRの本質は広くとらえると「あらゆる公衆との関係を良好化するための継続的な努力である」が（加固，1980，66），パブリシティにおいてはまず報道機関との関係良好化が意識される必要があるといえる。つまり「報道機関と親密な信頼関係をもちうるかどうかは，報道のもつ広範な社会的影響力から考えて，とくに重要な課題」であり，このような信頼関係の形成は「プレス・リレーションズ」活動と呼ぶことができる（前掲同所）。

　企業にとって自社に関する適正なパブリシティの実現はブランディング上，極めて重要であるが，これは換言すれば自社の活動や施設，商品に関する報道が活発化し，かつ報道の内容や表現が適切なものとなっている状況をいう。そしてこれを継続的に確保するためには，企業は「パブリシティ担当者と記者との間に，平常から意志の疎通，相互信頼の関係」を築き上げておかねばならない（前掲同所）。ここで注意を要するのは，「記者に接する場合，いたずらな策

を弄するよりは公開の原則に立ち，相手の取材意図に即して常に誠意をもって真実を語るという姿勢が大切」となるということである（前掲書，67）。

　また効率の良い情報収集をサポートし取材が有意義なものとなるようそのお膳立てをするという意識が必要で，報道機関から問い合わせを受けた場合のいわゆる「たらい回し」がタブーであるのは当然である。すなわち「短時間で能率よく，内容のある取材が出来るように取り計らう」ことも報道機関と良好な関係を保つ上では重要であり，これに関しては「一貫性をもった責任ある応接態勢の確立が基本条件で，それは社内情報の集中管理と有機的連結によって保障される」（前掲書，67-68）。顧客との関係ではこのような「たらい回し」を避けるためにコールセンター等を設ける企業は多いが，報道機関への対応でも記者から問い合わせを受ける際の窓口を明確化し，取材対象である活動や商品を担当している部署に当該窓口が責任を持って連絡をして，取材当日は担当者が待機しているといった態勢を構築することも必要となる。

　こういう態勢が構築されていないと，記者みずからが企業内の異なる部署，複数の社員に訪問のアポイントを取るためのメールを送り，部署間や社員間の調整を行うといった役割をこなさなければならなくなる。記者はそこで「うんざり」感を抱き，取材前に疲れてしまうし，そうなればパブリシティの内容も企業にとって望ましいものとはなりにくい。そういった予定の調整や訪問の受け入れに関するコーディネートは本来，企業側で行うべきであり，記者にアポイント取りに関する仕事を押し付けて，そこでストレスを感じさせるということがあってはならない。そういう事態はパブリシティの観点で望ましくない上に，結果的に情報開示に消極的，体質や組織風土として閉鎖的ということになりかねない。

　しかし場合によっては，記者の求めている情報がその段階では公表できないとか，機密に属するといったこともあろう。そのような際には，「その場をごまかす発言をするより，はっきりと現段階では公表できない旨を伝え，十分に相手に納得してもらうこと」が重要となる（前掲書，67）。

（2）話題づくり

　パブリシティを刺激するためには報道機関に対する情報提供も重要であるが，当該情報に新規性や報道価値がなければパブリシティは実現しない。より根本的には社会的に意義のあるイベントを開催するなど，報道に載るような話題づくりをすることが重要となる。

　このようなイベントを勝倉（2008）はパブリシティ・イベントと呼び，これを「企業コミュニケーションの一環として，またプロモーション・ミックスの戦略上から，広く社会的話題としてマスコミに取り上げられることを意図して実施されるイベント」（勝倉，2008，323）と定義している。そしてこのパブリシティ・イベントは「社会・文化・教育・福祉などのテーマを基にしたものから，商品やサービスの販促効果を意図したものまで，多様な目的で行われる」としつつ，具体的なものとして「主なものに，街頭PRイベント，シンポジウム，講演会，演奏会，展覧会，博覧会，コンテスト，スポーツ大会，ファッションショーなどがある」としている（勝倉，2008，325-326）[3]。このようなイベントは自社のブランドに対し，第6章で述べる経験価値を付与することになる。そしてそういう経験価値の観点では，マスコミ関係者を含めて来訪者みずからが体を動かしたり，感じたりする体験の要素，例えば試食や試着，運転や操作等を催し物に盛り込むことが効果的であり，また重要となる。

　企業としては社会的責任，いわゆるCSRを果たすことの意義を認識して環境保護活動や若年層への学びの提供，啓蒙を行う必要があり，これを遂行する過程でそれが報道機関に記事やニュースとして取り上げられ，結果としてブランド認知や販売促進に関する効果が生まれるというのが望ましい。しかし世界中のどこかで大きな事件や事故が毎日のように発生し，ニュースバリューのある出来事が社会の至るところにある現代において，報道機関が注意を向けているのは自社，自社業界だけではない。したがって何らかの工夫や努力をしなければ，マスコミは振り向いてくれない。そこで振り向かせるためのこういったイベントの企画・開催が重要となる。

　第6章以降で論ずる企業パークと企業ガーデン，企業ミュージアムについてもこれはあてはまる。せっかく意義のある施設をつくっても，何もしなければ

報道機関の関心をひくことはできない。これに関するパブリシティを高頻度で生じさせるためには，当該施設を舞台にして社会的意義と話題性のある各種イベントを企画し開催することが重要となるのである。

4．パブリシティの効果

（1）ブランディングと販売促進に対する効果

前述したように，パブリシティでは活動や施設，商品の内容が記事，ニュースとして取り上げられるため，受け手から見た信頼度が広告よりも高く，消費者に受容されやすいというメリットがある。そのためパブリシティはブランドの認知度向上，企業としてのイメージアップや販売促進に大きな効果を持つことになる。

コトラー（2000）によれば，「広告にまったくといっていいほどお金をかけていない」のに成功しているアメリカ企業もあり，そういう企業を見ると「成功したのはほとんどすべてパブリシティのおかげである」というケースもある（Kotler,2000,607；邦訳，744）。また新製品の発売日前に「できるだけ注目を浴びるようなパブリシティ」がなされるよう努力したことにより，「有料広告をまったく出さなかったにも関わらず，だれもがその日を知っていた」という事例もある（ibid.：前掲同所）。このような事例は間接的にではあるが，パブリシティが持つブランディングと販売促進に関する効果の大きさを示唆している。

第5章でブランディングに関する意義を説くCSR，企業の社会的責任も，これに関連する活動がマスコミで報道されなければその効果は限定的となる。例えば金融機関のブランディングについて論じた古江（2007）によれば，CSR活動はブランドの確立に機能するものの，その間にはパブリシティという媒介要因がある。CSR活動に積極的に取り組んでいても，これがパブリシティに結びつかなければ，ブランドイメージ向上の効果は限られてくるのである。すなわち「CSR活動を展開することでパブリシティが向上すれば，競合する他金融機関との差異化が促進され，ブランド力が強化される」のであり，換言すれば「CSR活動はブランド力の強化に貢献し，その過程においてパブリシ

ティが重要な役割を担っている」と見なせる（古江，2007，16）。

　ただしこのような効果を数値的に捕捉ないし評価したり，表示したりすることは難しい。販売促進効果を推定するために，パブリシティの時間やスペースによって広告料金に換算する方法もあるが，どういう内容だったかによってその効果は大きく変わってくる。

　しかし数値的な捕捉や表示は難しいものの，「①媒体に取り上げられた量（掲載・放送した媒体の数，掲載記事のスペース），②公衆への影響度（媒体の質および部数，視聴率など），③記事または放送の内容（PR目標に沿った内容だったか，正確な内容だったか，好意的だったかなど，取り上げられた角度が企業にとってプラスだったかマイナスだったかの点）等の観点から一応の評価をすること」は重要である（加固，1980，87，（　）内の補足は加固による）[4]。

　パブリシティには二次的な販売促進効果もある。これまでくり返し述べてきたように，パブリシティには記事やニュースを見た読者や視聴者の間でブランド認知度を高めたり購買意欲を喚起したりするという効果があるが，これはいわばパブリシティの一次的な販促効果である。

　二次的な販促効果というのは，記事のコピーやニュースの録画を後日，店頭で配布したり放映したり，訪問販売の営業員が持参して顧客に見せたりした時に相手の内部に自社ブランドへの信頼感を形成し，その購買意欲を喚起するというものである。換言すれば，「好運なパブリシティ成果も，パブリシティ本来の性格から一回限りの，一媒体限りのものであるため，それを見逃した広範な公衆に，その成果をくり返し知らせることが効果を高める積極的方法といえる」（加固，1980，89）。パブリシティはリアルタイムで販売促進効果を持つ以外に，事後的にも販売促進のツールとなりうるのである。

（2）自己変革の契機

　考えようによっては，パブリシティは第三者が自社の活動や施設，商品に関してどのような見方をしているかを知る絶好のチャンスである。つまり自社に関する記事やニュースは自社という企業またはその商品等が「どの程度，どのような形で支持を受けているかの客観的評価であり，その結果，企業または商

品を今後どう軌道修正していくかの重要な資料」になる（加固，1980, 86）。

　ブランディングや販売促進に関して明らかにマイナスの効果を持つパブリシティがなされた場合，報道機関側のとらえ方や解釈，編集方針をどうしても批判しがちだが，むしろ自社の活動や商品そのものに何らかの問題があるのではないかと反省し，これらの方針やあり方，内容を検討しなおす必要がある。そのような謙虚さと自省の意識があれば，「公害，欠陥商品などのマイナス報道の場合，自己変革の重要な契機」となる（前掲同所）。またその方が長期的に見れば，業務の有効性向上と自社の成長に関して大きなプラス効果を持つことはいうまでもない。また批判的な内容のパブリシティがなされた場合には，「社内でのディスカッションや会議などを通じて，提起された問題点の徹底をはかったり，対応策を創案して，業務遂行に反映させること」も重要となってくる（前掲書，88）。

　言い換えれば，パブリシティは種々の業務遂行やブランディング，CSR関連の諸活動に関してその有効性をチェックする重要な資料となりうる。そういう意味で，計画（Plan），実施（Do），検討（Check），行動（Action）のいわゆるPDCAサイクルの実効性向上に資するという側面がある。

　自社の行っている活動に社会的意義があり，施設や商品のコンセプトが斬新であるにも関わらず，これらが報道機関に正当に評価されず記事やニュースで伝わらないという場合には，自社のPRや情報提供，前節で述べた報道機関との信頼関係構築に向けた努力が足りないと真摯に受け止め，これらに一層努力しなければならない。信頼関係が形成されておらず，またこういうパブリシティの不首尾という事態を相手のせいにしていると，報道機関側の無関心，理解不足や誤解は解消されず，パブリシティが不活発だったり自社にとって望ましくないパブリシティがなされたりするという状況は，その後も続いてしまうはずだからである。

　このようにパブリシティを得た場合に企業はただ単にそれだけで満足したり，あるいはその内容に一喜一憂したりするのではなく，内容を吟味し検討して今後の事業活動およびPRなどの対外活動にフィードバックしなければならない。先に述べたように，とらえ方によっては，企業はパブリシティを自己変

革の契機とすることができるのである。

(3) イメージ付与効果

　パブリシティは企業やその保有する施設の知名度、ブランドや商品に関する認知度を高めるだけでなく、具体的な企業イメージの形成に機能する。広瀬(1981)を参考にして報道の趣旨と付与されるイメージの関係を本書なりに整理すると以下のようになる。ただしこの関係は「多対多」的で、ある記事やニュースにより異なるイメージが形成されることもありうるし、逆に、ある同じイメージが、違う内容の記事・ニュースによってつくられるということも起こりうる。

　海外企業との技術提携や販売提携は海外展開に積極的な企業または世界に躍進しつつある花形企業、画期的な新製品や新技術を開発したという記事やニュースは先進的な企業または研究開発に力を入れている企業、社名の変更は改革に積極的な企業、他社の買収や系列化は規模の大きい企業または規模の拡大に積極的な企業、証券市場への上場は成長中の企業または財務基盤の強化や会社規模の拡大に積極的な企業、若い社長の就任や大幅な人事異動は改革に積極的な企業あるいは先進的な企業、地域社会や社会福祉などへの貢献は社会に貢献している企業または人間味や温かみのある企業というイメージになろう。同じ出店に関する記事やニュースであっても、それが新しいタイプの店舗に関することであれば先進的な企業であると読者・視聴者には受け留められ、それが大型店舗に関する話題であれば成長中の企業または規模の拡大に積極的な企業という印象になるかもしれない。

　同じイメージが、異なる趣旨の報道によって与えられる場合も多い。この点については先に言及したとおりである。つまり先進的な企業というイメージは新製品や新技術の開発、若い社長の就任や大幅な人事異動、新型店舗の出店のいずれの報道でも与えられうるし、成長中の企業というイメージは証券市場への上場、大型店舗の出店のどちらによっても付与されうる。

　もちろん抱かれるイメージは報道の仕方や付加的に伝えられる情報にも影響されるであろう。また報道内容とイメージとの関係には、その時々の環境や風

潮，それによって成立している受け手側の前提や思い込み，ステレオタイプによって変わってくるものもあろう。

例えば画期的な新製品や新技術の開発，証券市場への上場等は時代や状況を問わず，また誰からも概して肯定的に受け留められ，先に述べたように前者については先進的または研究開発重視，後者については成長中または財務の強化と規模拡大に積極的というイメージを与えるであろう。

それに対し，海外企業との技術提携や販売提携に関する話題は前後のコンテキスト，時代の流れや風潮の影響を多少受けると考えられる。前後のコンテキストについていえば，これは業績の悪化という文脈で報じられると，前述のような世界に躍進しつつある花形企業といった印象ではなく，国内事業で行き詰った企業あるいは単独では再建が難しい企業というマイナスのイメージを持たれるかもしれない。一方，時代の流れや風潮に関していえば，こういう提携を急成長中の企業が世界に飛躍する第一ステップとして行うケースが多い経済環境では，実態としては国内事業の行き詰まりか，あるいは海外企業による救済という側面が強くとも，それほどマイナスには受け留められないであろう。逆に，たとえ実態は海外展開へのステップという側面が強くとも，企業が国内事業の停滞と経営の破綻を回避するために，いわば窮余の策としてこういう提携を行うことが多いという経済環境では，額面（報道内容）どおりの海外進出とは受け取られないかもしれない。数日前に別の企業に関するそういう否定的ニュアンスの報道があった場合も，同様のことがいえる。

当然のことながら，企業のイメージはパブリシティだけで形成されるわけではなく，第2章で論じた口コミも大きくこれに作用する。また広告宣伝もこれに関わってくる。さらにより深層にある企業のイメージ形成要因として，日頃の事業活動や商品内容，倫理・コンプライアンスへの違反行為など近年における不祥事の有無，メセナ（文化支援）や環境経営および社会貢献への取り組み状況，企業ガーデンや企業ミュージアム等の体験型施設の有無とコンセプトおよびそこで体験されたことが挙げられる。したがって，「トータルでどのような企業イメージを形成していくかといったことも，計画的に立案して，緻密に実施していかねばならない」（広瀬，1981，167）。企業イメージを形成するこの

ような活動やファクターを全体的に見る（俯瞰する）目や意識がないと，これらはイメージ形成に関してばらばらな方向に機能してしまう。またそういう役割の人が内部にいないと，これらは整合性や一貫性を欠くことになり，統一的な企業イメージは形成されにくくなる。

（4）従業員に対する動機付け効果

　パブリシティが自社に対して好意的な内容である場合，それは従業員の内部では誇りの形成と勤労意欲の向上につながる。すなわち新聞記事に取り上げられたりテレビのニュースで話題になったりするような会社に自分は勤務しているのだという自尊心を刺激し，帰属意識を強化し，職務への動機付けを高めうる。先行研究でもこれとの関連で，「従業員は自社および自社製品のマスコミ評価に強い関心を抱いており，パブリシティ成果を知ることは誇りをもたせ，企業への帰属意識を高める」（加固，1980，87）と指摘されている。実際，好意的なパブリシティが得られた場合には，掲載された記事を社内報や社内サイトに転載する企業が多い。その1つの理由は，当該記事をなるべく多くの従業員が頻繁に目にするようにして，前述の効果すなわち自尊心を刺激し，帰属意識や動機付けを強化するという効果を最大限に得るためであると考えられる。

　このような動機付け効果が現れるのは営業担当者，販売スタッフに関しても例外ではない。自社に好意的なパブリシティがなされた場合，本節の第1項でも述べたようにこれをコピー，録画して配布するというように，販売促進のツールとして利用することができる。このような物理的なメリットがもたらされるのに加えて，営業担当者は心理的にも応援されていると感じることになるだろう。「自己の販売活動が孤立無援のなかでなさねばならないときほど苦しく，かつ戦意（販売意欲）を喪失させる」ことはないが，好意的な内容のパブリシティは戦意を高揚させるのである（前掲書，88，（　）内の補足は加固による）。例えば自社商品の優秀性が新聞記事やテレビのニュースで報じられれば，営業員は間接的にサポートないしバックアップされているという感覚を覚え，大いに勇気づけられる。同じ商品を販売する際であっても，良いものを売っている，顧客にとってベネフィットの大きいものをお勧めしているという確信を持

てるのと持てないのとでは，商品説明における熱の入り方が違ってくるのは当然である。

　逆に不祥事を報ずる記事やニュースは従業員を失望させ，その帰属意識，動機付けを低下させることになる。この点について，「従業員が企業外での地域住民としての市民意識を強くもつに至った今日，むしろ企業または商品が地域社会に背反するかしないかが，自社への参加意識をもつうえでの要因となり，これまでの企業に都合のよい報道内容よりマイナスの報道に対して関心を抱く傾向」が出てきているという指摘もある（前掲書, 87）。

　現場の従業員がそういう不祥事について何も知らされておらず，新聞記事やテレビのニュースで初めて知るというケースも今日では少なくなく，その場合ショックと落胆は特に大きくなる。そもそも社会的批判を浴びるような問題が起こらないように，自社のブランドと経営に対するその深刻な影響力と危険性をトップマネジャーみずからが認識し，また教育や研修によって従業員のコンプライアンス意識を日頃より高めておくことが基本なのであるが，そういう問題が発生した場合には企業は従業員向けにいち早く報告と説明を行う必要がある。報道が先行してしまった場合には，説明のしかたに特に注意しなければならない。事実を隠している，あるいは従業員心理を軽視していると取られかねない姿勢が見えると，従業員の動揺と不信感をさらに大きくしてしまうからである。

【注】
1）先行研究によれば，能動的パブリシティ活動においても「取材の一環である」という名目が報道機関側には必要であり，「招くのではなく，『取材』の名目を残しておくこと」が重要となる（丸山, 1981, 118）。つまりここでも，「記者の理解と納得が前提となる」（加固, 1980, 64）。
2）厳密にいえば，リーチは同一ビークル，例えばA新聞における複数回露出のうち最低1回に接触，または異なる複数種類のビークル，例えばA新聞・B新聞・C新聞への露出のうち最低1つに接触した読者や視聴者の総数または比率で，接触回数に関わらず講読・視聴したことのある者一人を一人ないし1回とカウントするので，ネット（正味）のオーディエンス，到達率ともいう。それに対して媒体への露出頻度または読者・視聴者から見

た接触頻度をフリクエンシーと呼ぶ。媒体に関する計画の立案初期では，これらのほかに広告の継続期間等が考慮要因となり，「リーチとフリクエンシーの相対的重要性，および広告継続方法について」検討するのが一般的である（岸，2008，233）。

3）パブリシティ・イベントということばを広く解釈すると，記者会見や記者を招いての展示会等もこれに含まれることになる。

4）もっともこういった評価項目にも，客観的な把握と分析が容易なものだけでなく，これが困難と思われるものもある。例えば①の「媒体に取り上げられた量」は何らかの客観的，統一的な尺度で測定し表示することは可能であるが，②の「公衆への影響度」のうち媒体の質については，程度の差こそあれどうしても評価に個人的印象が入らざるを得ない。③の「記事または放送の内容」もどう見るかに関して主観性が働き，人によってとらえ方が多少異なるということもあろう。しかしこのような困難性はあるものの，パブリシティを得た場合，企業はその内容に関する検討を行って，そのブランディングと販売促進に対する効果はプラスであるかマイナスであるか，その効果はどの程度かの推定を行う必要がある。マイナスの場合には，なぜそのようなパブリシティとなってしまったのかを分析するのが営利組織として重要である。

第4章
ブランディングおよび販売促進と情報倫理

1．企業における倫理とコンプライアンス

（1）倫理とコンプライアンス

　法（法律）など言語により表現され体系として成り立つ規則以外に，社会には道徳的な不文律，成文化されていないが行動の枠組として機能する了解や善悪の基準があり，これが前者と同様その社会で生活する人間の行為に小さからぬ影響を及ぼす。一般的に両者の相違は以下のように説明される。

　前者すなわち法は外在的な権力により個々人に強制されるもので，「行為規範のうち国家の強制力を伴って義務づけが行われるもの」(近藤，1999，3) ないし「人々が順守するよう国家権力によって強制する他律的な規範」(杉本・高城，2008，4) と定義される。そして当該強制力ないし影響力の重要な拠り所，あるいはこれに従わせるための強力な手段となるのは，逸脱や違反をした際の処罰や制裁である。換言すれば，「『法』は人間に対して求める必要最小限度の行為を人為的に体系化し，しかも，人間の外面に表れた行為そのものを対象として，その服従を命令し，その命令違反には制裁（Sanction）を科す存在」ととらえられる（清野，2009，39．（　）内の補足は清野による）。そして，「制裁の存在が一つの保障・担保となり，それがあるからこそその命令を遵守させるという一つのシステム」(前掲同所) をなしている。

　これに対して後者の道徳的不文律，いわゆる倫理は自己の道徳的人格，良心により内的に強制されるというものである。哲学者カントはこのような道徳的人格，良心を「内的裁判所」，「内的審判者」のようなものだと説明している。彼によれば，法的には違反を犯していなくとも倫理に外れた行為をしようとする時には「忽ち自分は良心の恐るべき声を聴く」のであり，堕落に陥る時にも

「かの声の聞こえるのをどうしても避けることは出来ない」(Kant, 1797, 邦訳, 104)。

なお日本語としての倫理は厳密には「人間共同態の存在根柢たる道義」を意味する言葉である（和辻, 1971, 8)[1]。倫とは元来「なかま」のことである。ただしこれに「人」を付けた「人倫」は「人のなかま」つまり「人間関係」とこの関係によって規定された人々をさすだけでなく、そこにおける「きまり」や「秩序」、「人々が通り行く道」をも意味するようになった。つまり「『人倫』という言葉が人間共同態の意味を持ちつつしかも『人間の道』あるいは『道義』の意に用いられる」(前掲書, 4) 用語法が長い年月の間に定着していった。「人間共同態の存在根柢たる秩序あるいは道が『倫』あるいは『人倫』という言葉によって意味せられている」一方、「理」ないし「人間の理」は「人間の道」のことであるから、「倫理」という用語は人間共同態における「人間の道」、「道義」の「道」を強調したものである (前掲書, 8)[2]。

法令遵守（順守）と訳されるいわゆるコンプライアンス（Compliance）は前者すなわち法と密接な関係がある。厳密にいえば、特に政府や自治体、公共団体により制定された法令に忠実に従い、これを固く守るというのがコンプライアンスである。ただし実際には、「そこで遵守されるべきものは、法令だけでなく、社会良識、社会ルール、社内の規則・規定等も含まれる」(平田, 2003, 113)。言い換えれば、法令遵守とはいってもコンプライアンスの対象には社内的に制定された「行動規範」や「行動憲章」も含まれる。

前述のように明確な内容を持ち明文化もしやすい法については、違反の有無がはっきりと認識できるし、また遵守しているかいなかの判定もしやすい。また具体的な行動は目に見えるので外から見てもわかりやすく、モニタリング（監視）や管理がしやすい。そのため企業ではこういうモニタリング等を実施する仕組みや体制が整備されることになる。例えばこの一環として内部通報制度が設けられたり、コンプライアンス担当役員等の役職、場合によっては弁護士等の外部委員も含むコンプライアンス委員会等の部署が設置されたりする。

また倫理だけで不祥事を防止することには限界があるという考え方もある。小坂 (2007) はこの点について次のように述べている。「企業不祥事の発生を抑

制するためには企業が自らの社員の倫理的行為を期待し、そのために体制を整備することが最も必要な条件である。しかし、従業員の主体的な行動に安易に依存するだけでは充分ではない。企業がコンプライアンス体制を構築し、組織の風通しが良くなるシステムを導入しなければならない」（小坂, 2007, 129）。このように不祥事の防止においてコンプライアンスは極めて重要となり、それは後に述べるようにブランド価値の保護にもつながる。

　ただし社員全員が倫理、すなわち良心によって守られるべき不文律の重要性を認識しているような組織でなければ、コンプライアンスを唱えても単なるかけ声に終わり定着はしないであろう。コンプライアンスを徹底するためには、社内全体で強い倫理意識が共有されていなければならないのである。つまり組織全体への倫理意識の浸透と業務遂行等における倫理の徹底、端的にいえば倫理の確立がコンプライアンスの土台ないし前提となる。

　また次節でも述べるように、法がカバーする対象は限定的であり、これは企業の経営や業務に関することすべてを網羅しているわけではない。ある先行研究のことばを借りるならば、「法は規定の対象が限定的」であり法的規範の妥当しうる現実的事象の範囲は狭いため、「その周辺には広範な灰色領域が残されることになる」（中村, 2001, 96）。そのため、「現行法令の遵守は社会の求める倫理の最小限の範囲、そして最低水準を満たしうるに過ぎず、それを取り巻く広範囲の倫理的課題に関しては、社会構成員の自発的かつ主体的な考慮にもとづく意思決定を通じて対応し、その行動のもたらす社会的結果のすべてを自ら受けとめ、その責を担わなければならないのである」（前掲同所）。

　特に法律や政令に関していえば、制定までに比較的長時間を要し「現状後追い」的とならざるを得ない。つまり、ある状況や事象、例えば新しいタイプの詐欺的行為が登場してから、これに対応する法律・政令が制定されて適用となるまでにタイムラグがある。したがって変化の激しい業務領域にコンプライアンスはなじまず、そういう領域では倫理意識の共有が重要となる。その代表的なものが情報に関わる領域である。実際、これを扱う技術、情報技術いわゆるIT（Information Technology）ないし情報通信技術、ICT（Information and Communication Technology）は日進月歩であるため、法律では想定されていないような犯罪行為も生まれて

いる。

　このようにコンプライアンスを徹底するためには，その土台として倫理が確立されていなければならない。またコンプライアンスは法令など明文化された規則の存在を前提とするため，これが存在しない事柄，その整備が遅れている領域では，業務を正当に行い不祥事を防止するために倫理に依存せざるを得ない。その一方で，不祥事リスクを低めるためには倫理の確立を推進するだけでは不十分であり，具体的な行動に関するコンプライアンスの徹底が必要となる。加えて，次に述べるように倫理を確立する上でコンプライアンスは有効な方法となりうるという立場，倫理確立の1つのアプローチとしてのコンプライアンスという考え方もある。

（2）倫理およびコンプライアンスとブランディング

　梅津（2002）によれば，企業内で倫理を確立するための方向性，アプローチには主として次の3つがある。1つはコーポレート・ガヴァナンス的アプローチで，例えばそこでは会社制度全般の再検討，株主総会の機能改善，取締役の機能強化，監査役の機能強化に取り組まれることになる。第二にコンプライアンス的アプローチで，そこにおける具体的施策には企業行動憲章や倫理綱領等の策定，企業内教育・訓練，その他がある。第三にヴァリュー・シェアリング的アプローチで，これを取った場合は企業理念・信条や価値基準・行動原則等の策定，企業内教育・訓練，ケース討論などの拡充，企業組織の改編，権限委譲等に取り組むことになる[3)]。

　もっとも，このうちどれか1つを採用しなければならないかというと，そうではなく，「企業倫理プログラムを立ち上げている企業の多くがこのどちらかのアプローチあるいはその複合型のプログラムを運営している」（梅津，2002，135）と述べているように，現実にはこれらのうちいくつかを組み合わせて多角的に倫理の確立を推進している企業も多いという。

　このうちブランディングと密接に関係するのはヴァリュー・シェアリング的アプローチである。すなわちこれは「単なる不祥事対策としての企業倫理という捉え方から一歩前進し，組織活性化や人材育成，さらには企業をとりまくさ

まざまなステイクホルダーへの責任を果たしたり，ブランドの構築や，経営革新との結びつきを考えることを意味する」(梅津，2003，21)。

　元来，企業で働く者が法令を遵守するのは当たり前のこと，「何を今さら」という事柄であるが，ブランディングの観点でコンプライアンスが重要になったのは，特にインターネットの普及以降，すなわち1990年代以降であるといわれる。あえて誤解を恐れずにいうならば，企業の不祥事は近年急速に増大したわけではなく，いつの時代にも同様にあったと考えられる。この点に関して，ある先行研究は次のように述べている。「企業不祥事は最近特に多くなったわけではない。(中略)昔からあったし，昔はもっとひどかった。昔は，企業が重要情報を独占し，社員の企業への忠誠心も高く，また，情報開示を強制される仕組みもなかったことから，マイナス情報の統制が可能で，不祥事情報は外部にあまり出なかっただけである」(後藤，2006，97)。

　ところが1990年代以降，インターネットが普及し，次節でも論ずるように社会の情報化が加速度的に進展した。また終身雇用制を柱とする日本的経営が崩れ始め，企業で働く者の考え方が変わった。加えて，食の安全と環境保護に対する関心が高まるなど，消費者の価値観，ものの見方や見る視点も変わった。そのため不祥事に関する内部情報は即座に外部に伝わり，さらに一度発覚すると世間一般に瞬く間に広がり，企業の経営に対して大きな影響を及ぼすようになった。例えばある食品メーカーで産地や原材料の偽装が行われていると，内部告発がブログやツイッター，フェイスブック，その他のソーシャルメディアへの投稿としてなされ，たちまちのうちに多くの人がインターネット上で知ることとなり当該企業の商品不買とブランドイメージの悪化につながる。厳密な意味での内部告発ではないにしても，疑問と当惑，批判が入り混じったような「こういうやり方ってどうなの？」という趣旨のコメントや独白が写真入りで投稿され，それが社会的な反響を呼ぶことも少なくない。

　この点に関して，先に紹介した先行研究は「1990年代に入ってから，企業を取り巻く状況の変化に伴い，違法経営を行う企業には社会から厳しい評価がなされ，一気にブランド価値を喪失するおそれがあり，存続が許されないケースまで発生している」と述べている(前掲書，123)[4]。不祥事によって「これま

で築き上げてきたブランド価値が一気に毀損される」という事例が年々増えている今日,「ブランド価値を維持するためには,違法行為を行わないことが当然に必要であるが,優れたコンプライアンス経営を行うことでブランド価値をさらに向上させることができる」(前掲書,125-126)。そして「そのように信頼されたブランドは中長期的には企業価値全体を向上させることになる」(前掲書,126)。こういう立場では,コンプライアンスはブランディングとの関連でブランド価値を維持する「守り」の役割,防護的機能を果たすだけでなく,これを高める「攻め」の機能をも担いうることになる[5]。

2．情報倫理と経営倫理

(1) 情報倫理と経営倫理の関係

　第1節で述べたように,道徳的な不文律,体系化されておらずまた成文化もされていないが個々人の良心を土台に行動の枠組として機能する社会的了解や善悪の基準が倫理である。したがって単純に考えれば,情報倫理とは情報に関する道徳的不文律,社会生活の秩序維持上守ることが求められる情報の伝達や管理,利用に関する暗黙の了解ないしルールであるということになる。同様に企業の経営管理に関する道徳的不文律,暗黙の社会的了解が経営倫理である。

　前者すなわち情報倫理は一般市民,消費者としての個人にも必要で,考えようによっては小学生にさえ求められる。例えば友達から「内緒にしておいて」といって打ち明けられた話をほかの人に漏らしてしまったり,兄弟に届いた手紙を勝手に開けたりするのは,無邪気ではあるがある種の情報倫理違反を犯しているともいえる。端的にいえば,情報倫理は万人に必要という側面を持つのである。

　それに対して経営倫理,各人によるその遵守は,一般市民,消費者にはほとんど必要がない。その一方で,経営倫理は情報に関することに限らず,これが関係する領域は多岐に及ぶ。取引上の倫理,価格付けの倫理,ものづくりの倫理など業務ごとに倫理がありえ,実際そのすべての徹底が重要となる。すなわち不当な取引条件を課さない,買い手をだますような不誠実な価格付けをしな

い，定められた作業手順を守って製造するといったように，多様なことに関する不文律が経営倫理には含まれる。

　このように経営倫理は多岐に及び，倫理が不要な業務はないといっても過言ではないが，中村（2001）を参考にして現代企業におけるその主要なもの，主な倫理上の課題を整理すると以下のようになる。ただしそこにおける趣旨は「企業倫理的課題事項の主要項目」を「利害関係者の概念を基準として分類するとともに，それらへの対処に際して求められる価値理念を（暫定的に過ぎないものではあるが）提示する」ことであるとされている（中村，2001，90，（　）内の補足は中村による）。

　競争関係の領域における課題事項としては，カルテル，入札談合，取引先制限，市場分割，差別対価，差別取扱，不当廉売，知的財産権侵害，企業秘密侵害，贈収賄，不正割戻が挙げられる。これらに関して重要な価値理念は「公正」でなければならないということである。消費者関係の領域では，有害商品，欠陥商品，虚偽・誇大広告，悪徳商法，個人情報漏洩が主な課題事項となり，ここでは「誠実」であることが求められる。投資家関係における課題事項は内部者取引，利益供与，損失保証，損失補填，作為的市場形成，相場操縦，粉飾決算などで，ここでは「公平」さが要求される。従業員関係で挙げられている課題事項は，労働災害，職業病，メンタルヘルス障害，過労死，雇用差別（国籍・人種・性別・年齢・宗教・障害者・特定疾病患者），専門職倫理侵害，プライバシー侵害，セクシャルハラスメントで，ここにおいては「尊厳」が心がけられねばならないとされている。地域社会関係では，産業災害（火災・爆発・有害物質漏洩），産業公害（排気・排水・騒音・電波・温熱），産業廃棄物不法処理，不当工場閉鎖，計画倒産が課題事項として挙げられ，「共生」が価値理念となると指摘されている。一方，政府関係の領域では，脱税，贈収賄，不正政治献金，報告義務違反，虚偽報告，検査妨害，捜査妨害が課題事項とされ，「厳正」さが価値理念として示されている。そして国際関係においては租税回避，ソーシャルダンピング，不正資金洗浄，多国籍企業としての問題行動（贈収賄・劣悪労働条件・公害防止設備不備・利益送還・政治介入・文化破壊）が課題事項となり，ここでは「協調」が意識されなければならないという。最後に，地球環境関係に

おける課題事項としては環境汚染，自然破壊が挙げられ，「最小負荷」が図られなければならないとされている。

（2）情報倫理の重要性

　本書が重視する企業における情報倫理は，見方によっては情報倫理と経営倫理がオーバーラップする部分である。情報が企業経営や経済活動，社会生活全般において本質的重要性を持つ今日の情報化社会では，この確立が非常に重要になっている。

　また前述した「情報倫理は万人に必要」という側面は，企業における情報倫理にも当てはまる。経営倫理はどのような経営管理上の権限を持っているかによって，その内容や必要度も大きく変わってくる。例えばトップマネジャーには厳しい経営倫理が求められる一方，現場のアルバイト従業員に同様の経営倫理が要求されるかというと必ずしもそうではない。しかし情報倫理に関しては勤務するのがたとえ1週間に1度のアルバイト従業員であっても，正社員，マネジャーと同様の意識が求められる。自分が働いているレストランに食事に来た芸能人を勝手にスマートフォンで撮影し，インターネット上に投稿すれば，とたんに大きな問題となる。先に情報倫理はどういう人にも，たとえ小学生であっても必要となると述べたように，企業における情報倫理も管理者だけでなく現場のスタッフにも同じように要求されるのである。

　加えて情報を扱う技術，IT，ICTは急速に発展しているため，前節でも触れたように法令の整備がこれに追いついていないという現実がある。したがって情報に関する不祥事をコンプライアンスで防止することには大きな限界がある。

　振り返ってみると，倫理は法令等の規則と異なり，違反や逸脱を犯しても外部より制裁を受けるとは限らない。換言すれば，倫理には外部からの強制や制裁とは関係なく「人々が自主的に順守するよう期待される自律的な規範」（杉本・高城，2008，4）という性格がある。

　法と倫理の関係に立ち戻ると，「倫理の方が『法律より上位のもの』『法律より広いもの』そして『法律を守るというのも倫理の問題』と考えるのが一般

的」である（高林, 2007, 2）。前節で言及したように，特にIT，ICTが日進月歩で発達し，法律では想定されていない技術とその利用法が頻繁に登場する現代の状況を考えた場合，このうち情報倫理との関係で重要となるのは「法律より広いもの」という側面である。そういうIT，ICTが加速度的に発展しているという現代の傾向を念頭に置くと，「『法・ルール』だけでは，われわれの人間社会は十分ではない」し，「倫理的に求められる行為のすべてが，法でもって規定されていないともいえる」（清野, 2009, 40）。

そして法による規制がない場合や，違反ないし逸脱した際の制裁を免れると推測される際に，勝手し放題，公序良俗に反する行為が許されるのかというとそうではない。先行研究のことばを借りれば，「法による規制がないところでも，倫理が当然に存在し，そこに秩序が保たれると理解されなければならない」（前掲同所）。つまり法がないところ，違反や逸脱による制裁を免れそうなところでも，他人に危害を加えたり迷惑をかけたりしてはいけないという精神は当然求められる。そしてIT，ICTの急速な発展を念頭に置くと，この点は情報倫理に関して特に強くいえることなのである。

倫理にはこのように「人々が自主的に順守するよう期待される自律的な規範」という性格があるが，情報倫理もまさにそういうものであるといえる。すなわち「個人が内面において，自ら構築する内在的な制約」（伊藤, 2009, 54）という側面があるから，これが確立されるためには「他者を尊重し，円滑なコミュニケーションを実現することには合理性がある」という認識が個々人に必要となる（前掲論文, 59）。

このように，人間社会が円滑に機能するためには道徳的不文律，暗黙の社会的了解としての倫理の確立が欠かせず，それは情報化された社会においても同様であり，それが情報倫理の本質をなす。したがって情報倫理について考察する際には情報化社会の性格に関する検討が欠かせないが，近年見られるその特徴，顕著な傾向は操作性と携帯性に優れた小型端末の普及とネット接続の容易化にある。より具体的には，前者についてはインターネットとの親和性の高さ，マルチタスク処理とユーザー・フレンドリーなインターフェイスに特徴付けられるスマートフォンおよびタブレット型端末が情報機器として一般化し

た。一方，後者については IPv6 と非接触 IC タグ，無線 LAN の普及によりインターネットの利用環境がユビキタス化した。これに伴い顧客情報の取得，また企業から顧客への情報配信が常時化し，顧客・企業双方にとって端末とネット利用に関する利便性とこれによる恩恵が増大している。しかし同時に，情報倫理とコンプライアンスに違反する事態が生じるリスクも高まっている。

前節で述べたように，倫理とコンプライアンス上の違反はブランドを危機にさらす。長年にわたり築き上げてきたブランドの価値が一回の不祥事で減失するということもありうる。このことは情報倫理に関してもあてはまる。顧客情報の漏洩，情報の不適切な管理や利用といった不祥事は自社のブランドに重大な悪影響を及ぼす。今日の情報化社会では情報倫理の重要性が従来よりも格段に増しており，その不徹底がブランドに致命的なダメージを与えるのである。

実際，情報倫理に関する不祥事や事件が記憶に残っていると，情報の管理がおろそかなのだから，ものづくりや品質管理もおろそかなはずと消費者に思われてしまいかねない。つまり経営全般において倫理意識が欠落していることの現われとしての情報倫理の欠如という受け止め方，情報倫理がいい加減なのだからほかの面もいい加減なはずという想像につながりうる[6]。

3．ブランド選択と購入判断に関わる情報提供の倫理

(1) ブランド選択・購入判断と情報および口コミ

情報の1つの重要な機能は，意思決定の前提となるということである。言い換えれば「情報が情報として価値を持つということは，意思決定者にとって意味のある情報ということである。(中略)つまり，意思決定者が必要とする情報は問題解決に役立つ情報でなければならない」(宮下，1991, 49)。そして情報が意思決定者にとって有意義で適切なものであるためには，正確，適時的，完全，簡明，適合的という要件を充たしている必要がある(Sanders, 1972, 5)。

ブランドと商品の選択，当該商品を購入するかいなかの判断に関してもこれはあてはまり，そういう選択・判断においては商品の機能や価格，そのほかに関する正確な情報が必要となる。バイアスのかかった情報，誤った前提を与え

られると，消費者のブランド選択や購入判断も，正しい情報を前提としていた時に下されたであろう選択・判断とは違ったものとなる。多くの場合，これは購入後において不満足や後悔を当該消費者にもたらす。このためほとんど例外なく，「消費者は正確な情報に基づき購買決定を行いたいと考えている」(岡本，2008，66)。

　このことは広告に関してもあてはまる。いわゆる誇大広告，不当広告は消費者の選択と判断を誤らせ，たとえ一時的には売上増につながったとしても，消費者の不満を招き，長期的に見れば自社のブランドイメージを悪化させ，ブランドの価値を低めることになる。

　一方，情報化社会の進展とともに，消費者が選択・購入時の情報をインターネット経由で入手する傾向が強まっている。実際，実店舗にいる顧客がその場でインターネットにアクセスし，価格比較サイトや口コミサイトで必要な情報を入手しそれを参考にして購入商品を選ぶケースが増えている。第2章ですでに述べたように，特に口コミは今日，選択・購入時の情報として重要性を増している。さらには商品在庫が目の前の棚にあってもネット通販が選好され，それにより購入がなされることもある。このような商品の選択と購入の仕方は「ショールーミング」と呼ばれ，一部の企業はこれを前提にしたチャネル連携を図っている。

　このような風潮を背景に，企業にとってはある種の情報操作，より具体的には購買が自社商品に向かうような情報をインターネット等で作為的に流すことにより販売を増やすことができるようになっているし，またその可能性は年々増大している。ただし当該情報が事実に根ざしていなかったり，これに反したりバイアスがかかったりしている場合には，大きな倫理的な問題が生ずる。そのような不正確な情報の作為的提供により，当該企業は個人の判断権を侵害していると見ることもできる。

　このような販売促進のための不適切な情報操作の代表例としては，請負業者等に好意的な口コミを書き込ませて評価を上げ，自社の商品や店舗に消費者を誘導する販売促進活動，次に取り上げるステルスのマーケティングが挙げられる。

（2）口コミサイトをめぐる問題事例

　第2章で触れたように，ブランドの選択や商品購買の意思決定に際して消費者の間でアクセス頻度および依存度が高まっているのは，ほかの消費者による消費後や使用後のコメントを掲載したインターネット上の口コミサイトである。しかしそういうサイトに，ある企業の商品に好意的な評価を当該企業の関係者やこれから依頼を受けた者がステルスで，すなわち一般消費者を装って投稿すると，掲載情報にバイアスがかかり閲覧者の選択や判断はゆがめられることになる。このステルス投稿によるマーケティング（ステマ）が問題化した過去の事例には，例えば2012年に起きた「食べログ」関連のものがある。

　食べログは飲食店に対する評価の閲覧や検索ができるサイトで，価格比較サイト運営会社大手のカカクコムグループが設置している。基本的には個人ユーザーが投稿した口コミと，投稿者が付けた得点（5点満点）の平均値が各店舗の紹介文や写真とともに見られる。また都道府県（対象地域），料理ジャンル，用途，こだわり・目的，その他のキーワードで検索すると「最近の注目順」等で店舗のランキングが表示される[7]。飲食店に関して雑誌の専門ライターや評論家といったプロの目ではなく自分と同じ目線・立場での評価，一般消費者の率直な感想が閲覧できることから，この食べログは2005年のサービス開始当初より人気サイトとなった。

　ところが2012年，特定の飲食店から金銭を受け取り当該飲食店に好意的な口コミを投稿するなどしてランキングの上昇を図る「やらせ業者」が水面下で活動していることがわかった（日本経済新聞，2012年1月5日）。より具体的には，「IT関連会社や投資顧問会社を名乗り，店舗を個別に訪問」（毎日新聞，2012年1月5日），「『10万円で好意的な口コミを書き込む』などの勧誘」（読売新聞，2012年1月6日）を行った後，店側が話に乗って依頼をすると，「運営会社に把握されないように，店舗に好意的な口コミを投稿するほか，ページへのアクセス数の増加などで人気店であるかのように見せ掛ける」（毎日新聞，前掲同所）というのがその営業スタイルであった。このような請け負いを行う業者として39社が活動中であることが確認されたほか，ステルス投稿の依頼を行った飲食店等が実際にあることも明らかになった。例えば「東京・月島のもんじゃ焼き店の

経営者でつくる『月島もんじゃ振興会協同組合』によると，複数の加盟店が実際に業者に書き込みを依頼していた」という事実が判明した（読売新聞，前掲同所）。

このような事態を受けて，運営会社のカカクコムグループはサイト内の運営ポリシーに「不正業者が存在することを確認しております」と記し，閲覧者に対して注意喚起を行った。さらに，「各業者に警告文書を出して不正な投稿をやめるよう要請したが，『応じない場合は今後，法的措置も検討する』」（読売新聞，前掲同所），「今後は不正業者の業務停止を求めて提訴するなど断固とした措置をとりたい」（毎日新聞，前掲同所）と発表した。これらと並行して同社は独自の評価システムを導入して不自然な投稿を排除したり，担当者による口コミの内容確認なども進めたりし，その上で「今後も自社での対策を強化するほか，行政などと連携し不正行為の防止を徹底したい」と表明した（日本経済新聞，前掲同所）。このうち「自社での対策強化」については，携帯電話番号による利用者認証，その他の仕組みがその後，食べログに取り入れられた。投稿された口コミの信頼性向上につなげるというのがその趣旨である（日本経済新聞，2012年3月1日）[8]。

本項で言及したカカクコムグループのように，口コミサイトにおける不適切な情報操作に対し認証等の仕組みを導入してその防止に努めている企業もあるが，その種の仕組みが構築されていない口コミサイトも中にはあり，そういうサイトでステルス投稿がなされていないかどうかについては不明瞭さも残っている。また現実問題としてこれを口コミサイトから完全になくすことは，今後もかなりの困難を伴うと思われる。

こういうステルスの投稿を行政はどのように見ているのであろうか。消費者庁は景品表示法上の問題があるとし，2012年5月に「実際は好意的評価が少ないのに一般消費者から高い評価を得ているかのように表示するのは景表法違反の『優良誤認』にあたる」という見解を発表している（日本経済新聞，2012年5月10日）。

4．パブリシティにおける情報倫理

(1) パブリシティの独立性

　第3章で述べたように，パブリシティでは取材するかいなか，記事やニュースとして取り上げるかいなか，取り上げる場合にどういう形式・内容にするかの決定権・裁量権は報道機関側にある。そこにおいて最も重要となる意思決定基準は読者や視聴者に報道する価値があるかどうかということであり，報道する価値があるならば特定企業の事業活動に資することがわかっている場合であっても，報道すべきであるという判断が一般的になされる。また公衆に知らせるのが妥当であることを媒体に載せて広く送達するのは，社会の公器という側面を持つ報道機関の責務であるともいえる。しかしその価値がないならば媒体で取り上げない，いわゆる「ボツ」扱いにするのは合理的で，一般企業がその判断に介入したり，これに不当に圧力を加えたりするようなことがあってはならない。

　何かの見返りとして報道を要求することも大きな問題となる。広瀬（1981）のことばを借りるならば，「価値を擁していないガセネタを，広告出稿などの対価関係をテコにして記事掲載を迫ったりすると，編集権の侵害ということで，社会問題にまで発展しかねないことがある」(広瀬，1981，16)。

　販売促進のために打たれることが多い広告の場合，受け手の方もその背後に「売り込み」の意図があることを十分認識し警戒心を持ってこれに接する場合が少なくないが，新聞記事やテレビのニュースに関しては中立的メッセージという側面が強く，受け手から見て信頼感，安心感がある。換言すれば第3章でも述べたように，「パブリシティされるということは，客観的立場の報道機関としてのメディアが，社会にその情報を伝達することの価値と必要性を認めたからであり，一方的な企業の自己アピールではなくなる」(勝倉，2008，325)。このため，たいていの場合これを読んだり視聴したりする場合に受け手側はいわば心理的に無防備の状態にある。したがってその内容はなおのこと公平・客観的でなければならない。

そもそもパブリシティは広告と異なり，あくまで記事やニュースであるから，このような受け手側の心理に関わらず，その表現や内容は客観的で不偏不党，中立的でなければならない。したがって結果的にパブリシティが特定の企業，商品に大きな販売促進効果をもたらすというのは十分ありうるとしても，最初から販促効果を意図したパブリシティというのは本来はありえない。販売促進を強く意識し，広告料金を支払った上で記事の体裁をとって掲載してもらう原稿，いわゆる記事広告というものもあるが，内容や分量，形式に企業側の意思が強く影響する点でパブリシティとこれは異なり，両者は明確に区別されなければならない。

(2) パブリシティの正確性に関する企業側の責任

　不正確な情報や不適切な内容が含まれている場合の責任は，広告よりもパブリシティにおいての方が問題として複雑である。広告の場合そのような時の責任は，基本的には新聞やテレビといった媒体側にではなく広告主側にある。広告は広告主の意図と費用負担によって制作されるのであり，媒体側に内容そのものを変える権限もないし，またその責任もない。したがって，「広告主がはっきりしている必要があるのは，広告の責任の所在を示す必要があるからである」という見方もできる（嶋村，2008b，14）。ところがパブリシティの場合，内容に関する責任は報道機関側にある一方，当該パブリシティが企業側から提供された情報に依拠して行われ，かつ提供情報に誤りがある場合，企業側の責任が隠蔽され，結果的に報道機関側に転嫁されてしまう。もちろんこういう事態は望ましいことではない。

　より詳しく論ずるならば，意識的か無意識的かに関わらず企業が正確性を欠く情報や誤りのある記事素材を報道機関に提供すると，掲載される記事や放送されるニュースにも不正確な情報，誤った内容が含まれることとなり，読者・視聴者である消費者に間違った認識をさせ，その判断をゆがめることになる。先にも触れたようにこういう場合の責任の所在が問題となるのだが，第3章でも述べた通り報道したことに関する責任，いわゆる文責は報道機関側にあり，「一旦，記事として採用されると取材記事と同等に扱われる」（広瀬，1981，16）

というのが一般的である。しかし報道機関の調査能力にも限界があり，企業から提供された情報，素材に含まれる誤りを発見するのは実際には難しい。したがって，本来あってはならないことだが，企業からなされる説明や情報提供に過誤があると記事やニュースにもそれが反映されてしまいかねない。しかも読者や視聴者の誰もがそれに気づかない，事実を確かめようがないということも考えられる。

　パブリシティにおいてはまずは報道機関に取り上げてもらうことが最重要であるため，記事として掲載してもらったり，ニュースとして放送してもらったりするために活動やイベント，施設や商品の意義を強調したいという心理が企業側にはどうしても働くが，これらに関するプレスリリース等に誇張があるとそれが最終的に記事やニュースに誤りを生むことにつながる。これは第6章以降で論ずる企業の体験型施設すなわち企業パークと企業ガーデン，企業ミュージアムについてもいえることである。

　このようなことから活動や施設の紹介は事実や実態に即していなければならないし，掲載される数値やデータも正しくなくてはならない。ありのままの報告や紹介をしたり，正確な数値を掲載したりして，結果的に記事やニュースとして取り上げられなかった場合は潔くそれを受け入れなければならない。誤りのある情報を流して記事やニュースとして取り上げられる方が倫理上の問題は大きく，発覚後の社会的批判は厳しくなり企業としてのイメージダウンも大きくなるのである。

　企業が報道機関に意図的に誤った情報を流すというのはもちろん重大な倫理上の違反であるが，企業自身も誤りの存在に気づいていない場合もあろう。しかしいずれにしても読者や視聴者をミスリードしてしまうことに変わりはなく，結果的に「取り返しのつかない」大きな問題となる（広瀬，1981，188）。したがって報道するかいなかやその形式・内容は報道機関側に裁量権があるとしても，それが正しく適切なものとなるよう企業側も努力と協力をしなければならない。「単にパブリシティは得たもの勝ちといった単純な発想であってはならない」のである（前掲同所）。

第 4 章　ブランディングおよび販売促進と情報倫理

【注】

1）ここにおける和辻（1971）を理解する上で「共同態」は「共同体」と置き換えても大きな問題はないと考えられるが，原著に即して「共同態」と記した。

2）笠原（2007）は第 2 節で論ずる情報倫理との関連で，"理" にはもっと深い意味が伴われている」という見方を提示している。具体的には，「情報倫理とは，情報技術（IT）に携わる者，そしてその成果を利用する者の両者において，IT の人間，時間，空間の在り方への影響を誠実に思索する姿勢そのものにある」（笠原，2007, 65）という概念規定が示されている。

3）企業内教育・訓練は趣旨や内容は異なるにせよ，第二のコンプライアンス的アプローチと第三のヴァリュー・シェアリング的アプローチの両方で実施されうる。

4）その一方で，不祥事が起こってもその企業，そのブランドから離反しない「個人に彫り込まれた」消費を行う顧客もいる。すなわち不祥事が報道された直後の業績はほとんどの場合悪化するが，その後これが急回復する企業もなくはない。これは経営管理の抜本的見直しや監査体制の再構築など事後的な対応が適切であるとともに，そういう企業にはブランド・ロイヤルティが強固で「個人に彫り込まれた」消費を行う顧客が比較的多いためであると考えられる。しかしながら，だからといって情報倫理とコンプライアンスの意識があまくなったり，不祥事発生リスクに鈍感になったりしてよいわけでは決してないというのは当然である。これらの点については第 5 章であらためて言及する。

5）コンプライアンスは「社員の平穏な生活の確保，優秀な人材の確保」（後藤，2006, 126）を通じて当該企業の組織能力を高めることにもつながる。逆に，次のこともいえる。すなわち「会社の方針として，違法行為，あるいはグレーな行為を容認する企業の社員は，極めて不幸である。心ならずも会社のために違法行為を行った社員は，不祥事発覚に脅える」（前掲同所）。つまりトップマネジャーあるいは会社全体としてのコンプライアンスに関する意識の低さは従業員の動機付け低下を媒介して，組織の活力を奪うことになる。

6）本節でその重要性について考察した情報倫理と関連するものの区別されるべき概念に「倫理情報」がある。これは「倫理的な判断の必要な場面で，意思決定に役立つ」情報（高林，2007, 14）であり，データベース化に際しては当該組織の倫理綱領　ガイドライン，倫理教育のカリキュラムや実施日・概要，倫理審査の対象・実施日・内容，エシックス・テスト等が保存対象となる（前掲論文，14-15）。

7）サービス内容は 2015 年時点のものである。なお検索において，用途の選択肢としてはデート，宴会・飲み会，家族・子どもと，その他が設定されており，こだわり・目的の選択肢としては個室のあるお店，飲み放題コースのあるお店，貸切ができるお店，その他が

示されている。
8) 不正投稿防止の仕組みについてはその後，有効性を高めるための改廃が行われている。なお2012年において，このようなステルス投稿は大手製薬会社が出した新商品との関連でも問題となった。国内最大の化粧品口コミサイトで，この会社が新発売する化粧水に対する評価のほとんどが7段階中5から7で，しかも発売1週間前に投稿が集中していた。同じ頃，別の大手ランキングサイトでは「なりたい美肌海外女優」の30代部門でこの化粧水のCMキャラクターである韓国の女優が1位となった。20代部門と40代部門は米国ハリウッドの女優であったことから，「ネット上では，すぐさまおかしいのではないかという声が噴出する」事態となった（小島・他，2012, 33）。

第5章
ブランディングと「彫り込まれた」消費

1. ブランドの本質と階層性

(1) ブランドとは

　製品には機能や性能，素材やデザイン等の属性に由来する使用上の価値，物理的な便益のほかに心理的な価値，情緒的な便益がある。その大きな1つの源泉となるのは，当該製品に付けられているブランドである。実際，中身はまったく同じ製品であっても，自分の好きなブランドや知名度の高いブランドが付いていれば，当人にとって程度の差はあれ当該製品の価値は高まろう。ある製品カテゴリー，例えばビールに関しては購入する製品のブランドが決まっている，同じブランドのものをいつも購入するという指名買いをする消費者も多い。多くの場合，これは後に述べるブランド・ロイヤルティ，端的にいえばブランドに対する忠誠心に根ざしている。

　このブランドは本来，自社の製品と他社のそれを区別するために，製品に付けられる標識である。英語の brand は burned，すなわち家畜等に付けられた焼印から派生した単語である。これは牛や馬等，自分の家畜を識別し他人のそれと区別するための印であった。企業が自社製品に本格的に付けた事例としては，P&G すなわちプロクター・アンド・ギャンブル（Procter & Gamble）社が石けんに Ivory というブランドを付けたのが最初だといわれている。

　日本の法律では，ブランド（商標）とは「人の知覚によって認識することができるもののうち，文字，図形，記号，立体的形状若しくは色彩又はこれらの結合，音その他政令で定めるもの」で商品・役務について使用するものをいう（商標法2条）と規定されている。そしてこれは特許庁の商標原簿に登録されれば，登録商標として法的に守られることになる（商標法18条）。登録企業には，

その企業だけが使用できる権利，排他的使用権が与えられる。米国マーケティング協会（American Marketing Association），通称 AMA の用語定義委員会におけるブランドの定義は「個別の売り手ないし売り手集団の財やサービスを識別させ，競合他社の財やサービスと区別するための名称，ことば，記号，シンボル，デザイン，もしくはそれらを組み合わせたもの」である。またコトラー（2000）はこれを「製品ライン内のアイテムと結びついている名称。そのアイテムの出所や性質を特定するために用いられる」（Kotler,2000,396；邦訳．487）とし，日本のある先行研究はこれを「自社商品を他メーカー（の商品）から容易に区別するためのシンボル，マーク，デザイン，名前など」と定義している（小川，1994, 15, （　）内の補足は白石による）。

　企業は製品にブランドを付けることにより，消費者に対して自社の製品であるという情報を発信していることになる。同時にブランドはその製品の品質等に関する責任の所在を表示していることにもなる。例えば A 社のブランドが付けられた製品は A 社製であること，品質等について A 社が責任を負っていることを示すのである[1]。

　なぜ企業は製品にブランドを付けるのかに関して，コトラー（2000）は「ブランド名があると注文を処理しやすくなり，問題が生じたときも見つけやすい」，「ブランディングによって，ロイヤルで収益性の高い顧客を引きつけられるようになる。このブランド・ロイヤルティのおかげで，売り手は競争をある程度回避できる」といった理由を挙げている（Kotler,2000,408；邦訳．503）。企業はブランドを付けずに製品を生産・販売することもできるが，その場合はこのようなメリットが得られない一方，ここに示唆されているように，競争優位の形成という観点で見ると企業はブランドを付けるだけでは不十分で，さらに進んでブランド・ロイヤルティの形成に努力しなければならないのである。

　なおブランドには，メーカー（製造業者）が付ける NB，ナショナル・ブランドのほかに，卸・小売業者等の流通業者が付ける PB，プライベート・ブランド（ハウス・ブランド，ストア・ブランド）がある。このプライベート・ブランドには流通業者から見て調達コストが低く，かつ販売価格の設定が自由であるという利点がある。これは低価格での販売や大きい利幅の確保を可能にする。逆

にいえば，流通業者は低コストでプライベート・ブランド製品を生産してくれるメーカーを探すのであり，そういうメーカーが見つからなければ生産委託を断念することもできる。加えて，売上に関するデータとこれに対する分析結果を反映した商品の企画と開発を迅速に行うことが可能となる。一方，メーカー側にも工場の稼働率向上，遊休設備の有効利用につながるというメリットがあり，これが生産委託に応える誘因となる。しかも大量受注であるため，このメリットが大きな形で現れる。流通業者による全品買取であるため，需要予測の誤り，売れ残りと返品により在庫を抱え込むリスクもない。メーカーとしては自社ブランド製品の生産で工場や設備がフル稼働しているという状態が理想的だが，そうならない場合，工場・設備を遊ばせておくよりは流通業者のブランドが付く製品であってもその生産を受託した方がよいということが多いのである。

　メーカーはこのほかに，海外企業と生産受諾契約を結んだり，これからライセンス供与された技術とブランド名で生産し，当該ブランドを付して製品を出荷したりする場合がある。後者の場合にはライセンスフィー等の名称で技術，ブランドの使用料が当該海外企業に支払われる。また流通業者のブランドではなく，同業界の他企業ブランドが付けられる製品の生産を請け負うこともある。これはメーカー間における協力関係の1つで，OEM（Original Equipment Manufacturing）と呼ばれる。このOEMは互いに製品を融通しあう互助的な関係である場合も多い。つまり製品ラインナップ上欠けている製品を生産する設備を自社は持っていないが相手企業は持っており，逆に相手企業が必要としている製品を先方は生産できないが自社は生産できるという場合に，互いに相手のブランドの付いた製品を受託生産するのである。またプライベート・ブランドに関して述べたのと同様に，工場や設備の稼働率を上げるためには同業他社のブランドが付く製品であっても生産した方が有利という場合も多い。

（2）ブランドの階層性とコーポレート・ブランドの重要性

　一般に企業のブランドは階層をなす。最上位に位置するのはその企業内で共通して使われるコーポレート・ブランドである。その下層に位置するのはカテ

ゴリー・ブランドで，これはファミリー・ブランド，レンジ・ブランド，アンブレラ・ブランドとも呼ばれる。この下にはプロダクト・ブランド，個別製品ブランドが通常設けられる。さらに製品のモデルやタイプ，限定販売品であること等を示すモディファイアー，その他が付けられることもある[2]。

　例えば味の素グループは味の素社の「AJINOMOTO」，味の素ゼネラルフーヅ社の「AGF」というコーポレート・ブランドを使用するのに加え，マヨネーズ等の「ピュアセレクト」，料理用レトルト食品（合わせ調味料）シリーズの「Cook Do」，顆粒スープ製品群の「Knorr（クノール）」など，製品カテゴリー別にブランドを展開している。さらにその下には具体的な製品名（料理種類），例えば「Cook Do」であれば「きょうの大皿・肉みそキャベツ用」「きょうの大皿・豚バラ大根用」等，「Knorr」では「カップスープ・コーンクリーム」，「カップスープ・オニオンコンソメ」等が付される。

　同様にアメリカのプロクター・アンド・ギャンブル社はP&Gというコーポレート・ブランドの下に，紙おむつ等の「Pampers」，カミソリの「Gillette」，化粧品の「MAX　FACTOR」というカテゴリー・ブランド（ファミリー・ブランド）を置き，カテゴリーによってはさらにその下位に製品の種類や用途を示す個別製品ブランドを置いている。例えば「Pampers」を例に取るならば，「ふわふわシート」（乳児用おしりふき），「はじめての肌へのいちばん」（新生児用おむつ）といった具合である[3]。

　このようにブランドにはいくつかのレベルがあり，企業のブランドは階層性を有する。そしてこのような階層性を持つ企業のブランドで最も上位に位置するのが，ある企業の製品に共通して付されるコーポレート・ブランドである。これは表記の相違はあるにしても前述のAJINOMOTOのように会社名と基本的に同じであるか，AGF，P&Gといったように会社名の略称等であることが多い。

　前項で述べたように，企業はブランドを付けずに製品を生産・販売することもできるが，その場合には受注におけるメリットやブランド・ロイヤルティによる収益性向上といった利点が得られなくなる。一方，ブランドが付けられる場合には階層性を持つブランドのうち通常いくつかが組み合わせられるもの

の，コーポレート・ブランドは必ず付されるから，製品のイメージはこれにかなり左右されることになる[4]。

ケラー（2008）はこのコーポレート・ブランドとの関連で思い浮かぶこと，これに対するイメージが持つ意義について次のように述べている。「さまざまなタイプの連想が，物理的な製品特性を超越したコーポレート・ブランドに結びつく。こうした無形の連想は，ブランド・エクイティにとって貴重な源泉となり，また重要な類似化ポイントあるいは差別化ポイントとして役立つ」（Keller, 2008, 461；邦訳，553）[5]。

このように製品は一般にコーポレート・ブランドのイメージから逃れることは難しく，その影響をかなりの程度受ける。先の例でいえば，AJINOMOTOとあればどのようなカテゴリーの製品であっても味の素社の製品，P&Gのロゴが付されていればプロクター・アンド・ギャンブル社が出している製品と認識され，会社としてのイメージがどうしても付きまとう。製品のイメージ源泉には，当該製品にまつわる種々の経験，機能・性能・品質，価格，広告宣伝等があるが，これに付けられるコーポレート・ブランドは当該源泉として極めて重要なのである。特に第1章で論じたコモディティ化が進んでいる製品の場合，機能や性能等の属性で独自のイメージを形成することは難しく，当該形成においてコーポレート・ブランドが大きな役割を果たすことになる。

（3）ブランド・ネームの設定

ブランドは製品のイメージや売れ行きを左右するので，特にブランド・ネーム（名称）の具体的決定は慎重に行わなければならない。一般的には，記憶に残りやすく，聞いた感じ（語呂）と字面が良く，他社のものと区別しやすいオリジナリティの高いものであることが要求される。コトラー（2000）はこのような「ブランド・ネームとしての望ましい資質」として，「製品ベネフィットを示す」，「効果や色といった製品品質を示す」，「発音が簡単で，認知しやすく，覚えやすい」，「独特である」，「外国や外国語で悪い意味を持たない」の5点を挙げている（Kotler, 2000, 413；邦訳，511）。

これに加えて，ブランドはその製品のポジショニング，すなわち位置付けと

相当程度対応していなければならない。例えば自社の製品構成，プロダクト・ミックスの中で最高級品であるという場合には，高級であることを連想させるロゴや語感が望ましい。価格を低くして，販売数を増やしたいという意向がある場合には「手頃感」や「気軽さ」を感じさせるものが適当となる。すでに何らかのイメージが形成されている既存ブランドを付ける場合にも同様のことがいえる。同じトヨタ自動車で企画・設計されている新車であっても，その位置付けによって「レクサス」ブランドがふさわしいものとそうでないものがあるというように，既存ブランドのイメージと製品のポジショニングが整合的でなければならないのである。

　ただしこれらの観点すなわち記憶の残りやすさ，独自性，ベネフィットや品質の反映度合，ポジショニングとの整合性等に関して優れているからといって，ブランドの資産価値が高くなるとは限らない。後に述べるように，ブランドの価値源泉は顧客の認知や評価であり，買い手にとって認知度や好感度，信頼感の高いブランドが価値の高いブランドなのである。例えばAJINOMOTO（味の素），P&G，BMWはそれぞれ食品業界，日用品業界，自動車業界を代表するコーポレート・ブランドで，その資産としての価値も世界トップレベルにあるが，これらのブランドが前述した効果や品質，ポジショニングを表す独特なネーミングかというと，必ずしもそうとはいえないだろう。あえて誤解を恐れずにいえば，AJINOMOTO（味の素），社名（創業者）の頭文字を取ったP&G，Bayernische Motoren Werk（バイエルンの自動車工場）を略したBMWというネーミングはむしろシンプルで飾り気がなく，素朴な響きを持っていると思われる。

　企業はコーポレートレベル，製品カテゴリーレベル，個別製品レベル，製品の個別モデルやバージョンのレベルなど，どのレベルでブランドを設定するかを判断しなければならない。これはどの程度ブランドを細分するかという問題であるともいえる。また設定したブランドのうち，どのレベルのブランドを前面に押し出すかを決定しなければならない。一般にコーポレート・ブランドはどういう製品でも付されることが多いものの，その下位のどのレベルでブランドを設定するのか，あるいはこれらのいくつかで組み合わせて設定する場合に，どのレベルのブランドを強調するのかが問題となるのである。

自動車を例に取れば，極端な場合，個別製品ブランドを付けずすべての車に同じ1つのブランド，例えばトヨタというコーポレート・ブランドだけを付けるという選択肢もある。その場合は，現在プリウスと称されている車も，ハイエースと呼ばれている車も，すべてトヨタという車として認知されることになる。この場合は後に取り上げる「範囲の経済性」が大きくなる。コトラー(2000)のことばを借りるならば，「名称を決めるための調査が要らず，ブランド認知を高めるために多額の広告費を使わなくてもよいため，開発コストが少なくてすむ」(Kotler, 2000, 412；邦訳，510)。

その逆の極端なケースは，コーポレート・ブランドなど当該企業全体としての何らかの共通ブランドを付けず，個別製品1つ1つに別のブランドを設定するというものである。この場合は，「製品が失敗に終わったり，品質が低かったりしたときに，企業の名称やイメージに傷がつかずにすむ」(ibid.；前掲同所)。

2．ブランド・ロイヤルティ

ブランドそのもの，顧客側に形成されたブランドの認知，およびブランド・ロイヤルティすなわち特定ブランドへの忠誠やこだわり，これらはいずれも企業経営においてある種の資源・資産としての性格を有する。これらが当該企業の持続的な競争優位に貢献している場合，その戦略的価値は特に高いといえる。

そういう資源・資産的側面と戦略的価値について詳しく論ずる前に，ブランドを記憶しているとか，識別できるといった状態についてあらかじめ述べるならば，このような状態を幅広くさすことばとしてはブランド認知 (Brand Awareness) が一般に使われる。その最も基礎的なレベルはブランド再認 (Brand Recognition) であるが，先行研究によりその定義は多少異なる。アーカー (1996) によれば，ブランド再認では「あなたは以前にこのブランドを見たことがあるか」だけが問われる (Aaker,1996,10；邦訳，12)。すなわちこれは「そのブランドに以前にどこで出会ったか，それがなぜ他のブランドと異なる

のか，あるいはそのブランドの製品クラスが何かということさえも記憶していなくてもよい」のであり，単に「過去にそのブランドが露出されたことを記憶しているにすぎない」状態をさす（*op cit.*, 10；前掲邦訳, 13）。ケラー（2003）によれば，これは「以前に見聞きしたことのあるブランドを消費者が正しく識別できる状態」（Keller, 2003, 67；邦訳, 43）を意味する。店頭であるオレンジ・ジュース，ある炭酸飲料のブランドを見た時にそのブランドを知っている，以前の購買経験を思い出せるというのがこのブランド再認だという。

　次のレベルはブランド再生（Brand Recall）で，「あなたはこの製品クラスでどんなブランドを想起できるか」という問いに関わる概念である（Aaker, *op cit.*, 10；前掲邦訳, 12）。「製品クラス（たとえば生命保険）があげられたとき，消費者の頭の中にそのブランドが浮かべば，そのブランド（たとえばメトライフ保険）は再生されていると言える」（*op cit.*, 11；前掲邦訳, 17, （　）内の補足はアーカーによる）。このブランド再生は後に取り上げるブランド・ロイヤルティほど高くはないが，当該ブランドの選択とそれが付された製品（商品）の購入につながる可能性を備えている。つまり「顧客があなたのブランドを再生できるかどうかは，買い物リストに載せたり，契約を交わすチャンスを得るうえで決定的な要因となることがある」（*ibid.*；前掲同所）。このように，「あなたはこの製品クラスでどんなブランドを想起できるか」という問いに際し想起されるブランドは当該個人にとって「ブランド再生」の対象になっている。

　さらにいくつかブランドが思い浮かんだ際に一番目に挙がったブランド，「最初に想起されるブランド」はトップ・オブ・マインドの状態，ほかは思い出せずそれだけが頭に浮かんだというブランド，「想起される唯一のブランド」は支配的ブランド（dominant）の状態にあることになる。さらにこれが多くの顧客に共通している場合はブランドネーム支配（brand name dominance）と呼ばれる。つまりこれは一個人においてではなく「ほとんどの顧客が想起の際に一つしかブランドネームをあげない状況を示す」（*op cit.*, 15；前掲邦訳, 19）。

　なおこのブランド再生はケラーも同様に，「当該ブランドを正確に思い出せる状態」（Keller, *op cit.*, 67；前掲邦訳, 43）と定義している。例えばこれは，のどが渇いた時オレンジ・ジュースや炭酸飲料等のある特定ブランドを思い出せる

ような認知レベルだという。

　ブランド・ロイヤルティとは端的にいえば特定ブランドに対する忠誠心のことであるが，換言すればそれは顧客が当該ブランドに対して持つ選好やこだわり，ある種の固執である。一般的に，ある製品を生産しているのは1社だけという独占市場でない限り，同一製品市場には代替的なブランドが複数存在し，買い手はブランドの選択ができる状態にある。しかし買い手は往々にして，価格や性能等による比較と選択，あるいは偶然によってではなく，以前の使用経験，ブランドとの間で生まれたいろいろな経験，広告宣伝など企業からの種々の働きかけによって形成された選好に基づき特定ブランドの製品を購買する。場合によっては選択行動を伴わず，好みのブランドが付いた製品だけを探したり特定のブランド名を告げて購入したりする指名買いを消費者は行う。さらには製品を買う際に当該ブランドのものを選択するばかりでなく，ある店にその在庫がない場合には入荷を待ったり，ほかの店を回って探したりするようになる。このような買い手の心理がブランド・ロイヤルティである。

　そして「企業にとってブランドの価値は，主にそれが獲得する顧客のロイヤルティによって創造される」(Aaker, 1996, 21；邦訳, 26)。つまりどれだけ多くの顧客がロイヤルティを持っているか，ロイヤルティの強度はどの程度かということがそのブランドの資産としての価値，いわゆるブランド・エクイティあるいは戦略的価値を左右するのである。

　ブランド・ロイヤルティの関連概念には「愛着」，「コミュニティ意識」，「関係維持（関与）志向」がある。ケラー（2003）はブランド・ロイヤルティとこれら3つをまとめて「ブランド・レゾナンス」(Brand Resonance) と呼んでいる(Keller, 2003, 92, 98；邦訳, 74, 81)[6]。

　ブランド・ロイヤルティ，愛着，コミュニティ意識，関係維持志向の本質はある種の心理あるいは態度でもあるし，行動パターンでもある。これらは相互に密接に関連するし，また概念上の境界は必ずしも明瞭とはいえないものの，厳密に考えると次のように区別される。

　ブランド・ロイヤルティは「いつでもそのブランドの製品を買いたい」，「可能な限りたくさんそのブランドのものを買う」，「その製品カテゴリーのなかで

自分に必要なのは当該ブランドだけである」,「自分が買いたい,あるいは使いたいと思うのはそのブランドの製品だけである」,「そのブランドの製品が手に入らず,ほかのブランドのものを使っても全く満足感がない」,「探してでもそのブランドのものを使いたい」といったことばで言い表される[7]。そして一個人だけを対象とするのではなく広範囲においてブランドの浸透度を高めブランド・ロイヤルティを形成するというのが,本書におけるブランディングの定義である。

つまり一個人レベルでブランド・ロイヤルティを強化するとともに,広範囲でブランドの認知度を高めて,これに対するロイヤルティを形成するのが本書のいうブランディングである。言い換えれば,「より広く」という平面的展開,「より深く」という個々人に対する深耕の両方がブランディングでは重要となる。従来のテレビCM等による広告は「より広く」という点では軽視できない効果を持っていたが,「より深く」ということに関しては限界が大きく有効性が低かった。

愛着は「そのブランドを愛している」,「そのブランドがなくなったら非常に寂しい」,「そのブランドは自分にとって特別なものだ」,「そのブランドが付いた製品は自分にとって単なる製品ではなくそれ以上のものだ」といったように表現される。

コミュニティ意識は「自分以外のそのブランドの使用者を見つけられる」「そのブランドを使っている人たちとはまるで同じクラブに入っているような気分だ」,「そのブランドの製品は自分とよく似た人たちによって使われている」,「そのブランドの製品を使う人たちに深い連帯感を持っている」というものである。

そして関係維持志向は特定ブランドに向いた関与を意味する。すなわち第2章で口コミとの関連で述べたように,一般的に関与とはある特定の商品カテゴリーに対するこだわりや関心のことであるが,ここでいう関係維持志向は特定ブランドに対するもので,「そのブランドについて他の人と話すのが大好きだ」,「そのブランドについてもっと知りたいと常に思っている」,「そのブランドが付いた新しい製品には興味を持つだろう」,「自分がそのブランドの使用者

であることを他の人に知られるのは誇らしい」,「そのブランドのウェブサイトを閲覧するのが好きだ」,「他の人に比べて,自分はそのブランドに関する情報をこまめにチェックしている方だ」という心理ないし態度,行動パターンをさす。

3. 不確実性および知覚リスクとブランド・ロイヤルティ

(1) 意思決定に伴う不確実性とリスク

　人間は環境の中でさまざまな意思決定をしながら生存しているが,意思決定は多くの場合,不確実性を伴う。経営統計学およびゲーム理論の立場では,確実性とは厳密にいえば「意思決定者の各行動が,つねにある特定の結果をもたらすということが完全かつ正確にわかっている」ことを意味し,リスクとは「意思決定者によって行動がとられたときに,それによって各結果の生起する確率がわかっている」状況,不確実性は当該確率がわかっていない状況をさす（高橋,1997,104）。たとえていうならば,1から5までの数字が書かれたカードを1枚引く際に,いずれも1枚ずつ入っており,出る確率はどれも5分の1と知っているがどれが出るかはわからないというのはリスク,1から5までのカードの枚数はばらばらでどれが何枚入っているか知らず各数字がどういう確率で出るかもわからないというのは不確実性である。

　さらに状況の不明瞭さが上がって,カードに書いてあるのは1から5までなのか,6から10までなのかもわからないとか,数字なのかアルファベットなのかさえもわからないといった場合は,あいまいな状況と呼ぶことができる。つまり「各行動によって引き起こされる可能な結果の集合についても定かではないケース」があいまい性である（前掲同所）。

　不確実性とリスクは,経済学の一部研究でも重要なテーマになっている。そこでは不確実性が次のような状況であると説明されている。すなわち,「将来何がどういう形で起こるのかについて,100％の正確さで予知することはできない。しかし,未来の事柄について知識が皆無であるかと言えばそうでもない」（酒井,1982,1）というものである。そしてこの状況では,「世界の中の常

識や各個人の過去の経験に照らしてみて，これから生起すべき事象の確からしさに関して何らかの情報を収集することができ，その情報を基礎としてそれなりの予想を立てることが可能となる」(前掲同所)。

　一般的に意思決定における不確実性は100％から0％までのどこかに位置し，その両端すなわち「全く不確実」あるいは「全く確実」ということは少ない。現実に即していえば，「われわれ人間生活を取り巻く不確実性の程度は100％から0％に至るまでの中間に位置し，それが実際にどこに落ち着くかは，その時入手する当該個人の情報量の大小に依存する」(前掲同所)。また「情報とは不確実性を減らす知識やノウハウのことである」と見ることもでき，この立場では「不確実性と情報の不完全性とはまさに表裏一体の関係にある」ことになる (前掲書，16)。

　現実の意思決定において必要な情報と知識が完全に保有されているということは稀であるから，一般的には個人は意思決定の際にこのような不確実性を免れ得ないことになる。極論すれば，「人間の意思決定が下されるところには何らかの程度の不確実性が必ずつきまとい，しかもその意思決定の内容が重大なものであるほど，その時直面する不確実性の程度が大きい傾向がある」(前掲書，1)[8]。

　厳密に述べると，確実でない状況であっても「生起可能性に対して一定の確率分布を付与することができるかどうか」が問題となり (前掲書，11，強調は酒井による)，これによってその状況はリスク（危険）と不確実性に区別することができる。すなわち先に挙げた概念規定にもあったように，結果の生起する確率分布が既知である場合はリスク，確率分布さえわからないのが不確実性である。例えばサイコロを振った際にそれぞれの目が出る確率はどれも6分の1であると知っているが，どの目が出るかはわからないというのは不確実性ではなくリスクである。

　しかし現実の生活である状態や事象の生ずる確率が，数字の書かれたカードによるクジ引きやサイコロを振って出る目のように客観的ないし科学的に定まっていること，それが意思決定者に把握されていることは稀であり，仮に把握されている場合であってもそれは主観的，感覚的なものである。そして，

「各状態または各事象の確率というものをなるべく『主観的』な意味あいにおいて理解しようと努めるならば，危険と不確実性との区別は不必要なものとなる」(前掲書，12)[9]。後に述べるように消費者行動においても不確実性，リスクはともに主観的，感覚的なものであり，そこにおいては両者の厳密な区別は本質的な意味を持たないといえる。

(2) 商品の選択・購買における不確実性と知覚リスク

　買い手は前述したブランド・ロイヤルティを持つことによりブランド選択，商品購買時の情報収集コストとリスクを削減していると見ることもできる。すなわち買い手にとりブランド・ロイヤルティを持つ意義の1つは，それまでの経験を基に相当程度信頼できるというブランドを記憶しておけば，商品を購入する際に毎回情報を収集し検討するという手間が省けるし，そういう選択・購買に伴うリスクも軽減することができるということである。

　すなわち現実の意思決定が持つ性格について再言及すると，前述したように不確実性，リスクがまったくない意思決定というのは稀である。ブランド選択や商品購買に際してもこれは当てはまり，程度の差こそあれ品質や性能等に関し不確実性（予測困難性），リスクが伴う。

　このような不確実性やリスクは同一商品であっても，購買者によって変わってくる。つまり重要なのは意思決定者がそれを感じているかいなか，あるいはどう感じているかということである。例えばリゾート地のホテルを予約する際に景観の指定ができず，オーシャンビュー（海側）になるかグリーンビュー（山側）になるかわからないという場合，客観的に見ればそこには不確実性，リスクがある。しかし認識されるその重大性は個人や状況によって変わってくる。景観などどうでもよいと思っている個人にとってはそれは不確実性，リスクとはいえない。ネット通販で洋服を注文する際にその洋服が今週中に届くか，来週届くかに不確実性があったとしても，当人がどちらでも構わないと考えているのならば，それは不確実性ないしリスクのある状態とはいえない。ところが今週末のパーティで当該商品を着用したいと思っている状況では，それは重大問題かもしれない。そういう状況では大きな不確実性，リスクがあることにな

る。

　したがって厳密にいえば，こういう場合の不確実性とリスクとは購買者に知覚される主観的なもので，両者は主観的不確実性，知覚リスク（主観的リスク）である。これに関連してバウアー(1967)は，「知覚リスク（perceived risk）とは，一連の購買行動にともなう不確実性および購買結果に関する買い手の主観的評価に関連するリスクである」(Bauer, 1967, 23)と述べている。

　第２章でも述べたように，アーント（1967b）によればブランド選択に関する知覚リスクは製品の重要性と不確実性に規定される（Arndt, 1967b, 294）。重要性（importance）は初めて購入するブランドの製品が現在使用中のものと同等によいものであるということが当該個人にとってどの程度重要かという側面で，不確実性（uncertainty）は初めて購入するブランドの製品が価格に対する価値に関して現在使用中のものと同等であるということが当人にとってどれくらい確かかという要素である。

　このような知覚リスクは買い手において心理的，情緒的には不安感となって現れることが多い。したがって考えようによっては，選択しようとしている商品の品質や性能，その他に関して不確実性があり，「購買者自身がそのことにつき不安感を抱く場合，知覚リスクが発生したといえる」（上田，1987, 2）。この点については山本（1999）も同様に，「知覚リスクは，消費者が対象となる銘柄や製品クラスに対して持つ購買の困難性や不安を指している」と述べ（山本，1999, 142），そこではブランドの選択や製品・サービスの購買に関わる不確実性が品質の分散と関連付けて「不確実性とは，ある製品もしくは属性の品質（産出）がどの程度バラついているのかに関する消費者の知覚のことである」と定義されている（前掲書，143, （ ）内の補足は山本による）。もっともこの種の不安をまったく知覚しない購買行動はありえないという見方もでき，買い手にとってはその削減が重要問題となるのである。

（３）ブランド・ロイヤルティによる不確実性と知覚リスクの削減

　バウアー（1967）によれば，「消費者はその特徴としてリスクを削減する戦略と方策を創出することにより，情報が不十分で自分の行動が招く結果が何らか

の本質的意味で予測不可能な状況において相対的により強い確信と安心をもって行動できるようになる」(Bauer, 1967, 25)。またアーント (1967b) は前述した2つのファクターで見た知覚リスクが高い場合の消費者行動に関して次のように述べている。「知覚リスクに対応するために，消費者はリスクを処理する対策を二つ考案する傾向がある。このような対応策の一つは同じブランドをくり返し購入し，新しい使ったことのないブランドの使用を避けるというものである。もう一つのより積極的な対応策は，口コミを含む多数の源泉から付加的な情報を探索するというものである」(Arndt, 1967b, 294)。このうち前者の対応策がブランド・ロイヤルティ形成の1つの要因となり，後者が第2章で述べた口コミへの依存につながる[10]。

サイモン (1977) はその研究の中で，意思決定に関し定型的意思決定と非定型的意思決定という分類概念を提示した。前者は，情報が入力されて意思決定が出力される時，その変換プロセスに一定の手続きや手順，「プログラム」があるような意思決定をさす (Simon, 1977, 47；邦訳, 64)。意思決定の中にこのようにプログラム化されるものがあるのは，その時々の状況に見られる小さな差を無視して，意思決定をパターン的ないしルーティン的に行うことによって，思考エネルギーを節約し検討の時間を短縮できるというメリットがあることによる。保有しているブランド・ロイヤルティで商品を選んで購入するというのは，購買における意思決定と行動を制御するある種のプログラムであり，このような商品購買は定型的意思決定としての側面を持つ。

スヘスおよびヴェンケイツァン (1968) の実証研究では，リスク軽減策として積極的な情報探索，事前の熟慮，ブランド・ロイヤルティの保持が示され，これら3つの重要性が時間経過とともに変わること，当該重要性が知覚リスクの高い集団と低い集団で異なることが指摘されている[11]。

調査対象者はニューハンプシャー大学の女子学生で，対象商品はヘア・スプレーであった。対象者は当該商品の購買に関する本人の知覚リスクにより高リスク集団と低リスク集団に分けられ，ヘア・スプレーの選択に際して情報収集に費やす平均時間，事前熟慮の時間，同一ブランドをくり返し選択する学生の人数が5週間にわたり調べられた。選択可能な商品，すなわち調査対象者に提

示されたヘア・スプレーは広告宣伝が広範囲で行われている有名ブランドのものと，そうでない無名ブランドのものが意識的に入れられた。調査結果を分析すると，当初は積極的な情報収集と事前熟慮の重要性が高い一方，時間（日数）が経つにつれてブランド・ロイヤルティの役割が重くなるということ，また高リスク集団は低リスク集団よりも情報収集と事前熟慮により時間をかけることがわかった。そして知覚リスクが高い場合にはいつでもブランド・ロイヤルティが保持されるようになるかというと必ずしもそうではないことが次のように指摘されている。すなわち「知覚リスクはブランド・ロイヤルティを持つようになることの必要条件に過ぎない。その十分条件は消費者が信頼できる知名度の高いブランドの存在である」という（Sheth & Venkatesan, 1968, 310）。

上田（1987）の実証研究では，保険加入に伴う知覚リスクの内容とその回避策に関するアンケート調査が行われている。調査対象者は首都圏に住む家庭の世帯主および主婦であった。

そこではほかの商品に比べて保険契約の知覚リスクを高める要因として，価格の高さや商品内容の複雑性，契約有効期間（利用期間）の長さが指摘されている。具体的には次の通りである。「支払い保険料の多さ，商品内容の複雑さ，保険期間の長期性（特に生命保険の場合），発生しうる経済的損害額の不確かさ，反復購入の機会の少なさ等々の面が加入者の知覚リスクの程度を高めている」（上田，1987，12，（　）内の補足は上田による）。知覚リスクの内容についていえば，「保険事故発生時の支払い保険金額の程度，保険料の継続的払い込みの可能性に高い知覚リスクを抱いている」ことが明らかになり，それに次いで保償額の目減り，加入する保険種類の合理性を挙げる回答者が多いという結果になった（前掲論文，14）。

そしてこの研究では，情報を重視しその入手にどれだけ能動的かということに注目し，これを情報意識と呼んでいる。調査と分析の結果，情報意識の高い人と低い人を比較すると，全体的に情報意識の高い人の方が知覚リスク・レベルは高いということが明らかになった（前掲論文，22）。ただし年齢，家族の人数，年収，貯蓄額，将来の生活に対する不安意識の有無，その他によって，前述したリスク要因のうち特にどれをリスクとして知覚するかは変わってくる。

例えば加入する保険の種類に関する知覚リスクを高めるファクターには，「家族人数が3人以下」，「学歴が大学卒以上」，「現在の生活に不満足」，「情報意識が高い」がある（前掲論文, 24）。

知覚リスクを軽減する方策として回答が多かったのは，知識と情報が豊富な販売員（外務員，代理店）を通じての加入，規模の大きい有名な保険会社との契約，保険会社の広告からの情報入手である（前掲論文, 30）。もっとも，大規模で有名な会社との契約については，「『大手への加入』により，加入の各局面での安心感を得ているのであろうが，この手段の利用は『大手は安心』という消費者サイドの思い込みの強さがそうさせているのであり，積極的なリスク軽減策とはいえない」（前掲論文, 32）とコメントしている。しかし能動性や合理性の面で多少問題があるとしても，リスクを回避する上で大規模，有名な会社との契約が有効という消費者心理，リスク軽減策としての会社の規模や知名度への依存は現実として見られるのである。

山本（1999）によれば，知覚リスクは不確実性と結果の重大性に規定されるという（山本, 1999, 143）。例えば海外旅行は品質のばらつきが大きい点で不確実性が高い。日用品の場合，購入したものが期待はずれでも命に危険が及ぶことは稀であるが，海外旅行の場合，ツアーの経路や利用交通機関，海外滞在中のサービスやサポートが時には無事帰国できるかいなかといったことにまで関わってくる。つまりこれらの良し悪しが重大な結果を招く。このようなことから海外旅行商品に関する知覚リスクは一般的に高くなる。

このほかに，知覚リスクを規定する要因には消費者関与，品質の評価や比較の難易，利用できる手がかりの多寡，価格の高低，購入後における返金等による補償の可能性，顧客当人の行動の影響度があるという（前掲書, 144-156）。

例えば英会話教室やクッキングスクールを例に取ると海外留学前，花嫁（花婿）修業中の個人は一般的に関与が高くなろう。そして関与が高い場合には知覚リスクも高くなる。ただしこれについては，後者が前者を高めるという逆の因果関係を主張する研究，すなわち「知覚リスクが高くなれば，購買関与は高まると考えられる」（堀, 1997, 174）という規定関係を指摘する研究もある。

この関与とは第2章でも述べたようにある特定の商品カテゴリーに対するこ

だわりや関心，コミットメント意識のことであり，端的にいえば「自分にとってなくてはならない」というような心理をいう。例えば「私にとって関心のある製品である」，「使用するのが楽しい製品である」，「商品情報を集めたい製品である」という感情，認知的側面についていえば「いろいろなメーカー名やブランド名を知っている製品である」，「色々なメーカーの品質や機能の違いがわかる製品である」，「友人が購入する時に，アドバイスができる製品である」，「いろいろなメーカーの製品を比較したことがある」といった状態をさす（小嶋・杉本・永野，1985, 38）。

購買意思決定に関連する心理や行動としては，シャンプーに対する関与を例に取ると「商品についての情報を集めたい商品である」，「銘柄間でいろいろな特徴を比較してから購入する」，「多少時間や金をかけても品質のよいものを買いたい」，「いつもとは違う銘柄を購入する時，期待通りであるかどうか心配である」，「できる限り時間をかけて慎重に銘柄を選ぶ」というのがこれにあてはまる（青木・他，1988, 161）。また第2章でも紹介したように化粧品を例に取れば，前述した感情は「化粧品には，普段から関心がある」，「化粧品はそれを使うこと自体が楽しい」，「化粧品には愛着がわく」，「化粧品には魅力を感じる」，「化粧品に関しては，どのようなものを使うかについてこだわりがある」（渡辺，1992, 173）というようにいい表される。

堀（1997）によれば，「関与を持続性によって区分すると，状況関与（その状況によって関与が高くなったり低くなったりする）と永続的関与（常に同じものに関与している）がある」（堀，1997, 168，（　）内の補足は堀による）。例えば洗濯機や冷蔵庫のような買回り品の場合，購入することを考慮し始めた時ブランド別の品質や性能等に関心が高まるが，いったん購入すると一挙に関心が冷める。これは状況関与に当てはまるという。一方，食パンやトイレットペーパーのような最寄品は，購買という状況に影響されずいつも低関与である。それに対して，一般的にファッション品には消費者はいつも関与しているから，これは永続的に関与の高い商品である。

このような関与以外に，先にも言及したように品質の評価や比較の難易，利用可能な手がかりの多寡，価格の高低，返金等による補償可能性，当人の行動

の影響度が知覚リスクの規定要因となる。例えば英会話教室やクッキングスクールの場合，同時に複数の教室，スクールに通ってその満足度を比較することも難しく，講師の顔ぶれや指導力を事前に把握する手がかりも通常少ない。このことは知覚リスクを高めるであろう。入学金や授業料は絶対的な金額で判断するのか，ほかの商品と比較して相対的価格を見るのか，比較する場合には何とかによって高いのか低いのかは変わってこようが，仮に高いならば知覚リスクも高くなる。しかし返金制度が整っているならばこれが抑制される。一方，通学頻度や受講態度，受講者当人の能力と講師やカリキュラムとの整合性が成果を大きく左右するということが知覚リスクを高める要因となる。

　山本（1999）では，最寄品は一般に知覚リスクが低いとされ，その理由が次のように述べられている。「最寄品では，購買頻度も多く何度も同じ銘柄を購入したり製品と接触して比較的容易に品質を推定する手がかりが得られるので，知覚リスクは低くなる傾向にある。その上，一般的に最寄品の方が低価格であり，結果の重大性が小さいということも言えるだろう」（山本, 1999, 156-157）。それに対して，買回り品かつサービスという性格を持つ商品は知覚リスクが高いという。これが次のように説明されている。「買回り品であるために結果の重大性が高まることは当然であるが，購入後に品質が理解されるような経験財である場合が多いので，購買後の影響の度合いを推測することが有体財に比べると難しい。そのために，結果の重大性を大きく考えがちである。また，返品が難しい場合には，より大きく結果の重大性を見積もる。だから，有体財の買回り品に比べて結果の重大性が大きくなるだろう。また，品質分散に関しても購買経験の少なさと手がかりの利用の難しさから，品質を特定することができず高い品質分散を感じることになる」（前掲書, 158）。

4．資産としてのブランドおよびブランド・ロイヤルティ

（1）企業と資源・資産

　企業は事業の結合体であるばかりでなく，資源と能力の有機的な集合体でもある。実際のところ，企業経営を根底で支えているのは当該企業が保有する資

源と能力であり，企業の活動はこれらの展開と活用，連携により成り立っているのである。特に資源ベースビューないし資源アプローチ，いわゆるRBV (Resource Based View) と呼ばれる視座に立脚する研究者達は，企業経営におけるこのような資源と能力の重要性を強調する。

　より具体的には，資源ベースビュー（資源アプローチ）は成長率や利益率の観点で事業構成を評価するポジション論，事業ポートフォリオ理論とは対照的に，資源と能力の機能やその独自性を重視する立場で，それは企業を資源（resource）と能力（competence, capability）の固まりとして考える。そして保有する資源と能力の違いが企業間に競争優位性の相違を生むと主張する。青島・加藤（2003）は，この立場を次のように説明している。「資源アプローチは，競争優位の源泉として，他社に真似されない自社独自の経営資源に注目する。そうした資源は，外部市場で簡単に調達できず，内部で時間をかけて蓄積しなければならない。だからこそ，企業独自の資源として優位性をもたらすという考え方である」（青島・加藤，2003, 107-108）。高橋（2005）のことばを借りるならば，「企業が保有しているユニークな資源によって，同じ市場環境でも異なる戦略を追求する可能性があり，それが競争優位の源泉になりうる」（高橋，2005, 137）。このことを重視して，「RBVは企業の資源側の立場から，資源の特性とその変化に結びつけて，競争優位の創造と維持と再生を説明しようとする」のである（前掲同所）。

　例えばこの視座を採るコリスおよびモンゴメリー（1998）は，企業経営における資源の重要性について次のように述べている。「資源は，単一事業内および事業間で価値を創造するための究極の源泉である。したがって，価値ある資源を認識し（identify），構築し（build），配置する（deploy）ことは，企業戦略と事業戦略の両方において重要なのである」（Collis & Montgomery, 1998, 9；邦訳, 16)[12]。

　彼らによれば，「多くの資源は瞬時に蓄積することができないため，企業による戦略の選択は，現在保有する資源のストックと，新しい資源を獲得，蓄積できるスピードに制約される」（*op cit.,* 27；前掲邦訳, 44）。そして独自性が強く代替の難しい資源を土台にするということが，戦略が模倣されずに効力を保ち

続けるための重要な条件となる。そういう意味で,「資源は戦略の本質であり,持続可能な競争優位のまさに核心なのである」(*ibid.*：前掲同所)。

そして,「資源は三つの大きなカテゴリーに分類される。有形資産,無形資産,そして組織のケイパビリティである」(*op cit.*, 27：前掲邦訳, 45)。ブランドはこのうち無形資産(intangible asset)に該当する。無形資産は使用により減耗しないという特徴を有している。それどころか,うまく利用すれば,利用するほど価値が高まる。無形資産は多くの場合,競争優位ないし競争劣位および企業価値に大きな影響力を持つ(*op cit.*, 28：前掲邦訳, 45)。

コリスおよびモンゴメリーが「現在保有する資源のストック」(*op cit*, 27：前掲邦訳, 44)ということばを使っているように,一般的に資源,資産はある種の「ストック」すなわち蓄積されるものと考えられている。これに対しディーリックおよびクール(1989)は,資産には資産ストックと資産フローがあるという(Dierickx & Cool, 1989, 1506)。

彼らによれば資産フローは,資産のうち市場取引が可能であったり,コストをかけることにより短期的に増やすことができるものをさす。有形資産にこのような性質を持つものが多いが,無形資産にも特許や顧客の商品認知などフロー的性格を有するものがある。つまりこれらは,研究開発費や広告宣伝費の支出増加によって短期間のうちに増大可能なのである。

それに対し,資産ストックは市場取引になじまず,短期的に増大させることも難しい。例えば前述したように,顧客に単に商品名を広く認知させるということなら広告宣伝費を増やせば可能である。しかし指名買い,継続購買を促すようなブランド・ロイヤルティを形成するには,広告宣伝の力は限定的でこれを越える幅広い活動と努力が必要であり,時間的にも長時間を要する。したがって商品認知は資産フローであるが,ブランド・ロイヤルティは資産ストックであると見なせる。

このうち企業にとって戦略的に重要なのは,市場取引になじまず短期的増大も難しい資産ストックの方であるという。したがって,「戦略策定の重要な側面は,必要とされている資源とスキル(ブランド・ロイヤルティ,技術的知識)を蓄積するという観点で,戦略的支出(広告費,研究開発費,その他)に関する適切

な選択を行うことである」(*op cit.*, 1506-1507, ( ) 内の補足はディーリックおよびクールによる) というのが彼らの出した1つの結論である。

(2)「範囲の経済性」源泉としてのブランド

前述した無形資産としてのブランドは,「範囲の経済性」(economies of scope) の源泉になりうる。この範囲の経済性ないし範囲の経済とは,端的には「別々の製品が同じ組織内で生産されることによって生じるコスト削減」の効果をさす (Saloner et al., 2001, 364 ; 邦訳, 449)。つまり複数の事業を同一企業が経営する際に,個々の事業を複数の企業で分担するよりも経済的な運営ができる時,範囲の経済性が存在するという。

範囲の経済性が発生するのは,一般的にはある事業で活用しきれていない資源や能力をほかの事業が利用できる場合である。そのような場合,当該資源・能力に関して追加投資の必要性が小さくなり,費用の節約がもたらされるのである (Ansoff, 1965, 85 ; 邦訳, 105-106)[13]。

ところで資源の中には,誰かが使っていると他人は使えないという排他性がなく,また追加の利用に際してコストが発生せず量的目減りもしない「公共財的性格」を持つものがある。このような資源は同時多重利用が可能であり,また他事業が利用する際の費用も極めて小さい (伊丹, 1985, 67)。いってみれば,こういう資源の利用可能性は無限であり,ほかの事業がゼロに近いコストでいくらでも利用できる。つまり複数の製品・サービスの生産・販売に,ほとんど追加的な使用コストを発生させることなく当該資源を共同利用できるのである。このことが大きな範囲の経済性を生む。

技術,ブランドなどの無形資産はこのような性格が強く,全体としての使用コストを増大させずに複数の事業間で共有共用することが可能である。したがって個々の事業を別々の企業で各々の技術,ブランドで営むよりも,同一企業でそれらを運営する方が経済的に有利な場合が多い。例えば,あるトラックを誰かが使っている時にはほかの社員はそれを使えないし,荷台にプリンターを満載していればコピー機を載せることはできない。しかし光学技術と電子技術,リコーならリコー,キヤノンならキヤノンといったブランドは,プリン

ター事業とコピー機事業で同時に共有共用できる。片方の事業がその技術ないしブランドを使えば，もう一方はそれを使えないということはない。このように公共財的性格を持つ無形資産としてのブランドは，共有共用の可能性が極めて大きく，大きな範囲の経済性が生ずる素因となるのである。

サローナーほか（2001）によれば，こういう技術やブランド等の共有共用により大きな範囲の経済性を実現している企業の代表例としてビック（BIC）が挙げられる。彼らは具体的には，次のように述べている。「ビックが使い捨てのライターとボールペン両方を製造・販売する費用は，生産工場や機械を共有したり，同一素材を大量に仕入れることによって値引きが得られたり，ボールペンの生産技術をライターに転用して範囲の経済を実現できたりすることから，別々の会社が製造・販売する費用よりも低くなる。（中略）範囲の経済はブランド・ネームや流通チャネルの確立からも生じる。ビックはもともとボールペン・メーカーだが，使い捨てのライターとボールペンの販売チャネルが共通するので，ビックのブランド・ネームでライターを製造・販売する限界費用は，新たにライターのブランド，販売組織，流通網をつくるよりもはるかに安い」(Saloner et al., 2001, 230；邦訳, 283)。

（3）資産としてのブランドの価値とパワーブランド

ブランドの資産としての価値は，買い手の認知度やロイヤルティの形成されている範囲およびその強度によって決まる。これに関連してコトラー（2000）は次のように述べている。「各ブランドが市場で有する力と価値の量はまちまちである。大半の買い手に知られていないブランドもあれば，きわめて高いブランド認知を有するものもある」(Kotler, 2000, 405；邦訳, 499)。つまりブランドの価値源泉は顧客内部にあり，認知度やロイヤルティ，好感度や信頼感が多数の顧客で高度ないし強固であれば資産としての価値も高いということになる。

言い換えれば，ブランドの価値はブランドそのもの，例えばネーミングの良し悪しやロゴマークのデザインによって決まるわけではない。おしゃれな響きを持った独特のブランドであっても，知名度が低かったり，イメージが悪かったりすれば，その価値は低い。本章の第1節で紹介したAJINOMOTO（味の

素），社名（創業者）の頭文字であるP&G，Bayernische Motoren Werk（バイエルンの自動車工場）に由来するBMWも必ずしも特に工夫されたネーミング，凝った名称というわけではないが，多くの買い手がそれに信頼感を覚え，キッチン・水まわり等に備えておいて安心，一度は乗りたいという思いを抱くからこそ，これらは非常に価値の高いブランドなのである。

そしてブランドが当該企業に競争優位をもたらす時，そのブランドは戦略的価値が高い。そのような競争優位性には種々の形態があるが，その主なものとしてコトラーは以下の事柄を挙げている。すなわち「消費者のブランド認知およびブランド・ロイヤルティにより，マーケティング・コストがかからない」，「店にそのブランドが置いてあることを顧客が期待するため，流通業者との交渉において大きな影響力が持てる」，「ほかに比べて高い知覚品質を有しているため，競合他社よりも高い価格設定ができる」（op cit., 406；前掲邦訳, 500）というものである。このような競争優位性をもたらすからこそ，「ブランド・エクイティが低下しないように，ブランド名は慎重に扱われなければならない」し，それに加えて「ブランド認知，ブランドの品質知覚，ポジティブなブランド連想のそれぞれを維持し改善していく必要がある」ことになる（ibid.；前掲同所）。

ただしこのように「慎重に扱われなければならない」ものの，資産としてのブランドは使わずにおけば価値が保存されたり増えたりするわけではない。製品ラインナップの拡大や販売促進，顧客とのコミュニケーションの中で適切に使いながら，その価値を増やす必要がある。

ブランドは企業の製品や設備，その他の有形資産よりも寿命が長く，「企業の主要な耐久資産」（op cit., 406；前掲邦訳, 501）としての性格を備えている。そして先にも述べたように，ブランド・エクイティの根底にあるのは顧客であり，「力のあるブランドとは，実はロイヤル・カスタマーの存在を示すものである」（ibid.；前掲同所）。したがってこのような力のあるブランド，パワーブランドの形成と維持・強化で注力しなければならないのは，ロイヤル・カスタマーすなわち忠誠心の強い顧客の増大と，「ロイヤル・カスタマーの生涯価値を伸ばすこと」である。しかしコトラーは「残念ながら，ブランドという最大

の資産の管理を誤った企業は多い。利益の増大ばかりを追求していると，ブランドの焦点がぼやけてしまいやすい」としている（*ibid.*：前掲同所）。

5．ブランド・ロイヤルティと「彫り込まれた」消費

　企業はブランド・ロイヤルティを広い顧客の間で形成し強化すれば，他社が競合製品を出しても自社の顧客，シェアを守ることができる。つまりこれは顧客の「囲い込み」に機能するのである。ロイヤルティが広範囲で強固に形成されているブランドは，企業間競争における持続的優位の基盤，戦略的価値の高い経営資源にもなりうる。これを経済産業省のブランド価値評価研究会は次のように説明している。「企業がブランドを通じて製品等に対する顧客の愛顧，信頼を獲得し，継続した顧客関係を維持できるようになると，顧客はもはや製品等の物理的または機能的側面よりも，ブランドを拠り所にして製品等を購入する意思決定を行うようになり，その結果ブランドによる競争優位性がもたらされることになる」（経済産業省ブランド価値評価研究会，2002，8）。

　見方を変えると「顧客を誘引してロイヤルティを変化させるための費用はしばしば法外に高くつく」から，囲い込み効果の裏返しとして「既存顧客のロイヤルティはまた競争相手にとって相当な参入障壁になる」（Aaker, 1996, 21-22；邦訳, 27）。このような参入障壁としてのブランド・ロイヤルティの機能は，ポーター（1980）が展開した業界の構造および競争状態と収益性に関するいわゆる「五要因論」でも指摘されている[14]。彼は新規参入に対する既存企業の防備と障壁に関して次のように述べている。「新規参入の脅威がどれくらいあるかは，参入への障壁がどれくらいあるか，および，既存の業者が新規参入業者に対してどれくらいの反撃を起こすと参入者が予想するか，これによって決まる。障壁が堅固で，防備を強化した既存の業者からの鋭い報復が予想される場合には，新規参入の脅威は，当然，小さくなる」（Porter, 1980, 7；邦訳，22，強調はポーターによる）。そして既存企業が強固なブランド・ロイヤルティを構築している場合，顧客にブランド・スイッチすなわちブランドの乗り換えをさせるのは相当の困難を伴うので，このような業界については参入が躊躇され，新規参入の

脅威は低くなるという。つまり「新規参入業者は，既存の顧客忠実度に負けないために膨大な宣伝費を投入しなければならないから，参入障壁になる」のである (*op cit.*, 9；前掲邦訳, 24)。

逆にロイヤルティの弱いブランドの製品はブランド・スイッチがなされやすく，次回の購買すなわち買い替えの際に簡単に他社製品に乗り換えられてしまう。他社の立場に即していえば，品質面の訴求や低価格の提示によって顧客を奪いやすい。このようなことを反映して，「実際，ロイヤルな顧客基盤を持たないブランドは，攻撃を受けやすい」という (Aaker, 1996, 21；邦訳, 27)。

このようなブランドおよびブランド・ロイヤルティに基づく競争優位性は「シェア面の強さ」と，「現在および将来のキャッシュ・フローの増加」となって現れる (経済産業省ブランド価値評価研究会, 2002, 9)。前者は先に言及した顧客囲い込みの効果と見なせ，後者は価格競争を免れることにより生じる収益性へのプラス効果であるといえる。

顧客の間で強いブランド・ロイヤルティが形成されている企業では，口コミも生じやすく，それが収益増に作用することが多い。忠誠心の強いロイヤル・カスタマーは口コミの起点となったり，新たなファンを増やすといった行動によって当該企業の販売促進に貢献するのである。

したがって，ブランドは本来的には自社の製品を他社のそれと区別するために，製品に付けられる標識であるものの，企業は「競合商品に対して自社商品に優位性を与えるような，長期的な商品イメージの創造活動」として，この設定と確立に意識的に取り組まなければならない (小川, 1994, 15)。そして次章以降で取り上げる企業設置の体験型施設すなわち企業パークと企業ガーデン，企業ミュージアムはブランドに関する大きな経験価値を提供しうるので，ブランドの浸透度向上，その刷り込みとロイヤルティ形成に関し有力な舞台となる。

消費財についていえば，強固なブランド・ロイヤルティの形成により購買時に常に自社製品が選択されることとなる。そして一回当たりの購買金額や購買量の小さい製品ジャンルであっても，必ず選ばれるという「個人に彫り込まれた」消費が長期にわたってくり返し行われれば，その消費者からの生涯売上は

大きいものとなる。

　この「個人に彫り込まれた」消費というのは，その個人が特定のブランドにロックインされて当該ブランドから心理的に離れられず，選択行動を伴わずに購買（指名買い）を続ける状況をいう。これはその製品，そのブランドに「入れ込んでいる」または「ほれ込んでいる」とか，あるいはいろいろ不満もあるが「やっぱり自分にはなくてはならない」といったいわば「くされ縁」的な感情により持続される選択と購入である。

　こういう「（個人に）彫り込まれた」消費を行う顧客は滅多なことではその企業，そのブランドから離反しない。第4章で言及した不祥事が起こりほかの顧客が当該企業と当該ブランドから離れていっても，最後の最後まで愛想をつかさず支持し続ける。実際，不祥事発覚直後の業績は悪化する場合がほとんどであるが，その後これが急回復する企業もまったくなくはない。これは経営管理の抜本的な改革，監査体制の再構築と強化など事後的な対応が適切であるのに加えて，そういう企業にはどういう場合でもその企業，そのブランドを見捨てない「コア」な顧客，熱烈なファン（信者）が相当数いるためだと考えられる。あえて誤解を恐れずにいうならば，問題発生時に「打たれ強い」ブランドがあるというのも事実である。言うまでもないことだが，多数の顧客が離れていくしブランドを危機にさらすことに変わりはないから，だからといって不祥事を起こしてよいわけでは決してないし，倫理とコンプライアンスの意識があまくなってよいというわけでも断じてない。

　このような「個人に彫り込まれた」消費は情緒的なファクターでなされる継続的購買で，いってみるならば身内（家族）を応援するのと同じ感覚であるから，他ブランドの製品を購買することは考えられなくなる。すなわち一般に，蓄積した使用ノウハウやアプリケーションノフトといった補完財に，いわば縛られる形で特定ブランドの製品を購入し続ける現象はロックインと呼ばれる。顧客の囲い込みには何らかの「絆」（bond）が必要で，企業はベスト・プロダクト（最高品質の製品）やソリューション（問題解決）という「絆」によって顧客を囲い込む以外に，このようなロックインでの「絆」形成により継続購買を確保し維持することができる（Hax & Wilde II, 2001, 61；邦訳, 84）。本書のいう「個

人に彫り込まれた」消費は情緒的な要因によりこういうロックインがなされている状態と見なせる。したがって端的にいえば、これは情緒的なロックイン型消費である。

ブランド・ロイヤルティの形成と「個人に彫り込まれた」消費は優れた機能や性能・品質によっても実現されうるし、このような客観的属性の優秀さは企業間競争を有利に進める上でもちろん重要である。しかしより堅固なのは理知的な態度と客観的属性に関する合理的な認識に基づくロイヤルティではなく、このような情緒的な要因による一見非合理的とも思えるようなロイヤルティである。

実際、杉谷（2013）の実証研究によれば、「主観的判断に基づいた態度というものは、他者からの反論によって変容にしにくい」（杉谷、2013, 296）。この研究では「否定的な情報を参照した後に、『認知』に基づく態度は悪化するが、『感情』に基づいた態度は悪化しない」（前掲論文, 291）という仮説のもと、ある食器製品のブランドに対して高い認知と肯定的評価を形成した後に、悪い口コミを見せて評価がどのように変わるかを調べている。

より具体的には、25歳から65歳までの男女186名に当該ブランドに対する好感情を高めておき、その後、「自分はそれを所有しているが、傷つきやすく、保温効果も低く、デザインもあまりおしゃれではないので愛着が持てない」という架空の投稿を見せた場合、当該ブランドに対する評価がどのように変わるかを7点尺度平均値の変化で見ている。そこでは「悪いクチコミや製品の不具合のニュースなど、ブランドにとってネガティブな情報を参照した場合、即座に評価が下がって購買意欲が低下してしまう消費者は、『強い』ブランド態度を持つとは呼べない」一方、「否定的情報を参照しても、評価があまり下がらず、やはりそのブランドを購入しようと思う消費者のブランド態度は頑健であると考えられる」という見解が示されている（前掲同所）。そして端的にいえば、同研究の背後にある発想は「『強い』ブランド態度を作るためには感情が重要である」（前掲同所）というものである。

分析の結果、「『愛着感』得点の変化量は、『憧れ』得点や『機能性』得点の変化量よりも、有意に小さい」（前掲論文, 295）という知見が導かれている。こ

こで愛着感は「フィーリングが合う」、「特別な感情がある」、「自分に合っている」、「気に入っている」等のことばで表現されるブランドに対するプラスの感情的態度である。これは同じ感情でも「かっこいい」、「センスが良い」、「ステータスが高い」といった「憧れ」とは異質であるし、客観的属性に関する認知とこれを土台にしたロイヤルティとももちろん違う。

　結論的な考察として示されているのは以下の通りである。「客観的な根拠に基づいた態度というものは一見頑健なように思われるが、しかしながら、論駁するための新しい客観的証拠が示されることで、180度変容してしまう可能性がある態度であると考えられる。一方で主観的態度は、その消費者が個人的に感じること、経験したことによって形成されているため、変容させようと思っても、そのための客観的根拠を示すということが難しい」（前掲論文, 296）。端的にいえば、個人の経験により形成されたブランドへの好感情や好意的態度は客観的な反論が難しく、変化しにくいのである。

　第6章で論じる「経験」が大切なのは、ここで述べたように情緒的要因によるブランド・ロイヤルティの方がより堅固であるためである。つまり経験、特に実体験を与えることは感情に基づく強固で持続的なブランド・ロイヤルティの形成につながり、それは「個人に彫り込まれた」消費を実現する。もちろんその経験はユーザーや潜在的顧客にとって楽しいもの、快いものでなければならない。パーク・ガーデン型、ミュージアム型を問わず企業にとって体験型施設は、こういうプロセスを有効に展開するための舞台ないし空間、大きな可能性を秘めたプラットフォームであると見ることができる。

　ところで自社ブランドに対する態度・感情、ブランド・ロイヤルティの強度によって顧客はいろいろなレベルに分類される。この点に関し建設機械メーカー、コマツの元経営者は、「それぞれのお客様との関係性を『コマツでないとダメ』というレベル7から、『コマツはダメ』というレベル1まで7段階に分類し、すべての顧客との関係性を1段階でも上のレベルに引き上げるのがブランドマネジメント活動の眼目だ」としている（日本経済新聞, 2014年11月28日）[15]。そして「つくったモノを売るのが『セリング』、顧客のニーズに合ったモノを売るのが『マーケティング』、売れ続けるための仕掛けをつくるのが

『ブランディング』と定義し，コマツでないと困る度合いを高めることで，お客様から選ばれ続けるパートナーを目指している」と述べている（前掲同所）。

　先にも触れたようにロイヤルティ（忠誠心）の高い個人，ロイヤル・カスタマーが連鎖的な口コミの起点，波及的な購買・消費の端緒になることも多い。すなわち前述したようにブランドに対する態度・感情，ブランド・ロイヤルティの強度に関して顧客にはいろいろなレベルがあるが，究極的顧客レベルというのは当該企業の製品を指名買いするだけでなく，他者にもその購入を勧める層である。そのような顧客は「プロモーター」あるいは「伝道師」（伝道者）と呼ばれる。ある研究者はこれを「自社の製品またはサービスを気に入り，他者に対しても購入を勧める顧客」（山口，2010，57）と定義している。

　近年，一部の米国企業はこの「プロモーター」の比率を重要業績評価指標，いわゆるKPI（Key Performance Indicators）にしている。例えばアメリカン・エキスプレス社では「あなたはアメリカン・エキスプレスカードを友人や同僚に薦めたいと思いますか？」という質問に0から10までの11段階で答えてもらい，9ないし10のスコアを付けた顧客を「プロモーター」，0から6までのスコアを付けた顧客を「デトラクター」，7あるいは8を付けた顧客を「ニュートラル」と位置付け，「プロモーター割合－デトラクター割合」をネット・プロモーター・スコア（NPS）と定義している。同社ではこれが顧客ロイヤルティを計る究極のKPIとなっている。

　前述の「彫り込まれた」消費を行う顧客はこのようなプロモーターにもなりうる。「NPSがよりどころとする『人に薦める』という行為は，企業ブランドや商品に対する強い信頼や愛着が無ければ生まれない」はずだからである（酒井・小林・山端，2013，30）。言い換えれば，「プロモーターと定義される顧客は『浮気』の心配がほとんど無く」（前掲同所），本書でいう「彫り込まれた」消費を行う個人であると見なせる。

　このように「彫り込まれた」消費を行うロイヤル・カスタマーは自然と伝道師やプロモーターとなり口コミの起点となることも多いが，そういう口コミを創出する傾向や可能性を意識的に刺激したり強化したりする取り組みも検討する価値がある。例えば劇団四季は，「ロイヤルティの高いファンをシアターア

ドバイザーとして組織化し，ファンの立場からの口コミ，宣伝」を依頼するという取り組みを行っている。これは実際，「チケット販売増にも直結している」（清水，2007, 41）。シアターアドバイザーに任命された個人にとっては，口コミや販売促進に利用されているという意識よりも，ほかと違うファンとして認められたという思いが強いであろう。そして特別な地位が与えられ，劇団発展への協力を頼まれたという誇りは，ロイヤルティのさらなる強化につながると考えられる。

　ブランド力が強く，ファンが多いということは，当該ファンを通じた新たなファンの獲得と顧客基盤の拡大，いわば「ファンがファンを呼ぶ」という現象を呼び起こす。それによって売上が増え，収益性が向上する。その収益をブランド力強化に向けて再投資するので，さらに「顧客基盤が広がっていく」。このような循環は鬼頭（2012）のことばを借りるならば，ブランドに関する「ポジティブ・スパイラル」と呼ぶことができる（鬼頭，2012, 49）。

6．オフマーケット・ブランディング

(1) オフマーケット・ブランディングの意義とアプローチ

　コトラー（2000）は，ブランディングの目標を「当該ブランドに対する肯定的なブランド連想を作り出すことにある」としている（Kotler, 2000, 405；邦訳，499）。このような連想は市場内の製品を媒介しなくとも形成されうる。すなわちアーカー（1996）によれば，ブランド・ロイヤルティの形成は販売されている製品あるいはこれに関する広告宣伝および日常における使用経験によるとは限らず，「環境への配慮や意義のあるチャリティの後援，そのコミュニティにおける関心と関与，さらには彼らの従業員に対する待遇を含む様々な方法」で，端的にいえば「善良な企業市民であることを証明」することでも行われうる（Aaker, 1996, 118-119；邦訳，150）。

　つまり製品そのものがブランディングで重要であるのは当然だが，その広告宣伝，販売と使用・消費を媒介とせずオフマーケットで，広範囲を対象としたブランドの認知度向上と個々人に対するロイヤルティの形成・強化を行うこと

も意識されなければならない[16]。製品は第1章で述べた条件が1つでも充足されれば，コモディティ化が進行し差別化が難しくなる。極論すれば，製品（有形物）は目にはっきりと見える物理的構造を持つために，いずれは真似される運命にある。どのような製品も模倣されるリスクを内包しているのである。

したがって客観的・物理的属性に関する優位性を形成して，これを広告宣伝で訴求したり販売後の使用や消費における顧客満足度を高めたりするだけでなく，そういう広告宣伝・販売と関係のない領域と「場」でブランディングを進めなければ，製品がコモディティ化した際に企業はシェアと収益を維持できなくなるのである。

このようなオフマーケットでのブランディングが可能で，また有効性と重要性を有するのは，ほとんどの製品にはコーポレート・ブランドが付けられ，そのイメージの影響を不可避的に受けるからである。すなわち本章の第1節でも述べたように，製品へのブランド付与においては階層性を持つブランドのうち複数が組み合わせられることが多いが，少なくともコーポレート・ブランドは付されるというのが通常パターンである。したがって製品は一般にコーポレート・ブランドのイメージから逃れることは難しく，その影響をかなりの程度受ける。

言い換えれば，個別製品ブランドが付いていても，どうしてもそれをつくったメーカーの印象，会社としてのイメージが付きまとう。ブランドのまったく付いていないノーブランドの製品であっても，製造元が購入者にわかり，これに関する知識が当該購入者にある場合は同じことがいえる。製品のイメージ源泉には当該製品にまつわる経験，機能・性能・品質，価格，広告宣伝等があるが，それを開発し製造している会社に対する印象，その会社がどういう会社かということも当該源泉として重要なのである。

例えば企業の社会的責任，CSR全般に関していえば，これには「企業活動を優位にする」という側面があり，その具体的効果として「取引上の優位，株の購入促進，従業員ロイヤルティの向上，企業ブランド価値の向上などがあげられる」（伊吹，2003，65）。つまり「企業経営者は，CSRの実践によって競争優位を築けるという可能性に着目し，守りではなく，攻めの姿勢で実践すること

が成功企業の条件となる」という（前掲同所）。

換言すれば，CSR は企業の社会的責任と訳されるものの，「企業ブランド価値の向上や，ビジネス展開基盤の確立，事業活動への直接的な貢献」がその目的となりうる（前掲論文，65-66）。より具体的には CSR は「重点顧客のロイヤルティ向上」，「潜在顧客に対して社会性に配慮した製品をアピール・提供し新たなファン層を確立する」ということを媒介して「ステークホルダーからの信頼獲得によるブランド価値向上」と「売り上げ増」につながるという（前掲論文，68）。

バリッチおよびコトラー（1991）によれば，「企業は良き市民であり，そして良い行為に関する広報に多額の投資をすれば，強い企業イメージを獲得しうる」（Barich & Kotler, 1991, 96）。そして「良き市民」，「善良なる企業市民」であることにつながる具体的ファクター，「良い行為」の具体的内容は多様である。言い換えれば，企業のイメージは製品以外に企業行動，消費者とのコミュニケーションなど多数の要因によって決まる。例えば環境やコミュニティに対する貢献といった社会活動（Corporate Social Conduct），慈善活動，学校や芸術団体に対する寄付行為もそのような要因となる。もっともブランディングのベースには優良な製品がなければならない。つまりこのような社会貢献や寄付行為が企業イメージの向上に機能するためには，土台に製品に関する強み，信頼性がなければならず，前者が優れていれば後者の弱さが帳消しになる，あるいは買い手に大目に見てもらえるというわけではない。

このように製品が劣悪であってはならないが，次項以降で取り上げる芸術と文化を支援するいわゆるメセナ，環境経営，スポーツの振興，その他が企業の評価を高め，ブランド・ロイヤルティの形成に機能しうる。さらには，公共に役立つように駅前や街中のビルに大きな時計ないしニュース放映用の大型ビジョンを設置するということや，種々のコンクールないしコンテストを後援するといったことが，消費者に当該企業に対する信用と好感を醸成することもある。

（2）メセナのブランディング的意義

企業による芸術と文化の支援，いわゆるメセナ（mécénat）は従来その意義が

正しく認識されず,ともすれば財務的に余裕のある企業の自己満足的な支出ないしは放漫経営の象徴と受け取られることもあった[17]。先行研究のことばを借りれば,「時には『社長の道楽』として非難されることもないではなかった」(加藤,2002,21)。これは先に述べたように,メセナの意義が理解されていなかったためであるが,その大きな意義の1つはブランディングに強いプラスの効果を持つということである。

このメセナについては,そもそもこれに見返りを求めてよいのか,あるいは販売促進等に対する現実的な効果を期待してよいのかという議論が従来よりあった。しかしメセナをリードし,これで成功を収めている企業の多くはメセナが「企業ブランドの確立に寄与すること」に早くから気づき,また「文化こそが企業の売上と利益をもたらすとの認識」を持っていた(前掲論文,22)。ある意味でビジネスライクにメセナをとらえ,そのブランディング効果を認識して,これを追求した企業が「芸術文化そのものの発展にも絶大な寄与」をしてきたのである(前掲同所)。

このようなメセナにより強化された企業のブランド力を小野(2002)は「外在的属性優位に起因するブランド力」の1つとしてとらえている。当該ブランド力は「メセナ活動に熱心な企業」の存在を認識した際,「消費者たちがそのような取り組みを評価し,なおかつ,それを製品選好にむすびつけるとき」に顕在化するという(小野,2002,20)。

そういう時の消費者の態度や行動には,現代社会を精神的に豊かにするためには芸術と文化およびその振興が重要で,収益の一部を芸術文化支援に投じるという行為は大切であり,これを高く評価したいといった冷静客観的な判断に基づくものもあろう。あるいは増収増益に汲々とするだけでなく収益を芸術文化支援に還元するという形で社会貢献をしている企業を心情的に応援したいということもあるかもしれない。他方で,そういう企業のブランドを支持することにより自分は芸術活動に理解があって,文化の重要性を認識している人間であるということを自認できるという心理も働いていると考えられる。

例えば地元のオーケストラを資金的にサポートしている企業のブランドにロイヤルティを持つのは,同じ業界の企業ならば地元への利益還元や芸術文化活

動に協力的な企業を選好するのが合理的という判断からであろうが,芸術文化をサポートしているその企業を応援したり,これと心理的なつながりを持ったりすることで自分自身がクラシック音楽の良さがわかっている人間,文化人的な香りのある人間であるという意識を抱くことができるというファクターもあろう。この点についてアーカー(1996)は「地方の交響楽団の主要なスポンサーである銀行と(おそらくローンを通じて)自分自身を結びつけることによって,芸術を愛しているという自己に対するイメージを強化できるだろう」と述べている(Aaker, 1996, 132;邦訳,167.( )内の補足はアーカーによる)。

(3) 環境経営のブランディング的意義

地球温暖化,酸性雨,オゾン層の破壊といった環境問題の多くは企業の事業活動と関わっており,その防止と克服に対する企業の責任と役割は大きい。このようなことから環境にやさしい経営をどれだけ意識し実践しているかということも,企業のイメージを形成する上で重要になってきている。

こういう環境経営が最初に重視されるようになったのは,ヨーロッパにおいてである。ヨーロッパの消費者は商品の価格や品質もさることながら,その企業がどれだけ環境にやさしい経営を行っているかをかなり以前から気にするようになっている。また投資家の中にも,環境経営に熱心に取り組んでいる企業の株を重点的に買おうとする人が増えている。

このためヨーロッパ企業の多くは,日々の事業活動の中で環境対策をどのように行うかを綿密に立案し,そしてそれを実践している。さらに広告宣伝のウェイトを商品そのものの訴求から,自社がいかに熱心に環境経営に取り組んでいるかをアピールすることにだんだんと移している。ブランディングにおけるその意義と,これに対する認識が従来よりも格段に高まっているのである。

現在,このような動きはヨーロッパを越えて,世界的な流れになりつつある。そして,その影響は日本にも現れている。

従来,日本企業,特にメーカーにとって事業を行うこととは,基本的には原材料を調達し,製品を生産し,市場に向けて出荷し,顧客の使用をサポートすることを意味した。極論するならば,その後の段階で使用済みの製品がどのよ

うに処理されるのかは，日本企業にとってはさほど関心のないことだったし，また収益にも関係がなかった。端的にいえば，日本企業にとり環境経営は「余裕ができたらいつかは取り組みたい」という程度のものでしかなかった。

ところが近年は，環境にどれだけやさしい経営を行っているかが，日本でも企業の評価と商品の売れ行きに重大な影響を及ぼすようになってきた。そのため消費電力や燃費等で見た製品の環境性能向上に努めるのは当然として，それ以外に廃棄物や資源使用量を減らすリデュース（Reduce），モノを再利用するリユース（Reuse），モノを原材料段階まで戻して再生利用するリサイクル（Recycle）といういわゆる3Rは不可欠となっている。また有害物質はもちろんのこと，排出する廃棄物をゼロにするゼロエミッションへの要請も高まっている。さらに休日に社員がボランティアで荒れ地への植樹や森林・河川を維持するための清掃を行うといった日常業務以外の場面における環境保護活動にも，企業と消費者双方から目が向けられるようになった。

ただし消費者の心理としては，持続可能な社会の構築を促進するためにこういう環境対策に積極的な企業のブランド，製品を選好するという合理的な判断もあろうが，日頃の償いという感覚も働いていると考えられる。つまり常日頃環境保護に対して努力していないという思いのある個人が，植林や砂漠の緑地化に積極的に取り組んでいる企業の商品を選んで買うという場合，その行動の裏にはせめて環境保護に熱心な企業を応援することによって日頃の行いに対するいわば罪滅ぼしにしたい，そうすることで贖罪になるかもしれないという意識もあろう。

いずれにせよ企業の環境対策が消費者の関心事となった近年，環境経営に積極的に取り組んで，その内容と実績を対外的に広告ないし広報することが日本企業にとっても重要になった。実際，近年はCSRレポートやインターネットによる企業情報の公開において，環境経営への取り組みは欠くことのできない記載事項となっている。どのような環境対策を行って，どういう成果を上げているかが，投資家向け文書やホームページの重要なコンテンツとなっているのである。

このような環境経営を実践するには経費がかかる。しかし最終的には，環境

経営は多くの場合，企業全体で見ると生産の効率化等を通じてコストを削減するほか，競争力の強化，自社に対する信頼感の形成とブランドイメージの向上といった効果をもたらす。換言すれば，前述したようにこのような環境経営は今日，ブランディングに関して大きな意義を持っている。これはオフマーケット・ブランディングの有力な具体的アプローチとなりうるのである。

環境経営に関する国際規格であるISO14001を取得する目的にも，イメージ向上の効果，取引先に対する訴求効果があると先行研究は指摘している。すなわち当該規格を取得した企業に対するアンケート調査では，取得の背景として「品質管理及び小集団活動の実績や，企業の環境にやさしいイメージの獲得，取引先の選定条件」が指摘され，これに加えて「銀行の融資対象の条件や行政からの発注を受注するための条件など」が挙げられている（藤井・金原，2013, 90）。

大石（1999）は，このような環境経営のイメージ向上効果について，「地球環境対策がコストを削減し当該企業に価格競争力を与えたり，地球環境にやさしい製品を提供することによって製品差別化競争力を与えたり，企業イメージを高めて売上高増大や利益増進の土台になる」（大石, 1999, 64）と述べている。また工藤（2000）のことばを借りるならば，環境経営は「新しいコスト低減の方法」であり，また新しいタイプの「競争力の基盤」であるといえる（工藤, 2000, 8-9）[18]。

（4）ブランディング基盤としての透明性とオープンネス

ケラー（2008）は，企業イメージの本質とブランディングにおけるその重要性について次のように述べている。「企業イメージとは，製品を作ったりサービスを提供したりしている企業に対して消費者が抱く連想と考えることができる。ブランディング戦略においてコーポレート・ブランドが際立った役割を果たしている場合，企業イメージは特に重要である。企業が社会で果たしている役割，つまり企業が従業員，株主，近隣住民などにどのような待遇をしているかについての消費者の知覚が，購買決定において重要なファクターになってきている」（Keller, 2008, 449；邦訳, 541-542）。そして知名度を上げることも重要で

あるが，有名になればなおさら企業は自社の経営理念や活動，内部で行われていることに関して透明度を高め，対外的にオープンにする必要があるとしている。すなわち「企業は，知名度が上がったためにいっそう世間の目にさらされる立場となることを受け入れ，自社の価値観，活動，プログラムについて透明性を高める努力をするべきである」という (*op cit.*, 450：前掲邦訳, 544)。

端的にいえば，企業は自社に対して信頼性がイメージされるようにしなければならない。この企業に関する信頼性ないし信頼感と，その企業が生産・販売する商品の信頼性，信頼感は相互的な影響関係にある。

言い換えれば，「企業の信頼性とは，その企業が顧客のニーズとウォンツを満たす製品やサービスを設計し供給できるということを，消費者がどの程度信じているかの尺度である」(*op cit.*, 459：前掲邦訳, 551)[19]。そしてこれは次の3つの要因に規定されるという。第一に企業の専門度あるいは業務遂行能力に対する評価で，これは「消費者から見て，どの程度その企業がうまく製品を製造・販売できているか，あるいはサービスを提供できているか」を意味する。第二に企業の信用度で，「消費者から見て，どの程度その企業が誠実で，頼りがいがあり」，どのくらい顧客の気持ち，消費者の求めていることに敏感であろうとしているかというファクターである。第三に企業の好感度で，これは「消費者から見て，どの程度その企業が好ましく，魅力的で，一流で，躍動的であるか」というものである (*ibid.*：前掲同所)。

アーカー (1996) によれば信頼感，信用とブランド・ロイヤルティは密接な関係を持つ。すなわち，「しばしば，企業ブランド（たとえば，ジョンソン＆ジョンソン）のコア・アイデンティティの一部となる信用は，組織とその顧客との関係に強い基礎を与える」(Aaker, 1996, 133：邦訳, 169, （ ）内の補足はアーカーによる)。また「好感を持たれているブランドのメッセージは受け入れられる傾向があるが，一方で，好きではないブランドの訴求は懐疑的な目で見られるだろう」としている (*op cit.*, 134：前掲邦訳, 169)。そして信頼感，信用を得るために，企業は先に言及したように透明，オープンでなければならない。

そのブランドを知っている，思い出せるというブランドの再認・再生が，そのブランドが好きである，いつでもそのブランドを選びたいというロイヤル

ティになるまでには，その企業には信頼感がある，そのブランドは信用に値するという心理が間に入る。つまり再認・再生がいきなりロイヤルティに至るわけではないし，くり返し広告宣伝によって再認・再生を強化すればこれがロイヤルティに高度化するわけではない。そういう意味でも，信頼感と信用の獲得は重要である。

次章以降で論ずる企業設置の体験型施設すなわち企業パークと企業ガーデン，企業ミュージアムはいくつか重要な役割を担いうるものの，その1つは自社の製品や生産プロセス，事業活動や経営理念を公開ないし紹介するというものである。日本企業は従来この意識が弱かったし，ある意味であまかった。正しいこと，良いものづくりを行っていれば消費者は必ずついてくるはずという思い，ないし思い込みがあった。

しかし正しいこと，良いものづくりを行っているならばそれをアピールすることも重要である。自分達の製品やものづくり，事業活動や経営理念を知ってもらうという姿勢が大切なのである。また公開し，アピールしなければ，正しいこと，良いものづくりを行っていても，それが消費者および地域住民にも取引先にも伝わらない。それどころか，逆に閉鎖的，秘密主義と受け取られかねない。これはブランディングを進める上で障害となる。自社への信頼感と自社ブランドへの信用を獲得してブランディングを推進するためには，製品とものづくりのあり方を公開し知ってもらうことが重要なのである。高（2013）のことばを借りると，「オープンであることは，競争力の源泉となる」（高，2013，528）。つまりブランディングの前提，競争優位基盤としてのオープンさ，オープンネス（openness）という見方を企業経営に取り入れる必要がある[20]。

先にも触れたように，このような透明性の確保と信頼感の獲得という観点で，企業ガーデンや企業ミュージアム等の体験型施設の設置と実体験を伴った学習の提供や真心による触れ合いは極めて大切なのである。つまり実際の製品操作や試食等により，身をもって自社のことを知ってもらい，「いい会社だ」，「頑張っている」ということを体感してもらう取り組みが重要となるのである。

【注】
1）販売店の商品管理に問題があって破損ないし腐敗したような場合はもちろん別である。
2）車ならばミッション（駆動）に関する4WD，CVTなど，エンジンの種類を示すハイブリッド，ターボ，ディーゼル，V6など，グレードやスペック（仕様）に関係するXやGT等の英文字，ロイヤルサルーン，リミテッドなど，製品コンセプトを表す愛称としてエコ，スポーツなどが車名の後に加えられうる。食品ならばライト，レギュラー，減塩，ダイエットといった具合である。クラシックやスペシャル，プレミアム，コンパクトのようにいろいろな製品カテゴリーで用いられるモディファイアーもある。
3）例として示しているブランドは，いずれも2015年時点で日本国内で使用されているものである。なお厳密にいえば，味の素社のブランドにおいて「きょうの大皿」はプロダクト・ブランド，「きょうの大皿・肉みそキャベツ用」，「きょうの大皿・豚バラ大根用」は個別製品ブランドである。
4）コーポレート・ブランド等のブランドが一切付されていない製品であっても，どの企業の製品であるかが買い手にわかると，製品のイメージは当該企業のイメージに影響を受ける。
5）ブランド・エクイティとは，ブランドが持っている資産的価値，あるブランドが買い手，取引先，株主・投資家，その他に対して持つ資産としてのさまざまな価値をさし，これと関連する会計的概念にいわゆる「のれん代」がある。
6）この場合のレゾナンス（resonance）は同調，共鳴を意味し，ブランド・レゾナンスはいわばブランドの波長，すなわちコンセプト等とユーザー個人の心理的波長，すなわち価値観や好みが同調・共振している状態をさす。
7）ケラー（2003）では「製品」（product）という用語が使用されているが，ここで述べていることは基本的にはサービス等にも当てはまるので「製品」を「商品」と置き換えても問題はない。
8）ガルブレイス（1973）は組織における職務を前提にして，不確実性を「職務を完遂するために必要とされる情報量と，すでに組織によって獲得されている情報量とのギャップ」と定義した（Galbraith,1973,5；邦訳,9）。職務遂行には何らかの意思決定が伴い，情報はその際に決定前提として機能する。しかし組織がそれに必要な情報をすべて備えているとは限らず，不足している情報が不確実性となるという。
9）先に引用した高橋（1997）でも，不確実性の定義において（厳密な）というカッコ書きが付されており，不確実性という用語がより広義に用いられることもあるという可能性が示唆されている。
10）アーント（1967b）によれば，実際「知覚リスクの低い者に比べて，これが高い者はブ

ランド・ロイヤルティがより強く，プライベート・ブランドを購入しない傾向がある」（Arndt, 1967b, 294）。また彼によれば，口コミは基本的には「あなたが買うなら，私も買う」と互いに言いあうようなことと見なせる（op cit., 295）。このような「みんなが買っているからそれを選ぶ」，「先に買った人が満足しているなら自分も買う」という判断，消費行動もリスク軽減の方策と見ることができる。

11) 事前の熟慮については predecision deliberaion と prepurchase deliberaion の2つの用語が使われている。
12) コリスおよびモンゴメリー（1998）のいう資源は広義の資源で，これには企業が保有する能力（ケイパビリティ）も含まれる。
13) アンゾフ（1965）は，「シナジー効果」との関連でこのような費用の節約について述べているが，これは「範囲の経済性」の要因と見るのが適切であろう。
14) ポーター（1980）によれば，企業の収益性（利益率）はその業界の構造および競争状態にかなりの程度左右される。そのような業界構造，競争状態を規定する要因として彼は次の5つ，すなわち新規参入の脅威，競争業者間の敵対関係，代替製品の脅威，買い手の交渉力，売り手（供給業者）の交渉力を挙げている。
15) 引用文掲載は文化面，「坂根正弘・私の履歴書」の第27回「顧客に不可欠な企業に」。
16) ここでオフマーケットはマーケット（市場）と離れた所で，または売買を行う関係から離れてという意味である。このマーケットは売買が行われる物理的な場所ではなく，むしろ抽象的な意味での「売買空間」で，そこで重要となるのは当事者が売買の発生しうる心理状態や関係性にあるかということである。例えば消費者に関していえば，自宅や電車の中であっても，タブレット端末でインターネット上の商品比較サイトを閲覧している場合にはマーケットにいることになる。逆にショッピングセンター内であっても，遊び場コーナーで子供とはしゃいでいる時には，マーケットにいるとは見なせない。
17) 本書におけるメセナは企業によって行われるもの，すなわち企業メセナをさす。
18) 環境経営が持つイメージ向上とブランディングの効果が大きいことを考えると，消費者サイドにおける環境志向の高まりが企業の環境経営を促進することになる。特に，日本と米国の製造業企業を比較分析した場合，「日本の製造業企業は，顧客・市場から受ける環境経営への要請を行政や地域社会から受ける要請よりも強く知覚している」という傾向が見られる（藤井・金原, 2013, 96）。
19) 厳密には，欠乏している状態はニード（need），それが表面化し具体的に欲しがっているものはウォンツ（wants）である。例えば「のどが乾いている」というニードに対し「水」や「ジュース」，「お茶」，「牛乳」，「ビール」等がウォンツとなる。同様に，「音楽を聞きたい」というニードを持っている人がいたとすれば，その人のウォンツとしては

「CD」,「CDプレイヤー」,「ダウンロード用情報機器」,「音楽会のチケット」などが考えられる。ただし実際にはニードはニーズとされることが多く，またニーズとウォンツの使い分けもあまり意識されていない。すなわちウォンツの意味でニーズということばが多用されている。

20) 高（2013）は次のような例を出して「オープンである」ことの重要性を指摘している。「今，ここに2つの工場があると仮定しよう。双方ともに，ペットボトルに入った『水』を製造している。一方の工場を訪ね，見学を申し出たところ，部外者立ち入り禁止ということで，即，入口で見学を断られた。他方の工場を訪ね，同様の申し出をしたところ，『見学コースも用意しておりますので，どうぞ見ていってください』と歓迎された。この2つの工場を比較した時，人は，どちらの工場で製造している水を購入するであろうか。『断る工場には，きっと奥に深いものがあるに相違ない，だから，断る工場の水を購入しよう』などと考える人は，まずもっていない」（高，2013，528）。

第6章
経験価値による脱コモディティ化

1．ものづくりとマーケティングの相互補完

　製品のコモディティ化は物理的属性による差別化が困難になって価格だけで競争が行われる状況であるが，これは第1章第3節で述べた条件が1つでも充たされれば，いつ起きても不思議ではない。そういう意味で特殊というよりはむしろ一般的な現象であり，その回避や克服は容易ではない。

　企業やブランド，製品に対するイメージと違って，有形物としての製品自体は模倣がしやすい。機械類は目に見える物理的構造を持つために，いずれは真似される運命にあるといっても過言ではないし，測定可能な組成を持つ以上，食品類にもこのような模倣リスクはある。特に機械類はコモディティ化の要因として挙げたオープン・モジュラー化が起こると，このリスクが一層高まる。

　こういうことを踏まえると，脱コモディティ化に関する議論は狭義のものづくりすなわち開発と生産の領域だけでは完結しにくいし，あえて誤解を恐れずにいうならばこれを開発・生産の観点だけで行おうとすると閉塞状況に陥りかねない。高い技術力を持っていれば製品そのもので持続的に差別化を行えるはずというのは，多くの日本企業に共通する誤解で，これがあったため製品がコモディティ化する中で，アジア各国の企業や他地域の海外メーカーとの競争で多数の日本企業が優位を失うという状況が生じた。

　言い換えれば，狭義のものづくりに関する努力と工夫だけで脱コモディティ化を図ることには本質的な困難さがある。開発（設計）と生産における効率性追求は製品のモジュラー化を要求する一方，モジュラー化はコモディティ化を引き起こし，これを促進するからである。したがってコモディティ化を防止したり，そこから脱却したりするためには，マーケティング等における取り組

み，特にものづくり以外の領域やマーケットを離れた「場」におけるブランディングも必要となってくる。そしてそこではブランド，製品に関する心理的な価値，後に述べるシグナル価値と経験価値の提供が重要となる。これらは機能や性能，品質といった客観的価値とまったく関係しないわけではないが，主観的，個人的な側面が強い価値である。客観的価値はものづくり，換言すれば開発と生産活動だけでも高められうるが，心理的な価値についてはそれは難しい。

　こういう心理的な価値の大きさや内容は顧客によって異なりうるし，またそれは製品そのものの属性によって生ずるとは限らない。つまり顧客の内部で行われる心理的差別化においては，製品の独自性や特別な価値を「認識させる」ないし「感じさせる」すなわち意識上や感覚上に形成することが重要なのであり，後に述べるように客観的に見て機能や品質の面で付加価値やオリジナリティがあるとは限らない。

　場合によっては，製品の性能や主要スペック，デザイン等には他社製品と大きな相違がないのに，ブランディング活動によって顧客の内部に特異性の認識が生まれることもある。また当初は客観的に見て機能や品質に独自性がありこれによって差別化が行われ，その後これらに関する他社製品との差がなくなったのに心理的な独自性の認識が継続するということもある。このように特異性が顧客の心理や認識だけに立脚する場合にも，付加価値の提供が行われ，当該個人の内部では差別化が行われていると見なしうる。製品の独自性は開発（設計）と生産のプロセスで形成されると思われがちだが，必ずしもそうではないのである。

２．薄型テレビのコモディティ化－再考－

　序章でも言及したように，日本の家電メーカーにおいてテレビ事業は長らくPPM（Product Portfolio Management）でいうキャッシュカウ的な存在にあった。ところが第１章第１節で見たように，薄型テレビ市場が本格的に立ち上がって３年から４年が経過した後，状況が大きく様変わりした。すなわち2007年前

後から薄型テレビの価格下落が加速し，日本において大手家電メーカーの収益を減少させる大きな要因となった。例えば AQUOS ブランドで当該市場をリードしていたシャープは同年以降 2010 年 3 月期まで減収が続き，経営危機に陥った。パナソニックの業績悪化もテレビ部門の低迷が一因であったといわれ，同社は 2013 年にプラズマテレビ事業から撤退した。

　日本の大手家電メーカーにおけるこのような薄型テレビ事業の収益性悪化の原因として挙げられるのは，サムスン電子や LG 電子等韓国メーカーの追い上げ，テレビ放送の地上デジタル化と家電エコポイント制度による需要の先食いおよび同制度終了による需要の落ち込みである。従来は世界的なスポーツイベント開催前にはテレビの需要が伸びる傾向があったが，実際このような海外メーカーの追い上げや制度的要因も影響し，オリンピック開催年だった 2008 年と 2012 年においても国内メーカー各社のテレビ事業収益に大きな回復（増大）は見られなかった。

　しかし当該原因として忘れてはならないのは薄型テレビのコモディティ化である。第 1 章でも述べたように，このコモディティ化とは製品を機能や性能等で差別化することができなくなり，買い手に訴求するファクターが価格だけになる状態をいう。この定義にもあるように，製品のコモディティ化が進むと，企業間競争はもっぱら価格をめぐるものとなる。その結果，当該製品の事業に関してはほとんどの企業の利益率が低下する。前述した薄型テレビ事業は 2007 年前後からまさにそのような状況に陥ったのである。

　このようなことから企業は利益率を高く維持するために，自社製品がコモディティ化の「蟻地獄」に陥るのを防いだり，これに陥ってしまった場合にはそこから脱却する施策を講じなければならない。コモディティ化に対するこのような防止ないし脱却のための施策が，本書でいう脱コモディティ化の戦略である。業界全体としては製品コモディティ化のプロセスに入り，これが進行していても，企業は努力と工夫次第で自社の製品ポジションを脱コモディティに維持したり，これに導いたりすることもできるのである。

　言い換えれば，先に利益率の低下に関して「ほとんどの企業の」と述べたように，例外的にコモディティ化とこれに伴う価格競争を回避し，利益率低下を

免れる企業というのもないわけではない。そしてそのように存在しうる以上，企業は脱コモディティ化の戦略により，そのような例外的存在とならなければならない。

製品のコモディティ化は強いネットワーク外部性の存在やアーキテクチャのオープン・モジュラー化，差別化飽和と価値観収斂という状況が1つでもあればいつでも起こりうる以上，本章の冒頭でも述べたように開発と生産という狭義のものづくりだけで脱コモディティ化を図ることには根本的な難しさがある。換言すれば製品ポジションの上で脱コモディティを維持する，ないし獲得するための戦略を考える際に狭義のものづくりに関してだけ検討するのでは不十分である。開発・生産の論理は製品のモジュラー化を要求する一方，モジュラー化はコモディティ化を促進するという本質的ジレンマを内包しつつ，この議論を開発と生産の論理だけに依拠して行うという近年の流れは，袋小路に入りかねない危険性を秘めている。

こういう脱コモディティ化の戦略，自社製品の脱コモディティ化を図るための処方箋として本書は経験による価値，経験価値の提供を提示する。これは端的にいえば，個人的かつ心理的なブランドないし製品の価値で，それは当該ブランド，製品，メーカーとの関連で生起するいろいろな経験によって形成される。日本で最初に本格的にこの用語を使ったのはSchmitt（1999）の邦訳であるが，原著のタイトルは *Experiential Marketing* で，そこにはExperientialという単語はあっても価値に相当するValueは入っていない。これは本文に関しても同様で，論理展開の中核をなしているのはexperienceである[1]。

経験価値の萌芽的なアイデアはこのSchmitt（1999）等に見られるようにアメリカで生まれたものの，これに関する研究は十分行われているとはいえず，探究と展開が待たれている概念である。この章では脱コモディティ化に関する経験価値形成と当該形成を通じたブランディングすなわちブランドの浸透度向上とロイヤルティ構築の意義，当該形成における企業ガーデンや企業ミュージアム等の体験型施設が持つ有効性について論ずる。

このようにコモディティ化を防止したり，そこから脱却するためには，マーケティング等における取り組みが必要となってくる。そしてそこではシグナル

価値，経験価値の形成，特に後者による顧客内部での心理的差別化，これによるブランド・ロイヤルティの構築が重要となる。シグナル価値とは本社の外観や顧客の顔ぶれ，広告宣伝等によって形成されるイメージ的な価値で，その形成は製品の脱コモディティ化に作用しうる。ただしこれでは「個人に彫り込まれた」消費は実現しない。そして経験価値とはそのブランド，製品，メーカーとの関連で経験されたことから生ずる個人的，心理的な価値である。ブランド，製品の認知度向上という観点ではインパクトのあるテレビCMも重要であるが，後に述べるようにブランド・ロイヤルティを高めて「個人に彫り込まれた」消費を実現するためには経験価値の提供が欠かせない。なおシグナル価値の形成では種々の情報発信が不可欠であり，経験価値の付与においては何らかの「場」づくりとそこにおける触れ合い，ホスピタリティ（おもてなし）が重要となる。

3．シグナル価値の形成

ポーター（1985）によれば，製品の差別化は「独自である」，「特別である」という顧客の知覚や認識によってなされるが，このような知覚や認識が当該製品の機能や性能，デザインなどによってもたらされる場合と，そうでない場合がある。これは顧客が製品を使用価値だけでなく，シグナル価値でも評価しているからである。換言すれば，顧客が製品を評価する基準には，使用基準（use criteria）とシグナル基準（signaling criteria）がある。例えば前者には製品の機能・性能・品質，デザイン，納品時間，技術的サポート等があり，後者には評判またはイメージ等がある。独自性の源泉は企業が行う業務すべてに潜在的にあるが，使用基準での特異性形成については開発，製造，物流，サービス活動が中心的役割を果たす。一方，シグナル価値は買い手がどう認識するか以外の何物でもない。そのようなことから，シグナル基準での特異性形成においては，消費者の心理に影響を与える情報の発信が大切であり，マーケティング活動が重要な役割を果たす（Porter, 1985, 142；邦訳, 179-180）。買い手はこの両方の基準で製品の価値を評価するから，第1章第4節および本章第1節で述べたも

のづくりとマーケティングの相互補完、連携がここでも重要となるのである。

　次節以降で論じる経験価値はブランドないし製品、メーカーとの関係で生起する何らかの経験、使用の経験もしくは使用以外の経験により生まれる。それに対して、シグナル価値は使用経験やその他の経験の有無に関わりなく形成されるもので、結局のところはブランドイメージに近い。

　より具体的に述べるならば、シグナル価値の形成すなわちシグナル基準での差別化は、一般に広告宣伝、本社の外観と規模、営業年数、資本系統、顧客の顔ぶれ、マーケット・シェア、価格水準、その他によって行われる。実際、成功しているサービス業の会社はオフィスの装飾や従業員の服装に大変細かな神経を使っているし、また一流のピアノ・メーカーは買い手の多くが正確にピアノの品質を判定できないために、コンサート・ピアニストが自社のピアノを使っているという事実をアピールする。前述したように、種々の情報発信がここでは重要なのである。ポーターによれば、買い手にとって売り手の能力判定が難しい時、あるいは買い手の購入頻度が少ないような時には、シグナル基準が特に強く機能する (*op cit.*, 144-145；邦訳, 183-184)。

　さらに具体例を挙げると、機能や品質の上でほかの製品と仮に大きな差がなかったとしても、「宮内庁御用達」であるとか、有名人・芸能人が使っているといった情報が提供されることにより、独自性が心理的に形成されることがある。またシェアでトップであるという情報がもたらされると、消費者は一般に、売れているからには何か理由があるのだろうと思い、その製品に良いイメージを持つようになる。こういったシグナル価値の形成、シグナル基準での差別化は純粋に買い手がどう認識するかという問題であるから、そこには偶然の要素や非合理的な側面もある。

　いずれにせよシグナル価値の形成はブランド、製品の差別化に機能しうるし、これを念頭に置いたマーケティング活動が現実企業で行われていることも確かである。ただしシグナル価値では前章で述べたようなブランドへの情緒的なロックインがなされないから、口コミの起点となるロイヤル・カスタマーの形成は進まず、「個人に彫り込まれた」消費も実現しない。

4．経験価値

(1) 経験価値の本質

　従来，製品の価値はともすれば「ある価値が所与のものとして存在し，その価値が，水が水道管を伝わるように受け手に伝わる」(石井，2000，198) という見方でとらえられてきた。すなわち「『消費者は価値あるものを選択する』という理解は，価値がすでにして前提にあり，それがそのまま消費者に伝わることを想定している」(前掲書，200)。

　しかしながら製品には種々の経験から生ずる価値，経験価値が形成されうる。ブランドについてもこれはいえる。どこかの量販店に並んでいる家電製品に経験価値はないが，ある個人がそれを手に取って眺めた瞬間からそのブランド，その製品との関係で経験が生まれ，さらに購入した場合には当該ブランド，当該製品との間で長期にわたりいろいろな経験がつくられる。このプロセスで個人的，心理的な価値がそのブランド，その製品に生ずる。論を進めれば，このような購入 (販売) 後の使用や消費においてだけでなく，売買・取引と関係のないオフマーケットの多様な状況で経験価値が形成されうる。そして価値とは究極的には本人が対象に感ずる主観的な重要性や有益性であるという立場を取ると，むしろこういう個人的，心理的な価値がブランドと製品の価値として重要であるということになる。

　経験価値に対しいわゆる使用価値は端的には，前節で言及しまた後にも述べるように使用上の価値，使用に関する価値である。経験価値にはこれに由来するものやこれに密接に関係するもの，例えば「使用後の余韻」(平山，2007，103) といった感覚も含まれるが，その範疇はこれにとどまらない。言い換えれば，経験価値の「経験」は使用経験に限定されない。そのブランド，その製品，その企業にまつわる一切の経験，当該ブランド・製品・企業との関係で経験したすべてのことがそれに含まれる。

　このようにブランドおよび製品には，これに関連する経験によって客観的属性を超えた心理的な価値が生まれうる。そして厳密にいえば，製品に関する経

験価値が同時にブランドの経験価値になることは少なくないものの両者はイコール（同一）ではない。先に「ブランドおよび製品には」としたのは，ブランドにも製品にもそのような価値が生まれうるという意味なのである。言い換えれば経験価値はブランドの付いていない製品やその識別・認識がなされていない製品にも生じうるし，製品とは無関係にあるブランドに当該価値が形成されることもある。

　製品についていえば，客観的属性に関する価値以外に製品の使用およびその他のいろいろな経験に由来する価値が生まれうる。その重要な構成要素となるのは当該製品に関連する記憶，当該製品にまつわる思い出である。このような経験価値は前述したように，たとえブランドが付いていないノーブランドの製品やブランドの識別・認識がなされていない製品であっても生じうる。例えば洋服の価値は一般的には素材とデザインに大きく依存するものの，それを着て楽しいひと時を過ごしたとか，それを着ている時にうれしいことがあったという経験がその洋服に関して大きな価値をもたらしうる。その洋服はいわば当人にとって「世界で一着の洋服」となる。そしてこのような価値はブランドが付いていない洋服やブランドを認識していない洋服にも生まれうる。

　そのような経験価値が前述したようにブランドに関して生まれるということも大いにありうる。先にも言及したようにこのブランドに関する経験価値が生まれる状況もさまざまで，マーケット（売買空間）における製品の売買を媒介して形成されることもあれば，これとは関係なしに当該価値が生まれることもある。つまりブランドの経験価値が製品の販売と使用・消費，修理等のアフターサービス，その他によって形成され拡大するということもあれば，マーケットないし売買関係とは離れた「場」，例えば後に詳述する企業ガーデンや企業ミュージアム等の体験型施設で大きな経験価値が生まれるということもある。

　経験価値の形成においては製品の機能や性能，品質もさることながら，顧客側の意識や知覚，感情が大きな役割を果たす。すなわち「経験価値は，感覚（sense），感情（heart），精神（mind）への刺激によって引き起こされる」(Schmitt, 1999, 25-26；邦訳，46-47)。

（2）経験価値から見たコーヒーの値段

　コーヒーを例に取ると，なぜ我々は喫茶店で飲むコーヒーに300円ないし400円，場合によってはそれ以上の金額を支払うのであろうか。同じ，例えばキリマンジャロという豆のコーヒーを自宅でいれれば数十円のコストで飲むことができるのに，喫茶店では数百円を支払い，しかも支払いを済ませて店を出る時に，たいていの場合「損」をしたという気分にはならない。同じ豆であっても喫茶店でいれてもらったものの方がおいしいということも多いし，外出時に豆と器具を携行する煩わしさを免れることの恩恵，喫茶店の雰囲気，自分の席まで運んでもらうというサービスも値段に入っていると思えば納得がいくのかもしれない。落ち着いた空間で満ち足りた時間を過ごせたことへの対価と考えると，喫茶店で300円ないし400円のコーヒーを飲む場合には「空間を買っている」あるいは「時間を買っている」という見方もできるだろう。

　しかし同じ空間，同じ時間であっても，その時の自分の気分，店員の態度や表情によっても満足度が変わってこよう。仲の良い友人とすごして楽しかった，店員の気遣いがうれしかった，仕事のストレスがたまっていたがほっとできたという経験が伴えば満足度は高くなるだろう。

　別の例を出すと，自動車好きの人が自動車メーカーのギャラリーでコーヒーを飲んでいるとしよう。そして目の前には子供の頃走っていたいわゆる「なつかしの名車」，一度は運転したいと夢見ていたスポーツカーが置いてある。しかもその車は保存状態が良く，ぴかぴかに磨き上げられて当時の姿のまま置かれている。ギャラリーに入っているのは大都市の街中でよく見られるコーヒーショップで，使われている豆や入れ方，カップも一般的なものだったとしても，その状況で飲むコーヒーの味は格別であるに違いない。つまり子供の頃あこがれていたスポーツカーと再会し，その車を目の前にしてコーヒーを飲むという滅多にない経験がそのコーヒーの価値を高めているのである。したがってこういう場合，「空間を買っている」あるいは「時間を買っている」というより我々は「経験を買っている」という方が妥当なのかもしれない。

　厳密にいえば，コーヒーは塩やセメントと同じ差別性のまったくないコモディティ，ブランドやパッケージを備えた製品，レストランや喫茶店で給仕さ

れる商品，独自の経験価値を伴う商品になりうる。つまり「企業の扱い方一つで，コーヒーはコモディティ，製品，サービスという三種類の経済価値のいずれかになる」(Pine & Gilmore, 1999, 1：邦訳，11)。そして，「このコモディティ，製品，サービスに次ぐ（これらを超える）第四のレベルを実現した企業は，経験という価値を作り出していると言える」(*op cit.*, 1：前掲邦訳，12，( )内の補足は白石による)。同じコーヒーという財であっても，これと関係する経験を提供することで心理的な価値が備わる特別な財とすることができるのである。先の例でいえば，自動車ギャラリーの中で出されるコーヒーは自動車好きの者にとっては，そういう特別な心理的価値を有する財となっているといえる。

(3) 経験価値と使用価値・感性品質との関係

　経験価値と使用価値はどう違うのであろうか。後者は端的にいえば使用上の価値，使用に関する価値で，これは機能や性能，素材やデザインといった製品の客観的属性に規定される。一方，経験価値の「経験」は使用経験に限定されず，そのブランドないし製品，メーカーにまつわる一切の経験，当該ブランド・製品・メーカーとの関係で経験したすべてのことがそれに含まれる。

　そして経験価値といわゆる感性品質も多少は関連する概念であるが，同じではない。多くの人がわくわくするようなサービス，大多数の個人にとってインパクトのあるデザインはある種の感性品質であるが，経験価値に関しては実体験としてわくわくしたか，あるいはインパクト（衝撃）を感じたかということが問題となる。ある個人はわくわくする，ないし衝撃を受けるという経験を実際に得たけれども，別の個人にとってはそうでないということも十分ありうる。この場合，前者にとっては経験価値が生じているが，後者にとっては生じていないかこれが極めて小さい。すなわち同じ製品・サービスでも経験価値には大きな個人差がある。

　消費者は冷静で客観的，合理的であるとは限らない。むしろ競争戦略論やマーケティング論の理論家が想定しているよりもずっとウェットで情緒的でありうる。だからこそ，このような個人差の大きい心理的な価値，経験価値が創造されうるのである。

例えば場合によってはスペック表やカタログに載っている機能や性能がその製品の価値を規定せずに，むしろスペック表やカタログを何回も見て長期間検討した挙句買ったという経験が当該製品の価値を大きく高めうる。一方，スペック的には優れていても，不本意な形で購入したとしたら，その製品の経験価値は低くなろう。逆に機能や性能，品質は劣っていても，当該製品との関連で良き思い出があったり，これに愛着があるといった場合には，それは大きな経験価値が形成されていることになる。使用価値の概念では，このような状況を説明することはできない。

このような経験には応募者1万人の中から抽選で当選し一人だけもらえたという出来事も含まれる。こういう「一人だけ当選」という経験を広範囲の人に与えるのは難しいとしても，多数の人に提供可能な経験価値もある。

例えばリゾート会員権ビジネスでは，簡単なアンケートに答える代わりに系列のホテルや旅館を格安で利用できるという「モニター宿泊」の制度を導入している企業が多い。このアンケートにより有望な潜在顧客から住所や職業，家族構成，場合によっては年収等の情報を入手するのであるが，実は宿泊した際の高い満足が会員権の購入を導きうるという効果もそこにはある。つまり格安での宿泊と，格安にもかかわらず至れり尽くせりのサービスを受けたという経験がそのリゾート会員権に対する当該個人の価値と評価を高めていると見なせる[2]。

また洋服にしても家具にしても，製品を購入する際に販売員と交わしたコミュニケーション上の経験（会話）は，その人にとっての当該製品の価値を高めうる。これは製品の販売を担当する者全員が一人ひとり心がければ，多くの買い手に提供できる経験価値である[3]。

自動車のフェラーリは性能と品質の高さによって，使用時に大きな価値を提供している。しかしこのような価値を土台に販売台数の増大に躍起になっているかというと必ずしもそうではなく，むしろフェラーリ社は意識的に毎年の販売台数を抑えている。より具体的には，世界の富裕層から注文が増えているにもかかわらず，あえて生産台数を絞り，ブランド価値を維持するために「年間7,000台以上は売らない」という方針を打ち出している。それにもかかわらず

（むしろそれが功を奏して）増収増益を達成し，営業利益率も14％台と自動車業界で最も高い（日本経済新聞，2014年6月24日）。販売台数がこのように限られているから，希望すれば誰でも購入できるというわけではない。現金一括払いを申し出ても順番待ちとなることが少なくないし，長期間購入を望んでいても結局買えないというモデルもある。そのため，購入でき納車となった時の喜びは大きい。これも経験価値の例である。

　これらとはまったく異質の例として，橋本（2010）は製品の開発フェーズへの疑似的参加すなわち開発プロセスのシミュレーション経験を挙げている。より具体的には，自動車メーカーが地域貢献のために毎年行っている車作りに関する寄付講義に出席すると，その出席経験がイメージ向上を媒介して当該メーカーとの関係維持意識や他者への推奨志向を強化することが確認されている。「とくに，『製品イメージ』や『ブランドイメージ』が，経験後に向上する人ほど，『購入／利用志向』『継続関係志向』『他者推奨志向』が高まることが明らかになった」（橋本，2010，211）と報告されている。

　このような経験価値によるブランド浸透とブランド・ロイヤルティの形成，後でも論じる体験型ブランディングは幼児・小学生に対しても行われうるし，そういう形で幼少期にブランドを刷り込むことの効果は大きい。例えば第8章で紹介するように，「ヤンマーミュージアム」では幼児・小学生に農業用機械や建設用機械の運転体験を与えるために，通常ならば子供には操縦できない機械を改良，アレンジしたり，独自の機器を企画・設置したりしている。そうすることで幼年層に対するブランドの浸透，子供達の機械を運転することへの関心喚起，言い換えれば将来のユーザー増大を進めている。また日清食品では全国各地の幼稚園を訪問するキャラバンや「カップヌードルミュージアム」等で幼児・小学生向けの食育が積極的に行われている。この活動は仮に社会貢献が一次的な目的であったとしても，同社のブランディングに関し大きな成果を上げていると考えられる。

　より卑近な例を挙げると，筆者が現在住んでいる金沢市にはゴリ（小型の川魚）等の佃煮や和菓子といった伝統的な食品を児童に食べてもらう機会を意識的に設けている食品会社がある。むろんこれは善意からなされていることであ

るが，ブランディングの観点でも大きな意義がある。言い換えれば，金沢の伝統的な食文化に触れてほしい，地元に何らかの貢献をしたいという精神でこのような活動，例えば学校の給食時間における共同での無償提供が行われているのだが，あえて誤解を恐れずにいうならば，これは販売促進上の効果も大きい。小学校の時，地元メーカーの厚意によりこれらの食品を口にしたという思い出はその子供達にとって貴重な財産であると同時に，その良き思い出から大人になった時の購買が喚起され，前章で述べた「個人に彫り込まれた」消費となる場合が多いと思われるからである。その販売促進効果は短期的には必ずしも具現しないにしても，長期的に見れば広告宣伝よりも大きいとも考えられ，そういう意味でこれらの食品には大きな経験価値が形成されているといえる。

5．脱コモディティ化と経験価値

（1）製品属性のわな

　製品の価値を使用価値に限定して考える立場を取ってしまうと，コモディティ化による負の影響を免れ得ない。機能や性能，素材やデザインといった製品そのものの属性で，コモディティ化による当該製品の価値低下を回避することには限界がある。アーカー（1996）のことばを借りるならば，狭義のものづくりにより製品を属性面で差別化することで脱コモディティ化を行いうると考えている研究者や実務家は「製品属性に執着するわな」(Product-Attribute Fixation Trap）に陥っている（Aaker, 1996, 72；邦訳，92）。言い換えれば，これは製品の価値として使用価値しか考えない「使用価値のわな」でもある。このわなに陥ると，ブランドイメージやブランド・ロイヤルティを規定するのは製品属性であると考えるようになり，「もっぱら製品属性に向けてブランドの戦略的・戦術的管理がなされる」こととなる（*ibid.*；前掲同所）。

　彼によれば，「製品属性をブランド・アイデンティティの基礎とすることには重大な限界がある」（*op cit.*, 75；前掲邦訳，95）。より具体的には，「製品属性は顧客にとって極めて重要であるかもしれないが，もしすべてのブランドがこの次元を満たしていると知覚されれば，それではブランドを差別化できなくな

る」(*ibid.*：前掲同所)。これは第1章で述べたいわば差別化飽和とでもいうべき現象である。

また製品の物理的属性は模倣がしやすい。オープン・モジュラー化はこのような模倣可能性を高め，そしてそのことがコモディティ化に拍車をかける。この点についても第1章で述べたとおりである。

より具体的にいえば，物理的属性は情報として設計図やスペック表に保存され表現される一方，そこにインテグラル（すり合わせ）の要素や特許等による保護がなければ，情報の公共財的性格と複製の容易性により，製品自体のコピーが簡単になされうる。この点について先のアーカー（1996）は次のように述べている。「製品属性志向の便益は，比較的模倣されやすい。主要な製品属性が優れていることに依存するブランドは，たとえ絶えず製品が改良されても，結局，その属性の点で劣位に立つことになるであろう。なぜなら，製品属性は競争相手にとって動かない標的となるからである」(*ibid.*：前掲同所)。模倣するどころか，競争相手が技術的により優れたスペックを持つ製品を開発する可能性もあるので，ブランドに対するイメージやロイヤルティが製品属性を土台としたものである場合，当該イメージやロイヤルティの維持は常に危うさを秘めていることになる。すなわち「差別化できなくなったり，悪くするとブランドがそれと一体的に結びついている製品属性のせいで劣位に陥るかもしれない」(*ibid.*：前掲同所)。

このように製品属性と密接に結びついているブランドの優位性，換言すればイメージやロイヤルティ等に関するその優位性がもっぱら製品属性に由来するブランドは，属性と運命をともにすることになる。つまりそのような場合には，競合企業との関係で製品属性が劣位に陥ると，とたんにブランドの優位性も失われるのである。製品の開発や改良で一度遅れを取ると，優位性が危うくなるということを考えると，そういうブランドの優位性は崩壊のリスクを常に秘めているといえるし，またそういう意味で極めて脆弱である。韓国，中国，台湾のメーカーとの関係で，この陥穽，落とし穴にはまった日本企業は少なくないと考えられる。

さらに述べるならば，「製品属性に執着するわな」（使用価値のわな）の背後に

は合理的な顧客の想定がある。すなわち「合理的モデルは，顧客が製品属性に関する情報を収集し，属性の相対的な重要度を反映するようにその情報を調整し，それから熟慮したうえで判断を下すということを示唆する」(Aaker, op cit., 75：前掲邦訳, 96)。しかし実際には顧客はそういう合理的プロセスで意思決定を行うとは限らない。むしろよりウェットで情緒的であるし，「その製品カテゴリーにおけるブランドに関する客観的な情報を探索したり処理したりしない（あるいはできない）」(op cit., 75-76：前掲邦訳, 96，（ ）内の補足はアーカーによる)。だからこそ第2章で述べたように，往々にして製品に関する評価や属性情報の解釈が他者に委ねられ，口コミに依存してブランド選択や購買意思決定が行われるのである。

　このような「製品属性に執着するわな」は，コトラー(2000)でもブランディングにおいて犯しやすい誤りとして指摘されている。彼はこれに関し次のように述べている。「ここで犯す誤りは，属性だけをプロモーションすることである。第1に，買い手はベネフィットほど属性には興味を持っていない。第2に，属性は簡単に競合他社に模倣されてしまう。第3に，現在の属性はやがて魅力を失っていく」(Kotler, 2000, 405：邦訳, 499)。

　このようなことから前述した経験価値の形成とこれを土台にしたブランド・ロイヤルティの構築が重要となる。製品属性に基づくブランドイメージやブランド・ロイヤルティが危険にさらされやすいのに対し，快い経験と良き思い出に基づくイメージおよびロイヤルティは，人の記憶を人為的にも完全にも消し去ることができない以上，堅固で持続性が強い。コモディティ化が進行するのに伴って属性ベースのブランド価値が低下する際，これに代わってブランドの価値を維持し高めるための具体的ソリューションを提供するのが経験による価値，経験価値なのである。

　そして本書の基本的なメッセージは前述したように，経験価値は製品の購入と使用・消費およびその前後以外すなわちオフマーケットでも形成できるし，またこれは製品そのものでなくブランドに関しても創造されうるというものである。このように考えることで，製品購入年齢にまだなっていない小学生や幼児をも他社に先んじてブランディングの対象とすることができるようになる。

換言すれば，この立場を取ることでユーザー年齢となる前の段階において他社よりも先行する形でブランドに関する価値を子供達に提供し，これに対してロイヤルティを形成できるようになる。この点については前節の最後でも述べた通りである。

（2）経験価値による脱コモディティ化とブランディング

くり返しになるが，企業が製品の価値を使用価値に限定して考えるのは危険である。使用価値，製品属性ばかりに目を向け，その独自性や優位性だけに固執すると，当該企業の製品はコモディティ化による負の影響を免れ得ない。近年収益性が低下した日本の製造業企業には，この陥穽にはまってしまった会社が多いように思われる。

機能や性能，素材やデザインといった製品そのものの属性で，コモディティ化による当該製品の価値低下を回避することには，前項でも述べたように限界がある。そのような価値低下回避と新たな価値創造の具体的処方箋を提供する1つのコンセプトが経験価値なのである。

機能・性能などの客観的基準で優れている製品というのは今日，市場にごく普通に出回っているし，また広告宣伝等によりブランドが記銘されていたりイメージが良いといった製品，第3節で取り上げたシグナル価値の高い製品というのも多数ある。これらが劣悪でよいというわけでは決してないし，重要でないというわけでもない。しかし今日ではこれらの長所は競争優位の十分条件ではなく，むしろ競争参加の前提条件に近い。また実際，消費者も客観的属性の優秀さやシグナル価値の高さを当たり前と思うようになっている。先行研究のことばを借りるならば，「今日の顧客は，機能的特性や便益，製品の品質，ブランドのポジティブなイメージを，当然なものととらえている」のである (Schmitt, 1999, 22：邦訳，44)。つまり買い手にとって客観的属性やシグナル価値が持つインパクトは小さくなってきており，余程のことがない限りこれらでは驚かない。

このようなことから現代では，製品に別の付加的ないしプラスアルファ的な価値が求められるし，またそのような価値が実は製品のコモディティ化による

負の影響，すなわち第1章で述べた泥沼的な価格競争による収益性の低下を回避する上で極めて重要となっているのである。その代表的なものが，ブランド，製品，当該製品の供給者（企業）との関連でいわば何かを感じる（feel），考える（think），行動する（act），集団や文化と関係を持ったりほかの個人とつながる（relate）というような経験である。つまり「顧客が求めているのは，自分達の感覚（sense）をときめかし，感情（heart）に触れ，精神（mind）を刺激する製品，コミュニケーション，マーケティング・キャンペーンなのである」（*ibid.*：前掲同所）。ここで示唆されているように，経験価値は感覚・感情・精神を刺激するいろいろなシチュエーションで形成され，そこにおいては顧客との何らかのコンタクトや触れ合いが大切な役割を担う。

このようにブランドと製品の経験価値形成においては製品の機能や性能，品質もさることながら，顧客側の意識や知覚，感情の作用がより重要となる。先にも述べたように機能や性能，品質が高い製品というのは今日ごく普通に出回っているし，買い手にとっては当たり前になっている。したがって顧客の合理的な認識力や理性的な判断力を前提に，あるいはこれらに期待して，物理的属性の高さをこういう認識力や判断力に訴求するのはあまり効果的ではない。むしろリアルな「場」における体験，直接的なコンタクトや触れ合いを伴う実体験を通じて，感情や感性，感覚に訴えるというアプローチが必要となっているのである。先にも触れたように，「経験価値は，感覚（sense），感情（heart），精神（mind）への刺激によって引き起こされる」のであり（*op cit.*, 25-26：前掲邦訳, 46-47），そしてこれは今日脱コモディティ化戦略の核になりうる。すなわちこれは「機能的な価値に取って代わる」（*op cit.*, 25-26：前掲邦訳, 47）といっても過言ではなく，そういう意味で本質的重要性を持つ。

また「経験価値は，製品やサービスそのものの価値だけではなく，実際に顧客がそれらを利用した経験によって得られる価値，すなわち満足や効用などを意味する」のであり，「それを使った時の快適さ，そして使い終わった後に残る感覚や感動の余韻など」も経験価値の源泉になりうる（橋本, 2010, 202）。さらには，製品の購入および使用・消費とは関係のない場面，例えば地域住民を招いての夏祭りや工場開放デーといったイベント，後に論じる企業ガーデンや

企業ミュージアム等の体験型施設で大きな当該価値が形成されうる。いずれにせよ、「心地よい経験の記憶が顧客にとっての価値となり、これらが経験価値に含まれる」こととなる（前掲同所）。

これまで何度か述べてきたように、消費者は冷静で客観的、合理的であるとは限らない。むしろ競争戦略論やマーケティング論の理論家が想定しているよりもずっとウェットで情緒的でありうる。「伝統的な顧客は理性的な価値を追求してきたが、今日の顧客はもっと刺激を受けたり、楽しんだり、教育されたり、チャレンジしたいと考えるようになっており、経験価値が受け入れられる土壌はできあがっている」（恩蔵, 2006, 21）という指摘もある。

さらにいえば、「現在は、消費者の多様化により、マス・マーケティングだけでブランドを構築するには困難な時代になってきた」のであり、企業のブランドイメージは「全ての顧客接点」で形成され、また「顧客体験を通じて構築されていく」（山口, 2010, 56）。したがって「販売のみにフォーカスを当てるのではなく、全ての顧客接点に着目する必要がある」（前掲同所）といえる。

以上のように経験価値はブランド、製品、メーカーとのいろいろな経験によって個々人に生まれるブランド、製品の心理的な価値であるが、メーカー（企業）から見ればこの創造はブランド・ロイヤルティの強化と「個人に彫り込まれた」消費の実現につながり、これらの面で重要性を持つということになる。すなわちこういった経験が第5章で述べたそのブランドの再認や再生を導いたり、また当該ブランドのイメージを高めたりし、ひいてはブランド・ロイヤルティの形成を促しうる。

ただしいつでもそのような果実・成果が得られるとは限らず、その経験のインパクトや内容によって当該効果は変わってくる。もしインパクトが強く、当人にとって好ましい思い出となる経験ならば、ブランドイメージの向上とブランド・ロイヤルティの形成に関する効果はプラスとなり、またこれが高まろう。先にブランド・ロイヤルティの形成を「促す」ではなく「促しうる」としたのはそのためである。

（3）「場」の重要性

　本章第3節で述べたシグナル価値の形成では種々の情報発信が不可欠であったが，経験価値の創出と付与においては何らかの「場」づくりとそこにおける触れ合いやホスピタリティ（おもてなし）が重要となる。そのような「場」として，例えば顧客同士が情報交換を行うコミュニティをインターネット上に設けるような施策も必要となろうが，より重要な取り組みとして，後に詳述するように企業パークと企業ガーデン，企業ミュージアム，特に自社製品を素材とした実体験を提供し，施設の名称にコーポレート・ブランドないし主力製品ブランドを冠する体験型かつ冠（かんむり）タイプの施設の設置が検討されなければならない。

　この体験型冠施設に関する議論に入る前に，日本企業で経験価値の形成に一定の成果を上げたそれ以外の例を紹介すると，山本（2005）はトップアスリートに対する支援と当該アスリート達と顧客との交流の「場」創設によって，新型車のファンづくりとブランド・ロイヤルティの確立に成功したケースを挙げている。具体的には，日産自動車はスポーツ用多目的車（SUV）である「エクストレイル（X-TRAIL）」を市場投入した際に，数種のスポーツにおけるトップアスリートにこれを使ってもらい「チーム・エクストレイル」として支援した。そうした上で，世界的なトップ・スノーボーダーを集める「X-TRAIL JAM in TOKYO DOME」や国際的なスノーボード選手権大会「NISSAN X-TRAIL NIPPON OPEN」，ウェイクボードの国際大会「NISSAN X-TRAIL CUP」を開催し，それらの中でチーム・エクストレイル所属のトップ・アスリートがエクストレイルについて語るのを聞いたり，アリーナに展示されているエクストレイルの実物に接したりする「場」として「Join the X-SESSION」を設けた[4]。

　このようなトップ・アスリートおよびエクストレイルに触れ合うという経験により，「アウトドア・スポーツ・フリークの間では，他社の車と価格や性能を比較したりせず，『X-TRAIL』を選択する」（山本, 2005, 154）という動きが形成された。つまりアウトドアスポーツ・イベントを開催し，またこれを通じてユーザーや潜在的顧客をエクストレイル使用のトップアスリートとエクストレイルそのものに向けてファンクラブ（メンバー）化することにより，この車

に経験価値を形成し，SUV市場で強固なポジションを築いたのである。

　先にも触れ，また第7節で論じるように，ブランディングと脱コモディティ化を推進するためには，誰でも気軽に入場可能な企業ガーデンや企業ミュージアム等の体験型施設を設けた上で広く消費者を呼び寄せ，自社のブランドと製品，活動や経営理念に関する認識を深化させたり親近感を抱かせたりするような取り組みが行われなければならない。そこでは家族や友人とともに訪れ実際に製品を動かしたり，試食したりするという経験を与えることが大切となる。こういう実体験に基づく強い記憶，楽しい思い出や感動こそが大きな経験価値を形成すると考えられるからである。

　ブランディングの観点では，特に施設の名称にコーポレート・ブランドもしくは主力製品ブランドを冠し，自社製品を素材とした試乗や試食などの実体験を提供する体験型施設の設置が検討されなければならない。大規模なイベントやスポーツの大会で名称に企業名が付いているものを冠(かんむり)イベント，冠大会と呼ぶのにならえば，このような施設は体験型冠(かんむり)施設と呼べるだろう。

　本章第4節で述べたように，フェラーリ社の車フェラーリは購買と使用における経験価値が大きい製品であるが，そのフェラーリ社でさえも運営は別会社ながら体験型施設の「フェラーリ・ワールド」をアラブ首長国連邦（UAE）内のアブダビ首長国にプロデュースし，スペインのバルセロナ郊外にも「フェラーリランド」を建設している。前者における人気アミューズメントは，フェラーリで疾走した時に匹敵するスピード（時速240キロ）を体感できるジェットコースターである。

　そしてそういう経験価値を形成する空間としての体験型施設では，そこでの記憶が好ましいものとなる触れ合い，楽しい思い出ができる「おもてなし」が重要となる。というのは，何らかの「場」を設けても，その「場」において来場者に不快な思いをさせれば，その企業のブランド，製品に関する当該個人の経験価値はゼロどころかマイナスにさえなりかねないからである。この点については第8節と第9節であらためて取り上げる。

6．体験型ブランディングの意義

（1）体験による価値提供

　経験の本質をあらためて本書なりに明確にするならば，本書では見聞したり，行為したりすること，またこれらの結果として情緒的変化が内部に生ずることを広く経験ととらえる。これには行為やその他の身体的なもの，感覚的なもの，感情や心理的なものが広く含まれ，経験ということばはこれらを広汎に意味する。我々は生活している限り常に何らかの経験をしているのであり，結局のところ経験は生活することとほぼ同義であるということになる。

　これに対し，本書でいう「体験」は「体をもって経験する」ということである。つまりそこには自分の体を動かすという要素が必要で，身体的な動作が必ず伴わなければならない。実際，じっとしている時に何かが目に入ったとか聞こえたという場合の表現としては経験の方がふさわしく，体験ということばはあまり使われないであろう。ちなみに「体感」といった場合には，「体をもって感じる」ということになる。こういう体験や体感により形成されるブランドと製品の心理的な価値も体験価値・体感価値ではなく経験価値と呼ぶが，以下で述べるように体験と体感こそが大きな当該価値を生むと考えられる。

　すなわちインターネット上で議論やチャットに参加したり，遠く離れた場所のストリートビューを見るといったサイバースペースにいる時間ないし疑似的経験が増えると，「身をもって経験する」という「体験」や「実際に体で感ずる」という「体感」が大きなインパクトを持つようになる。映画をビデオ・オン・デマンド（ケーブルテレビ）により自宅で見る比率が上昇するにつれ映画館に行く回数は減少する一方，実際に映画館に行った時の記憶や思い出はその分鮮烈となる。

　特にいわゆる「最寄品」と「買回り品」のうち，「買回り品」は買い回ってこそ満足感が高くなる。それが実際に歩き回ってのことならば，なおさらである。例えばインターネットショッピングで洋服を購入する機会が増えれば，同じネット上での買い物であってもあちこちのサイトを探し回った，オークショ

ンサイトで競り落としたという場合の方が，通販サイトに1回だけアクセスして発注した場合よりも，その洋服に対する経験価値は大きくなると考えられる。さらに繁華街やファッションビルを自分の足で実際に歩き，あちこちの店舗を見て回って買った服の方が，事後的に気に入った際の思い入れや満足感，気に入らなかった場合の落胆や不満は一層大きくなるであろう。世の中が便利になり，その場にいながら体を動かさなくともいろいろなことができるようになると，外出して動き回ったという経験のインパクトが大きくなり，記憶として残りやすくなるのである。

　大学を例に取るならば，今日，大学に関する情報は各種ガイドブックやインターネットで入手可能であり，講義の動画像さえネット上で閲覧できることもある。しかしそういったサイバースペースでの疑似体験と，実際にオープンキャンパスに行って特別講義を受講し，キャンパスツアーに参加して自分の足で歩いて見て回るというのでは，心理的なインパクト，その後の判断や行動への影響度が違うであろう。すなわち後者は当人にとっては人生においてそう何度もあるような経験ではない。こういう得がたい経験，経験価値の大きい実体験が大学選択・志願のより強い動機付けとなると考えられる。

　工場や各種ミュージアムにも内部の映像をインターネット上で提供する「バーチャル見学」等のサービスを行っている所があるが，それにより生まれる経験価値は実際に訪問して動き回った時に比べて格段に小さく，ブランディングの効果もあまり期待できない。工場やミュージアムに実際に足を運んでもらうこと，そして実体験や体感をしてもらうことが重要なのである。

（2）体験型ブランディングの目的と重要性

　本書でいう体験型ブランディングの目的は，こういう実体験を提供することでブランド，製品に大きな経験価値を付与し，ひいてはブランド・ロイヤルティの形成と前章で述べた「個人に彫り込まれた」消費を実現することにある。そして体験型施設すなわち企業パークと企業ガーデン，企業ミュージアムがその重要な舞台となる。ここでブランディングとはまさにブランドという焼印ないし刻印を個々人の内面に与えることであるが，現実的にはブランドの浸

透度を向上させ，ブランド・ロイヤルティを形成・強化し，ブランドの価値を高める，あるいはブランドを確立するということである。またこのことば（branding）本来の語義には「感銘を与える」という意味があるが，これもここでいうブランディングの目的となる。

広告宣伝では広く浅くブランド認知を行き渡らせることはできても，ブランド・ロイヤルティの構築と「個人に彫り込まれた」消費の実現，ロイヤル・カスタマーの形成と口コミの刺激を行うことは難しい。広い範囲への訴求に関する広告宣伝の効果と意義を否定するわけではないが，このような個々人の深い内面への働きかけということに関しては体験型ブランディングの方が圧倒的に有効なのである。

裏を返せば，体験型ブランディングにおいては広範囲，つまりより多数の人にということが意識されなければならない。ブランディングは「広く」かつ「深く」を念頭に取り組まれなければならないが，体験型ブランディングは個々人における内面的深耕に特に大きな効力を持つという意味で，どちらかといえば「深く」に向いている。したがってなるべく多くの人に来訪してもらい，どれくらい「広く」ブランディングを実践できるか，どれくらい広い範囲にその効果を行き渡らせられるかが成功の1つのポイントとなる。このようなことから，そこでは舞台ないし「場」となる企業ガーデンや企業ミュージアム等の体験型施設に関する口コミ形成が重要となる。

第2章でも述べたように，口コミの発信動機には，商品との関連でなされた経験に伴う興奮の発露，他者を正しい意思決定に導きたいという配慮，面白いことや発見した秘密を他者に伝えたいという伝達や暴露の欲求，特別な関心を持っており他者にその商品のことを話すのが楽しみ，沈黙が続いている時の気まずさを解消するための話題提供というものがある。

特に注目されるのは興奮の発露で，これも第2章で紹介したように口コミの実証研究に早期に取り組んだディヒター（1966）によれば，口コミの発信動機としてはこれが最も高い割合を占める。製品（あるいはサービス）に関わる経験は，製品の使用それ自体や日常的生活では解消されないある種の緊張（tension）を時として生む。それは他者との関係において会話や推奨，不満の吐露によっ

て軽減されなければならない。そうすることで精神の安定，心理的な均衡が維持される（Dichter, 1966, 148）。自分にとって素晴らしい，あるいはひどい製品やサービスを使った際の経験は，ある種の精神的エネルギーを高めることになるが，この高まったエネルギーは他者への口コミによって発散ないし解放されるのである。いわば感情のほとばしりとしての口コミである。企業ガーデンや企業ミュージアム等の体験型施設で楽しい経験を与えられれば，その個人におけるブランディングに作用するのに加え，こういった動機，すなわちその施設ないし設置主体（企業），展示製品のことを「他の人に話さずにはいられない」という口コミ発信のきっかけを提供することにもなる。

ただし体験型施設への来場とそこにおける体験により刺激される口コミには，ここで述べたように施設自体をテーマにしたものとその企業および製品に関するものがある。そして施設自体に関する口コミについては，施設名にコーポレート・ブランドあるいは自社の代表的製品ブランドが入っている場合とこれが入っていない場合とでブランディング上の効果は異なる。

例えば近未来の自動車を展示している自動車メーカーA社の施設があったとしよう。これがA社の設置・運営している「未来自動車アリーナ」である場合と「A社未来アリーナ」ではブランディング効果の現れ方に相違がある。

ブランドが施設名称に入っていない前者，A社が設置・運営している「未来自動車アリーナ」といった施設の場合，A社に関する言及があるとは限らず，これがない限り口コミを聞いた人にブランディング効果が生ずるためにはその人も後日実際にその施設に来場しなければならない。このように往々にして口コミの相手については来場した時点でブランディングの効果がはじめて発現するという意味で，その効果は間接的である。しかしいずれにせよ長期的に見れば，これも施設への来場者増大を通じてブランディングに作用することになるから，こういう場合の口コミが無意味というわけではないのはもちろんである。第3章で論じたパブリシティにも同様のことがいえる。

施設名にコーポレート・ブランドあるいは自社の代表的製品ブランドが入っている体験型施設，本書でいう体験冠（かんむり）施設の場合，施設に関する口コミとパブリシティであっても，それが行われる度，結局はブランドが語られること

になるため，口コミの時点ですぐにブランディングの効果を持つことになる。口コミで「A社未来アリーナはおもしろい」と話題になる都度，「A社」というコーポレート・ブランドが登場し，話し手と聞き手双方においてそれが意識付けられるのである。

次章以降で紹介する施設を例にとると「ノリタケの森」，「ヤンマーミュージアム」，「東芝未来科学館」，「カワサキワールド」に関する口コミが発信された際には，コーポレート・ブランドである「ノリタケ」，「ヤンマー」，「東芝」，「カワサキ」も口にされ，これが話し手と聞き手の内部において意識に働きかけることになる。また「かんてんぱぱガーデン」，「白い恋人パーク」，「カップヌードルミュージアム」と口にされた場合には，その度に伊那食品工業，石屋製菓，日清食品の主力製品ブランド名が連呼され聴覚に訴求されているのである。ネット口コミの場合はこれが視覚への訴求となる。

企業による体験型施設の設置・運営には次世代育成等の社会貢献的な意義もあるが，これが持つブランディングに関する効力と有効性は以上のことより非常に大きい。体験型施設のうち，特に施設名にコーポレート・ブランドないし主力製品ブランドを冠し，自社製品の試乗や試食といった体験を与える冠施設はブランドの認知度向上およびイメージアップ，これに対するロイヤルティ形成を推し進めうる大きなパワーと効果を有するのである。これについては次節であらためて論ずる。

7．体験型施設の本質・意義・形態

(1) エデュテインメントを伴うブランディング

一般に体験型施設といった際に思い浮かべられがちなのは，スリル感あふれるゲーム機が並んでいるようなアミューズメント施設，農村や古代人の暮らしを気軽に味わえるといった生活体験施設であろう。企業の体験型施設における体験にはアミューズメント性の強いものもあるが，そのほかに機器類の操作や運転，試食や試着，イベントへの参加，大型スクリーンでの動画観賞，工作や料理等，種々のものがこれに含まれる。そしてこれらの中には体験を通じた学

習，体験学習の要素を有するものが少なくない。端的にいえば，企業の体験型施設における「体験」にはエデュケーション（教育）とエンターテインメント（娯楽）の複合，すなわちエデュテインメントの側面がある。

　企業が設置・運営し，こういう体験を提供する常設の空間が本書のいう体験型施設である。そしてこれには屋外空間を主としたパーク・ガーデン型と建造物内に設置されたミュージアム型がある。厳密にいえば，前者は「パーク・ガーデンタイプの体験型施設」ということになるが，これまで何度かそうしたようにこれは「企業パーク」，「企業ガーデン」とも呼べるだろう。同様に後者は正確にいえば「ミュージアムタイプの体験型施設」であるが，これも何度か使った「企業ミュージアム」という呼称で簡単に呼ぶこともできる[5]。

　このうちパーク・ガーデン型すなわち企業パークと企業ガーデンは，広い面積の屋外空間を持ち，散策など屋外環境を楽しむ要素を伴うことをその特徴とする。後者のミュージアム型すなわち企業ミュージアムは直訳すると企業の博物館であるが，本書では「ミュージアム」とカタカナ表記している場合は体験型の施設をさす。実際には名称に「ミュージアム」の6文字が付されている施設の中にも体験の要素が少なく展示中心のものが見られるが，こういう施設はたとえ名称に「ミュージアム」とあっても本書では漢字表記の「企業博物館」と位置づけられる。ミュージアムタイプの体験型施設，企業ミュージアムの場合，来場者に対する体験提供は基本的に屋内で行われる。

　先にも触れたように，体験型施設における体験には学習，「学び」の要素がある。すなわち種々の実体験を提供しながら自社の製品，経営理念や沿革，事業分野と事業活動の内容，環境対策への取り組み等に関する知識や情報が伝達される。来場者はその企業がどういう組織であるか，組織としてどのような理念を持って常日頃どういうことに取り組んでいるかを学び，またこれと併せてものづくり一般についても体験学習する。そして施設で行われていることを目にしたり体験したりし，展示されている製品に試乗したりパネルを読んだりして当該企業について知識を深め，内部の雰囲気やそこにいるスタッフの振る舞いからその企業の本質を肌で感じ取る。事業概要や沿革を理解できない子供にも，地元に「恩返し」ないし奉仕するという意識が強いとか，子供達の育成に

まじめに取り組んでいるといったことがこの過程で微妙に伝わるであろう。ましてや大人ならば「良き企業市民」としての責務を果たしているとか，社会的責任の遂行や社会貢献に積極的であるということが理解されうる。そしてその企業がどういう組織なのかということに関する体験学習で得られた認識や理解がブランドイメージの向上に作用し，さらにはブランド・ロイヤルティの土台となることも多い。

すなわち第5章でも紹介したように，アーカー (1996) によればブランド・ロイヤルティの形成は製品あるいはこれに関する広告宣伝および使用経験によるとは限らず，「環境への配慮や意義のあるチャリティの後援，そのコミュニティにおける関心と関与，さらには彼らの従業員に対する待遇を含む様々な方法」で，端的にいえば「善良な企業市民であることを証明」することでも行われうる (Aaker, 1996, 118-119；邦訳, 150)。パーク・ガーデン型とミュージアム型を問わず体験型施設は，自社がそのような「善良な（良き）企業市民」であることを説明し，アピールするための有力な「場」となりうるのである。

仮に次世代育成等の社会的責任の遂行，地元への利益還元，地域社会の活性化に対する貢献が施設の主たる目的であっても，それがこういうようにブランディングに機能するに越したことはないし，営利組織である企業は企業ガーデンや企業ミュージアム等に関し当然そういう効果を意識しなければならない。また本気で社会貢献や地域社会の活性化に取り組めば，ブランディング効果がおのずと生まれるはずである。

そういうブランディング効果が前節でも言及したように，体験型施設に関する口コミやパブリシティによってもたらされることも多い。広告宣伝と異なり，こういった体験型施設の設置・運用やこれに関するパブリシティ，来場者を起点にした口コミに企業経営への現実的効果を期待するのは邪道という考え方もあるが，「費用や時間をかける以上，企業として見返りを求めるのは当然である」(丸山, 1981, 119)。

先のアーカー (1996) はまた「正しいことを行っている企業」，「信用できる組織」であることの重要性，およびそれを認識してもらうことの大切さについても触れ，これを次のように説いている。「『信用』できる組織が訴求すること

は，信頼され，また信じられるであろう。信用できると見られている組織は，顧客とのコミュニケーションや取引において，誠実であり，頼りになり，消費者ニーズに敏感であると認識されるだろう」(Aaker, 1996, 133；邦訳, 169)。つまりこういう組織は販売や取引においても支持されるのである。

　性能等の物理的属性ないし使用価値に関する優位性，およびこれに基づくロイヤルティは本章第5節で述べたように危険にさらされやすいし，洗練された広告宣伝も製品への関心を引いたりブランドの認知度を向上させたりする上では効果があるものの，持続的なロイヤルティの形成に関しては効力が疑問視される。ブランド・ロイヤルティの形成に関しては，むしろ自社がどういう組織であるかということを見て触れて体験しながら学習してもらった方が効果的なのである。その時の体験が快くてインパクトがあり，組織のイメージ，組織連想が良いものとなれば持続的なロイヤルティと競争優位基盤の形成につながる。「組織は特定の製品ラインよりも，通常，持続性があり複雑で永続的である」から，「組織連想は企業の持続的競争優位の重要な源泉となり得るのである」(*op cit.*, 136；前掲邦訳, 172)。

　このように，企業ガーデンや企業ミュージアム等の体験型施設を有効に活用すればブランド・ロイヤルティを構築・強化し，より積極的に自社の製品を支持するという意識，自社ブランドの製品を強く選好する心理を形成することができる。売上や利益に関する効果が目に見える形で，かつ短期間のうちに現れやすいのは広告宣伝である。それに比べて，こういう体験型施設における活動は短期的な費用と効果の関係，コストパフォーマンスが不明瞭である。特に子供を対象にした体験学習の提供はこの関係がはっきりせず把握しにくいし，そもそもそういう活動にコストパフォーマンスといった概念を適用することも難しい。

　このため企業ではどうしても広告宣伝に意識が向き，販売促進手段としてこれが重視されがちである。また投資や支出をなるべく合理的に行いたいという意識が働くのは営利組織としてはある意味で当然であるので，費用対効果がわかりやすく，有効性の分析と今後における継続の適否や拡大・縮小の妥当性を判断しやすい活動にどうしても予算の配分を厚くしてしまう。

しかし長期的な視点に立てば、体験型施設における思い出づくりとブランド、製品への経験価値の付与は企業の存続と成長に不可欠であり、これへの投資は欠かせない。家族や友人と一緒に動かして遊んだり、試食したりした際の楽しい思い出、そして楽しかったから度々思い起こされるという記憶、すなわちくり返し想起される好ましい体験により形成された大きな経験価値が、その企業を応援したいという心理、ひいては積極的に当該企業の製品を選ぶという行動に結びつくからである（図表6-1）。さらにそういった記憶や思い出は容易には消え去らない以上、応援したいという心理やその企業の製品を意識的に選ぶという行動も持続的となり、「個人に彫り込まれた」消費の実現につながる。

図表6-1　体験型ブランディングの意義

経験価値の提供
⬇
ブランド・ロイヤルティの形成
⬇
「彫り込まれた」消費の実現

そして経験価値提供の対象として子供はむしろ重要であり、そのような子供を対象にした経験提供に関して企業パークと企業ガーデン、企業ミュージアムは優位性を持っている。PR誌やカタログ、インターネットのホームページ、CSRレポート等はビジネスパースンや消費者といった大人に対するブランディングには効果を持っていても、こういうものを見ても理解できないか、そもそもこういったものに触れる機会がほとんどない幼児・小学生のブランディングには効力がない。また自社製品の種類が自動車や建設機械といったように、子供には現物の運転・操作ができないものである場合、将来ユーザーとなる可能性を秘めていても、日々の生活や業務における使用経験を通じてブランド・ロイヤルティを高めるということもできない。企業ガーデンや企業ミュー

ジアム等の体験型施設は幼少期から自社ブランドを心に植え付けられる，ないし印象付けられるという大きな利点を持っている。

実際，体を動かす実体験は子供にとってインパクトがあるし，講習会やセミナーにおける「座学」よりも体で経験したり感じたりしたことの方が子供には受け入れられやすく，また心に残りやすい。したがって子供達に対するブランディングに関して大きな力，高い有効性を体験型施設は持っているのである。「三つ子の魂百までも」ということばがあるように，子供の時に父親ないし母親，祖父母といっしょに歩き回った，展示機器を動かしてみて楽しかったという思い出は大人になっても残り続ける。そして幼少期の思い出は購買年齢になった際にその個人の行動を規定する。したがって企業パークと企業ガーデン，企業ミュージアムという体験型施設における幼年層を対象としたブランディングは，未来においても自社が存続できるように布石を打っておくということにほかならない。いわば20年後，30年後を見据えての種まきと見なせる。

また子供や孫がシミュレーターや模型を動かして喜んでいるのを見た親や祖父母の内部でも当該ブランドに対する経験価値が形成される。言い換えれば，子供や孫が喜んだという経験は現役世代，つまりその時点で購買年齢層である親や祖父母のブランディングにも機能する。体験型施設は将来の購買層，現在の購買層の両方に関して大きなブランディング効果が期待できるのである。

以上のことを踏まえると，体験型施設でやるべきことは創業記念館や歴史資料館で行っているとか，販売促進に関しては広告宣伝をやっているから体験型施設は不要であるという考えは大きな誤りである。体験型施設はブランディングに関して独自の機能と意義を有するし，それは広告宣伝や記念館・資料館に比べてむしろ大きいと考えられるのである。

（2）体験型冠施設の機能・要件と分類

前述したように，体験型施設の設置と運営には次世代育成等の社会貢献的な意義もあるが，忘れてはならないのはこれが持つブランディング機能である。また前者の次世代育成，社会貢献にも結果的にブランディングにつながるという効果があって構わないし，営利組織である以上，企業にとってそういう効果

をねらうのはある意味で当然である。特に体験型施設のうち施設名にコーポレート・ブランドもしくは主力製品ブランドを冠し，自社製品を試乗や試食など体験の素材にしている施設にはブランドの認知度向上とこれに対するロイヤルティ形成の大きな効果が期待できる。このような体験型施設が本書のいう体験型冠(かんむり)施設である。

　逆にいえば社会的責任，いわゆるCSR（Corporate Social Responsibility）の遂行だけでなくブランディングに関する効果もねらうならば，施設の名称にはコーポレート・ブランドもしくは主力製品ブランドを冠する必要があり，また自社製品に関する実体験を提供しなければならない。次章以降で紹介する「かんてんぱぱガーデン」，「ノリタケの森」，「白い恋人パーク」，「ヤンマーミュージアム」，「東芝未来科学館」，「カワサキワールド」，「カップヌードルミュージアム」にその典型を見ることができる。前節で述べたように，こうすることで口コミの際にコーポレート・ブランドないし主力製品ブランドが口にされたり書かれたりし，発信側と受け手側の双方で意識付けられることにもなる。

　例えば「ノリタケの森」，「ヤンマーミュージアム」，「東芝未来科学館」，「カワサキワールド」に関する話題は不可避的にコーポレート・ブランドのネームコーリング（称呼）につながる。つまり「今日のお昼はノリタケの森で」，「ヤンマーミュージアム，行ってみた？」，「東芝の科学館に寄っていこう」，「カワサキワールドでオートバイのイベントがあるみたい」という会話がなされた際には施設名が語られると同時に，それぞれ「ノリタケ」，「ヤンマー」，「東芝」，「カワサキ」というコーポレート・ブランドが口にされ，話し手と聞き手双方の聴覚と意識に訴えるのである。訴求される知覚が聴覚ではなく視覚となるが，こういった効果はネット上の口コミにおいても発現する。

　また「かんてんぱぱガーデン」，「白い恋人パーク」，「カップヌードルミュージアム」に関する会話では，伊那食品工業，石屋製菓，日清食品の主力製品ブランド名が登場し，当該ブランドの記銘，刷り込みが行われることになる。加えて，「かんてんぱぱ」とガーデン，「白い恋人」とパーク，「カップヌードル」とミュージアムという取り合わせ（組合せ）は普段あまり耳にされないので，それ自体に面白さと新鮮な響きがある。ある意味で意表をついていて，何度聞

いても「あれっ」というような違和感がある。それは「スーパーマン」，「ウルトラマン」にはないある種のインパクトを「アンパンマン」というネーミングが持っているのと似ている。そういうネーミングにおける非日常的組合せは心に残りやすく，当該ブランドの再認，再生につながる。

　自社ブランドを冠していても実体験を付与する性格が弱いもの，すなわち来場者がみずから体を動かす要素が少ない施設，例えば創業記念館や歴史資料館は体験型冠施設には該当しない。また体験型施設であっても，自社ブランドを冠しておらず，自社製品を実体験のプラットフォームとして利用していない施設もこれに該当しない。テーマパーク，アミューズメント施設としては成功していても，自社ブランドと自社製品を前面に出していないならば，それはブランディングや社会貢献のために設置しているというよりも，多角化戦略の一環として，あるいはサイドビジネスとして営業していると見なす必要がある。

　なお物理的な形態に関していえば，体験型施設一般にパーク・ガーデンタイプとミュージアムタイプがあることから，半ば必然的に体験型冠施設にもこの二形態があることになる。前者は屋外空間が大きな役割を果たすもので，広い面積の緑地や庭園等を散策するなど屋外環境を楽しむ要素が備わっていることをその特徴とする。後者は建造物内に設置されているもので，こちらの場合，基本的に来場者の回遊は屋内で行われる。例えば次章以降で取り上げる施設のうち「かんてんぱぱガーデン」，「ノリタケの森」，「白い恋人パーク」はパーク・ガーデンタイプの体験型冠施設，「ヤンマーミュージアム」，「東芝未来科学館」，「カワサキワールド」，「カップヌードルミュージアム」はミュージアムタイプの体験型冠施設に分類される。

（3） 創業記念館・歴史資料館との相違

　ところでミュージアムタイプの体験型施設すなわち企業ミュージアムと似たものに創業記念館，歴史資料館がある。これらでは当該企業の歴史上大きな意義があるか，社会的に見てエポックメイキングな製品等を主体に展示がなされ，来場者の体験は基本的に「眺める」ことに限定される。一般的に「手を触れないでください」等の注意書きが掲示されて展示物には触ることができな

い。あるいは展示物がガラスの向こう側にあったり，フェンスやロープ等が設置され，一定以上離れて見ることが求められていたりすることが多い。体験型ではなく展示型の企業博物館にもこの形態が多い。これに対して，企業ミュージアムでは稼動可能な製品の実物，シミュレーター，近未来のコンセプトモデルやプロトタイプ，その他の機器類がオープンアクセス・フリータッチの状態で置かれ，それに触れることはもちろんのこと，運転席に座ってハンドルやレバーを操作したり，当該製品・機器類を動かしたりといった体験が提供される。

　こういった創業記念館と歴史資料館の設置と運用には，ブランディングの役割と効果が期待される体験型冠施設と異なり，自社の原点や強みを見つめ直したり，アイデンティティを強化したりすることに関して大きな意義がある。会社の歴史を整理してこれを客観的に振り返り，原点に立ち返って強みを再確認することは企業を存続させ成長させる上で重要であるし，そういう自社の歴史と優位性に関する学習は社員の統合強化や誇りの形成にも寄与するだろう。後述するように来場するのは原則として社員つまり内部の人間で，来場者自身も自分の会社に誇りを感じたいと思っていることが多い。また入社し勤め続けていることの判断の正しさや妥当性を今一度確認したい等，いろいろな意味で創業者の偉大さや自社の「すごさ」に関する展示内容を受け入れる心理的な準備ができているのが普通である[6]。

　しかし社外の人がそういう施設を訪れると，創業者の偉大さや会社の素晴らしさを強調する展示内容にうんざりしたり不満を持ったりし，逆効果になることもありうる。そういう展示内容である場合，将来的に協力関係が生まれる可能性のある有力企業の経営者や幹部を含め，社外の来場者があった場合にその共感を呼ぶことも難しい。特に企業を成長させるためには未来志向が大切だと思っている他企業の関係者は心理的に「ひいてしまう」から，そういうパートナーシップの成立にマイナスに作用し，有望な提携関係や取引の可能性を排除してしまうことになりかねない。

　したがってこのような創業記念館と歴史資料館に関しては，受け入れを社員や定年退職者等に限定するのがむしろ適当で，実際，多くの企業ではそういう

形で運用がなされている。閉鎖的だと見られるリスクを回避するために，資料収集を目的とした研究者や学生，事前に申請のあった人は例外的に入場を認めるといった措置は講ずる必要があるかもしれないが，この種の施設は社外の人には見せない方がよいという判断は成り立ちうるし，あながちその判断が誤りともいえない。原則的に入場を自社関係者に限定するという運用には，むしろ合理性があると見なせる[7]。

　ところがブランディングの機能を持ち，来場するのは基本的に社外の人という企業ミュージアム等の場合，自社について知ってもらう上で創業者の紹介は不可欠であるものの，あまりに創業者の経営理念や生い立ちに展示の力点を置きすぎると設置や運用の趣旨と矛盾することになりかねない。展示内容が著しくバランスを欠き，創業者に関するものに偏っていると，来場者をうんざりさせその心をつかめない危険性がある。

　すなわち創業者に関する過剰な展示や説明は来場者を退屈させ，ブランディングに関して逆効果になりうる。功をなし名を遂げた経営者は往々にして自分の出自と生い立ちを飾り立て，若い頃の経験を誇張気味に語り，創業時の苦労を美化しどのような危機に直面しどう乗り越えたかを体裁よく残したがる。しかしこういったことは1つ間違えれば，外部の人に「美談と自慢話ばかりで鼻に付く」と受け留められかねない。したがって企業としてのアイデンティティ強化に主眼がある社内向け施設，前述した創業記念館や歴史資料館と異なり，ブランディングに関し大きな役割が期待される企業ミュージアム等では，創業者に関連するコンテンツはある程度抑制しなければならない。

　このように企業ミュージアム等の体験型施設と創業記念館・歴史資料館では担いうる役割，期待される効果はまったく異なるのであり，設置と運用ではその相違が認識されなければならない。したがって後者を開設済みであるから前者は不要ということにもならない。「うちは本社の隣接地に創業記念館があるから，体験型施設はいらない」という論理は必ずしも成り立たないのである。

（4）集合型施設ブースとの相違

　近年は複数の企業がブースを設けて就業体験等を提供する集合型の施設も増

第6章 経験価値による脱コモディティ化

えている。このような集合型体験施設へのブース設置にも経験価値提供とブランディングの効果はあるが，その効果は当該施設と分け合うことになる。例えば仮に「少年少女しごと館」といった施設があった場合に，これにA社が出展し，そこにおける体験が楽しかったとしても，来場者が「少年少女しごと館は楽しい」と「A社の体験コーナーは楽しい」のどちらの感想を抱くかはわからない。つまり「少年少女しごと館」と「A社」のどちらに満足してそのブランドが記銘されるのかはケース・バイ・ケースで，そういう意味でそこにおけるブランディング効果には不確実性がある。

　逆に施設全体としての運営のまずさとこれに対する来場者の不満が，ブースとして入っているA社のイメージを損ないかねないというリスクもある。例えばA社ブースまでたどり着くのに苦労したという経験は，施設全体の入り組んだ構造のせいであっても，A社に対するイメージダウンや反感につながってしまう。不快な思いをした原因が，施設の不便な立地，全体の複雑な構造やよくきかない空調，わかりにくい館内掲示板やフロアマップ，総合受付にいるスタッフの無愛想な応対にあったとしても，その施設との関連でA社の名前が頭に残れば，A社に対する印象まで悪くなってしまうのである。

　また来場者が不満に思った場合，A社には集合施設側の責任であり店子である自分達は悪くないという「逃げ道」，大家側に責任を転嫁する手段ないし言い訳の可能性が残されており，ブランディングに関する取り組みが「あまく」なる可能性がある。実際，スペースを間借りしている立場のA社が前述の事柄，例えば総合受付にいるスタッフの接客態度に目配りする余裕はないし，通常これを指導する権限と責任もない。このようなことから，集合型施設への出展においてはほかの期待効果，例えば単独で企業ミュージアムを建設して運営する場合に比べて投資が少額で済む，有力な他企業のブースと同じ施設内に入ることで誘客力が増す，他社ブースと競争したり切磋琢磨したりする過程で意欲や運営能力が向上するといったことが意識されなければならない。

　一方，単独で設置・運営する体験型冠施設の場合，パーク・ガーデン型にしてもミュージアム型にしてもブランディング効果は自社に関してだけ発現する。ただし運営が拙劣な場合のそのマイナス効果と責任も，自社だけで負うこ

とになる。したがって冠施設の場合は運営に良い意味での緊張感が生ずるし，またこれが強く求められる。後に述べるホスピタリティ（おもてなし）も格段に重要となる。大きなブランディング効果が期待できる一方，失敗した際のマイナスも大きいという意味で，運営は「真剣勝負」となるのである。集合型体験施設におけるブースの場合に緊張感や真剣さは不要というわけではもちろんないが，冠施設の場合はブランディング効果がどのようになるかに関して自己責任の性格が圧倒的に強いといえる。

8．体験型冠施設の運用における要点

　前節の第2項でも述べたように，本書でいう体験型冠施設は施設名に自社のコーポレート・ブランドあるいは主力製品ブランドを冠した上で自社製品を通じた実体験を付与する常設のスペースで，これはブランディングに関して大きな効力を発揮しうる。すなわちこれは実体験を伴い企業と製品に関する知識や情報を提供し，ブランドの浸透度を高めてこれに対するロイヤルティを形成し「個人に彫り込まれた」消費を実現する機能を備えた，バーチャルな空間（サイバースペース）と区別されるリアルな空間ないし「場」である。典型的には，こういう条件を備えた企業パークと企業ガーデン，企業ミュージアムがこれに当たる。

　前節で述べたように，こういう体験型冠施設には学びの要素もあり，そこではものづくり一般のほかに自社の経営理念や沿革，事業分野や事業活動の内容が紹介される。こういった自社に関する知識や情報は会社説明会あるいは各種のフェア，展示会，工場開放デーでも提供可能であるが，そこに行けば常にあるというように常設され，ブランディング推進の機能が備わっているところに体験型冠施設の特徴がある（図表6－2）。

図表6－2　体験型冠施設が持つ3つの要素

> 体験＝実際に歩き回ったり，見たり聞いたり，動かしたり食べたりする
> 冠　＝名称に自社ブランドが含まれる
> 施設＝常設されたリアルな空間

　顧客側から見れば，現地に実際に行った上で，歩き回ったり，見たり聞いたり，動かしたり，食べたりしながら，そういう知識や情報を得ることになる。歩いたり，見聞したり，動かしたり，食べたりという体験は同時に，その個人に当該企業のブランド，製品に関する大きな経験価値を形成することになる。

　そしてなるべく多数の人に対してブランディングを進めるためには，このような体験型冠施設は気軽に入場できるものでなければならない。つまりブランディングは「より広く」，「より深く」の両方の観点で進められなければならないが，体験型冠施設によるブランディングは後者すなわち「より深く」に関して大きなパワーを持つものの，そこでは前者すなわち「より広く」が課題となる。したがってこの種の施設はブランディングの観点では入場・入館に関して，予約や特別な手続きは不要，所定の休館（休業）日以外は原則として毎日開館（営業）という形式にすべきで，実際，第7章と第8章で紹介する7つの施設はそういう形になっている。こういう受け入れ形式にすることの意義は以下のように考察される。

　まず事前の予約なし，特別な手続きなしに容易に入場・入館できるようにすることについては，こうすることにより訪問に関する心理的なハードルが低くなり，来場者数や来場頻度が増大する。また一人ではなく複数で訪れて回遊する確率が増し，同伴者と体験が共有されることになる。そして家族とともに訪れて製品を動かしてみた，仲の良い友達と一緒に散策して試食したという体験が形成され，これが当該企業のブランド，製品に対する経験価値をより大きなものとする。そういう記憶は一般的にどの個人にとっても楽しい思い出であり，したがってくり返し思い起こされる回想風景となるからである。このようにくり返し想起される好ましい体験は当該個人に対し大きな経験価値を形成するのである。

一方，事前予約や難しい手続きが必要ということになると，訪問に関してある種の「気構え」が必要になる。また予約後は来週の金曜日に予約を入れたから訪問しなければならないという義務感，スケジュール上拘束されているという感覚が生まれる。このため予約が必要という形にすると，これが障害になり来場者数は伸びないし，家族や友人と気軽に訪問できる施設とはなりにくい。そうではなく「天気が良かったら，明日行ってみようか」とか，その日に突然「暇つぶしに散歩がてら行こうか」という軽い気持ちで訪問してもらって構わないというポリシー，そのような気軽な感覚の来場者も歓迎するという姿勢でなければならない。

　また家族連れでの来訪を促すために，原則として土曜・日曜・祝日もオープンしていなければならない。体験型冠施設の1つの強みは，PR誌やカタログ，インターネットのホームページを見ても理解できないか，そもそもこういったものを見る機会がほとんどないという幼年層，また自社製品を操作・運転できないような幼児・小学生に対してブランディングを進められるということである。そのようなことから，こういう低年齢の子供が親や祖父母と一緒に来場できるようにする必要がある。平日のみの営業・開館ということになると，学校行事での来場はあるにしても，子供に対するブランディングという役割に制限が課されることになる。

　さらに平日のみに開いている施設というのは学校，会社，役所，病院で，どちらかというと「堅い」イメージがある。それに対し土日・祝日もオープンにすることにより遊園地，テーマパーク，動物園と同類の「楽しい」場所というイメージをかもし出すことが可能となる。

　このようなことからも，なおさら体験型冠施設はパーク・ガーデン型とミュージアム型を問わず，予約なしで入場可能で，土日・祝日も開館（営業）という形にするのが望ましい。体験型冠施設には自社の活動や経営理念，事業内容をオープンにするという意義がある以上，運営や受け入れ態勢も閉鎖的であってはならず，これもオープンでなければならないのである。

　このような予約なしでまったく問題なし，土日・祝日もオープンという態勢が来訪に対する心理的なハードルを下げ，また先にも言及したように家族や友

人を伴っての来場比率を高める。これにより結果的に来場者数が増大し，また経験価値も大きくなって口コミが促進され，ブランディングの効果が大きくなる。入場に予約や複雑な手続きが必要で，しかも受け入れは平日だけという形にすると来場者が減り，それが施設の魅力を低めてさらに来場者を減らすという悪循環に陥る。

　事前予約や特別な手続きなしで入場可能，土日・祝日でも開館（営業）しているということのほかに，ブランディングの「場」として機能している施設，次章以降で取り上げる「かんてんぱぱガーデン」，「ノリタケの森」，「白い恋人パーク」，「ヤンマーミュージアム」，「東芝未来科学館」，「カワサキワールド」，「カップヌードルミュージアム」には以下の共通点が見られる。換言すれば，ブランディング効果を高める上で重要となる体験型冠施設の運用ポイントを整理すると次のようになろう。

　第一に，これらの施設は多数の人が来訪しやすいように，いずれも交通の便がよく，アクセスが楽な所にある。すなわち立地しているのはターミナル駅前のいわゆる一等地，横浜や神戸といった旅行先として人気のある都市の繁華街ないしデートスポットといえるようなエリアである。あるいは本社の敷地内か隣接地，そこで会社がスタートしたという創業の地，たとえていうならばその会社にとって本家・本丸に当たるような場所である。そしていずれの場合も「独り勝ち」を図るのではなく，周囲の他施設と協力して立地する地区全体のさらなる魅力向上に貢献したいという意識が強く，マネジャークラスの人にヒアリングしているとこの意欲が伝わってくる。

　第二に，これらの施設はいずれも整備と運営に多額の資金がかけられている。第一の共通点として述べたように，立地場所は駅前の一等地や横浜・神戸等の人気スポットであるから，高い地価ないし賃料を負担している。建物は本格的なつくり（構造）で，念入りな内装が施されており，アミューズメントと展示の内容も豊富である。施設によっては伝統を感じさせる重厚な建造物内に設置されているものもあるが，貧弱で老朽化が目立つ建物というのは見られない。パーク・ガーデン型における花壇や芝生，植栽を含め建物内外の手入れも行き届き，展示物のメンテナンスもきめ細かく行われていることが伝わってく

る。したがって故障中の機器・装置も皆無である。

　運営は常勤のスタッフと，施設により親会社を定年退職して社会貢献のために説明係等を務める意識の高いボランティアを伴って行われている。人数的にも十分なスタッフが動員・配置され，また役割分担も明確になされている。いわば本業の「片手間」ではなく，ヒト・モノ・カネを惜しまずに投入するというように「本気」で投資が行われ，また運営が行われている。

　第三に，ブランディングに関する大きなパワーを持っているのとは裏腹に，これらの施設はいずれも宣伝色が弱く，例えば展示製品やその他の自社製品のカタログやプライスリストを見せたり手渡したりするといったこともしていない。むしろそこで行われていることは社会貢献や社会的責任（CSR）遂行の色合いが強い。つまり広告宣伝よりも体験学習と次世代育成，そして来場者に楽しさ，癒しと安らぎ，満足感を与えることに運営の力点が置かれている。より具体的に述べると「カワサキワールド」，「東芝未来科学館」，「カップヌードルミュージアム」については，思考ゲーム的なものも含めゲーム感覚の展示や機器類，シミュレーターが多数置かれておりエンターテインメント性，アミューズメント色が強い。これらの三施設はいずれも「楽しく体験しながら学ぶ」という趣旨のコンセプトを掲げ，それが実践されている。「かんてんぱぱガーデン」，「ノリタケの森」，「白い恋人パーク」については楽しむという要素，娯楽性は弱いが，芸術や文化に触れつつ緑の多い園地を自由に散策でき癒しや安らぎを得られるという別の特長がある。「ヤンマーミュージアム」は基本的にはアミューズメント色が強いものの，一部に癒しと安らぎ提供の要素がある。このような特長に加えて，7つの施設ではきめの細かい触れ合いとホスピタリティの実践が見られる。いずれにせよ広告宣伝のにおいが濃厚である展示や運営はブランドの浸透度向上，ブランド・ロイヤルティの確立という点では逆効果だということが示唆されている。

　一方，他企業の多くの施設では「楽しく体験してもらう」あるいは「癒し，安らぎを与える」という要素がないか，これが極めて弱い。東京や名古屋，大阪には床面積的に大規模な企業博物館や創業記念館，広報・PR施設がいくつもあるが，ほとんどはパネル展示や自社の沿革紹介に力点が置かれており，

「楽しさ」ないし「癒し」（安らぎ）という点では見劣りする。

　第四に，これらの施設では活発な口コミやパブリシティにより，施設の存在と立地，特長に関する情報が自然な形で広まっている。一部の施設は広告宣伝も積極的に行っているが，基本的にはこれらの施設は口コミとパブリシティによってそれぞれの地域で観光スポット化することに成功している。

　第五に，施設内の回遊における自由度が高い。「順路」が一応設定されている施設もあるが，ほとんど機能していないように見受けられる。すなわち興味深かったアトラクションや展示スペースへ戻るために逆方向へ歩いても何もいわれないか，これが大目に見てもらえる雰囲気がある。この点はガーデンやミュージアムというよりも遊園地やテーマパークの感覚に近い。どのフロアないしどのゾーンに時間をかけ，どのフロア（ゾーン）を素通りするのかは来場者任せで，多くは自由気ままに施設内を歩いている。来場者がいわば自分達で主体的かつ臨機応変に独自の体験や見学のコース，プログラムを無意識のうちに組んでおり，それを施設側が邪魔しない形になっている。

　第六に，「かんてんぱぱガーデン」，「東芝未来科学館」以外の五施設は入場に際し料金の支払いを必要とするか，あるいは料金支払いの必要な有料施設を持つ。卑見ではこの種の施設で1,000円以上の入場料を取るのは問題なしとしないが，数百円ならば許容範囲であると思われる。むしろ少額でも入場料を取った方が，これから特別な空間に足を踏み入れるという「わくわく」感を来場者に与えられるので，有料の方がよいのではないだろうか。ただし「かんてんぱぱガーデン」と「東芝未来科学館」については入場無料の現在の態勢にある種の合理性がある[8]。

　第七に，どの施設も清潔感が漂う。これはトイレも含めてである。たとえエンターテインメント性やアミューズメント機能，癒しやおもてなしの面で優れていても，展示物がほこりにまみれていたり，床にタバコの吸殻や紙くずが落ちていると，優れた要素が台無しになる。清潔を保つというのは簡単なようであるが，トイレを含めて施設内のあらゆる場所でそうするためにはスタッフが常に細心の注意を払わなければならない。そういう精神的エネルギーも含めて実は多大なコストを伴う。しかしこれは来場者の思い出を良いもの，楽しいも

のにする上で不可欠である。

　第八に，前章で重要性を強調したオープンさ，オープンネスを意識するならば，施設内部でのスマートフォンやカメラでの撮影を自由とする方が適切である。また楽しかったという思い出，うれしかったという記憶を鮮明な状態で後々まで残し，施設に対する好印象とコーポレート・ブランドに対する良いイメージを長期的に持続させるためには，むしろ撮影を推奨する方が望ましい。さらに撮影した写真，録画した画像のインターネット上サイトへの投稿により，施設とブランドに対する口コミが促進されるという効果もある。もちろんこうした効果は，次節で述べるホスピタリティ（おもてなし）の実行が前提となる。

　実際，7つの施設では，こうした撮影が基本的に自由である。施設によっては「よろしかったら，お撮りしましょうか」とシャッター押しをスタッフが買って出る所もある。7施設以外で訪問した体験型施設の中には館内撮影禁止という所があったが，率直なところ「大した機器も置いていないのに」という思いを抱く場合もあった。この点については施設特有の事情もあるのだろうが，来場者に「もったいぶっている」と思わせると逆効果である。

　最後に，7つの施設はすべて遠くからでも「あれか」とわかるような固有の外観と雰囲気，端的にいえば際立った「個性」を持っている。言い換えれば，目に入った瞬間それと認識できる物理的形状（デザイン）を持ち，また独特の空気に包まれている[9]。

　個人により受ける印象には相違があるかもしれないが，いってみればそういう7施設独特の空間と空気の中に，それぞれやはり特有の楽しさや安らぎ，学びの要素が備わっているという感がある。これは第三，第五の考察との関連で注意を要する特徴である。すなわちこれらの施設は仮にエンターテインメント性，アミューズメント色が強いものであっても，娯楽施設や遊園地そのものではない。エンターテインメント性，アミューズメント色が重要としても，これが行き過ぎるとブランディングの機能は果たせないことがわかる。

9．経験価値を高めるホスピタリティ

（1）おもてなしと日本の組織

　これまで何度か言及したように，企業ガーデンや企業ミュージアム等の体験型施設でブランドと製品に関する大きなプラスの経験価値を来場者に付与するためには，その記憶が好ましいものとなるコミュニケーションや応対，楽しい思い出ができるホスピタリティ，いわゆる「おもてなし」が重要となる。ハードすなわち物理的空間があれば何らかの実体験は生まれるが，それがブランディングにつながるポジティブでかつ高いレベルの経験価値となるためには，ソフトとしてのホスピタリティが必要なのである。

　換言すれば，ブランド，製品の経験価値を高めるためには「場」づくりに加え，思いやりを持って来場者を迎え入れ，真心を持って触れ合い，感動や良き思い出を提供することが意識されなければならない。ホスピタリティ・マネジメントに関して優れている，言い換えれば「おもてなしの心」を備えている日本の組織はこのような活動において有利な位置にあるともいえる。

　より具体的には，日本では古来より「おもてなし」の文化，これを重視する価値観や伝統が受け継がれ醸成されてきた。先行研究によれば，このように日本で「おもてなし」の文化が継承され育まれることとなったのは，武家社会で発展した文化と慣習，特に茶道によるところが大きい。

　すなわち茶道はおもてなしの美学として成立し発展してきたのであり，「一期一会の『おもてなし』『作法』は，茶道の神髄と言える」（武田，2013，25）。現代でも和室の様式に影響が色濃く残っている書院造は茶室と関係深く，その茶室はもともとは「日本式の茶道に従って行う茶事の主催者（亭主）がお客様をお招きし，『おもてなし』を行うために作られた施設である」（前掲同所，（　）内の補足は武田による）。日本人の多くは書院造・茶室の様式を備えた和室，いわばおもてなしを行うための空間を有する家屋で生まれ育ってきたといえる。体験型施設もパーク・ガーデン型，ミュージアム型を問わず企業における大規模なおもてなし空間としてある種の茶室的機能を持ちうるし，またそういう機能

を果たさなければいけないといえるだろう。

　こういうおもてなしで重要なのは，ノウハウやスキルもさることながら，携わる者各人の意識である。そして日本企業の現場スタッフ，ビジネスパースンは心がけ次第で顧客，来訪者に対して，おもてなしによる経験価値の形成と提供を十分行いうると考えられる。これは体験型施設に関しても当てはまる。例えば展示されている製品の説明を担当するスタッフ全員がそういう意識を持って来場者に応対すれば，製品の機能や性能を超えた大きな経験価値が当該製品，ブランドに形成されることになる。

（２）ホスピタリティとサービス

　ホスピタリティ，おもてなしの関連概念にはサービスがある。両者を比較することによってホスピタリティ（おもてなし）の特質が顕著となる。

　例えば服部（1996）は「言葉とは，人間が考えを相互に伝達し合うためのコミュニケーションを歴史的に発達させてきた成果であるが，その派生や語源には言葉の内包する微妙な感覚や意義を示す手がかりが隠されている」（服部，1996, 36）とし，サービスとホスピタリティという言葉の語源と成立過程に関する研究を行っている。ホスピタリティ（hospitality）の語源はラテン語のホスペス（hospes）で，これは「客人の保護者」を表し，あわせて「主催者，来客，外国人，異人」等も意味した。それに対してサービス（service）の語源は「奴隷の，使役権のある」を意味するラテン語の形容詞セルバス（servus）である。

　このような語源に照らし合わせてみると，ホスピタリティには「互いに足りないところを補って完全なものにする相互補完関係」が含まれている（前掲書，37）。また「ゲストとホストの間には，ホスピタリティによって相互に喜びや感動をもたらす動機が自然に発生する相乗効果が起こり，そこにホストであるもてなす側の心づくしの技術が加わり，心技一体となることが要求される」（前掲書，39）。

　一方，サービスにおいては，「客が主人で提供者が従者という一時的主従関係が成立する」（前掲書，37）。また「『サービス』における顧客と提供者の関係では，客の欲求を提供者が迅速でムダなく解消するように努める合理主義が基

盤となる」(前掲書, 39)。意識もさることながら, 技術やスキルがそこでは重要となるのである。

　サービスの場合その見返りは通常サービス・チャージまたは奉仕料という金銭となるように経済的な等価価値交換の側面が強いが, ホスピタリティでは「大いに満足し, 喜び, その喜びを得たいがために再び繰り返しそれを求める反復効果 (リピート・イフェクト) が生まれる」(前掲書, 40, ( ) 内の補足は服部による)。つまりホスピタリティはリピーターの獲得につながり, その効果はリピーター比率の増大となって現れるのである。

　一方, 武田 (2013) によれば, ホスピタリティは本質的にはビジネスが目的で行うものではないが, 近年はビジネスに貢献するという性格が徐々に強くなってきている。換言すれば, 「目的はビジネスではないが, 往々にしてビジネス社会でのホスピタリティは結果として, ビジネスを優位に導いている」(武田, 2013, 60)。

　しかしあくまで「ホスピタリティは商品ではない」し, また「何らかの見返りや利益を求める行為ではない」(前掲書, 61)。それは各人の自発的意思に基づき, いわば自分の自然意思により行われるものである。「この瞬間に, この場面で, この人にだけ, 自分一人で, 独自に」という要素が強く, 「ところ変わって相手が変わり, 状況も異なっているために, パターン化したり, ルール化したり, システム化を図ることが非常に難しい」(前掲書, 60)。

　そして「ホスピタリティをもたらす人も, 相手の人もともに感激, 感動, 情動, 幸せ感を共有することがある」(前掲同所)。つまりサービスよりも心と心の触れ合いという性格が強いため, 満足感や喜び, 幸福感, 心地よさといった心理的効果がホスピタリティを受ける側だけでなく, 提供側にも現れることがある。

　それに対してサービスはある種の商行為, いわば業務の一環であって, 「その瞬間は無料であっても, それは近い将来には何らかの利益が伴うことを期待して行う行為を意味している」(前掲書, 62)。また「ホスピタリティとは異なり, 『いつでも, どこでも, 誰にでも, 同様に, 限定的に』提供するのが主旨である」(前掲同所)。

このようにホスピタリティはサービスと異なり，見返りを期待せずにその瞬間の状況と相手に対応して行うもので，そこではパターンやルールの確立と取得よりも臨機応変さや真心が重要となる。前項で述べたように，ホスピタリティ（おもてなし）の意識やマナーが日本で茶道と密接に関係しながら継承され醸成されてきたのは，そのような瞬間的な真心という特性と茶道の持つ「一期一会」の精神に相通ずるところが大きかったためであろう。

　企業ガーデンや企業ミュージアム等の体験型施設はブランディングの観点で来場者に感動を与え，自社のブランドと製品に大きな経験価値を形成する必要がある一方，そこでサービス料が徴収されるわけではない。そのようなことを考えると，体験型施設にふさわしい，もしくは必要とされるのはホスピタリティ，おもてなしである。つまり適切な言葉づかいや接客スキルを身につけることもさることながら，設置している機器類や自社製品に関する深い知識と思い入れを持つスタッフが「一期一会」の精神で来場者におもてなしをすることが重要となる。パターン化された「通り一遍」の説明を受けるよりも，たとえ物腰や言葉づかいが洗練されていなくとも深い知識と自社製品への愛着を秘めたスタッフと心の通った会話をした方が，来場者の思い出は心地良いものとなるからである。

　この点で参考になりそうなのは，連続上演されている演劇における役者・俳優の演技である。例えば劇団四季や宝塚歌劇団には「CATS」，「ライオンキング」（以上，劇団四季），「ベルサイユのばら」（宝塚歌劇団）のように何千回もくり返し上演されたミュージカルがある[10]。そのような連続公演が実現しているのは出演者が同じセリフと動きであっても毎回情感豊かに語り，時には軽妙でユーモラスなアドリブを入れ，真心を込めて演技をしているからであろう。つまりひとたび演技がルーティンワーク（マンネリ）化すると客の足が遠のき来場者が途絶えてしまうから，そういうロングラン公演が成り立ち興行的にも大成功を収めているのは出演者全員の間で一期一会の精神が共有されているからだと考えられる。出演者にとっては毎回同じことのくり返しであっても，来場した客にとってミュージカルを見るのはそう滅多にあることではないし，人によっては一生に一度の機会かもしれない。こういうことを出演者全員が理解

し，それが演技に現れているのであろう。このようなことを考えると，これらのミュージカルは通算公演回数が数千回を数えていても，同一演劇の「連続上演」ではないという見方もできる。

　企業パークと企業ガーデン，企業ミュージアムに関しても同様のことがいえる。一期一会の精神によるホスピタリティ（おもてなし）がその施設のロングラン，持続的発展につながる。実際，次章以降で取り上げる7つの施設でも，様態に多少相違はあるがそういうホスピタリティの実践が認められる。

（3）ホスピタリティと精神性

　佐々木・徳江（2009）はホスピタリティの主要要素として精神・思想とソーシャル・キャピタルの2つを挙げている。前者の精神・思想は言い換えれば「『相手のことを思いやる』といった『気持ち』」をさし，この発揮に際して対価の支払いが行われないのはこういった精神・思想は「市場で取引するのは難しい」し，スペックを事前に規定したりすることも困難だからであると指摘している（佐々木・徳江，2009，5）。後者のソーシャル・キャピタル（SC）については「特定の目的のために参加する人々の間での『信頼』を基軸として，相互の個人能力を認め合いながら連携する社会的関係性」を意味し，「その利用により人々に互恵的な利益もしくは便益がもたらされる」としている（前掲論文，9）。つまり端的にいえば，これは相手への信頼とその能力の尊重をベースにした助け合いの関係，金銭を媒介としない互助的関係をさす。

　この精神・思想とソーシャル・キャピタルはいわばホスピタリティにおけるソフトとハードの関係にあるが，両者は「非常に親和性が高い」（前掲論文，11）。例えば大規模な高級リゾート施設が近隣にあっても，家族ぐるみや地域ぐるみで宿泊者をもてなす農家民宿と古民家宿泊には根強い人気があるし，むしろ前者で宿泊者が激減する不況期でもさほど影響を受けないという底堅さが後者にはある。そしてそのような底堅さはある種の経験価値の大きさに由来している。

　具体的には，そういう民家に宿泊し周辺の道を歩いているとほかの家に宿泊している客であっても，住民から気軽に声をかけてもらえる。そして農家民宿

では「農作業に興味がなければ，景観や空気だけでも癒されるというツーリストは日がな景色を眺めていればよく，野山を駆け回る子供たちにとっても居心地の良い環境が提供されている」し，古民家宿泊では「古来からの農村の風情を堪能できる」というところが宿泊者の高い満足度につながっている（前掲論文，11-12）。こういった農家民宿と古民家宿泊の強み，そこにおける大きな経験価値は，ホスピタリティ的な精神・思想とソーシャル・キャピタルの融合により創出されていると見ることができる。

一方，大島（2012）によれば，ホスピタリティの本質はおもてなしという精神的なものだからそのレベルや質を測定したり評価したりすることはできないと簡単に考えてしまうのは不適切で，業界にもよるがなるべく社内におけるその現状の客観的な把握に努める必要があるという。すなわち「ホスピタリティは心の問題だけでなく，顧客満足度が即商品価値となる小売業，外食産業，宿泊業，サービス業においては，その品質が定量的に検証された上に成立するものである」（大島，2012，37）と主張した上で，同研究はそういうホスピタリティの定量（客観）的検証において参考となるサービスないしサービス・クオリティの評価項目（要素）群を2つ紹介している。

1つのリストは，「①人的要素：接客サービス，つまり顧客との接点における全従業員の資質，能力，態度，行動など，②物的要素：施設，設備，器具，服装，食材，(材質，鮮度，味，色，柄など)，③環境要素：サービスの提供される『場』である施設内外の環境，雰囲気（美観，景観，清潔感），④総合評価：以上の要素を総合判断したうえで満足度，好感度，快適性，改善点など」というものである（前掲論文，38，( ) 内の補足はいずれも大島による）。

もう1つの項目群は，「①物的要素（Tangibles）：施設，設備，従業員の容姿等サービスに関わるものが期待されるサービスにふさわしい品質であるか。②信頼性（Reliability）：任せておいてもコミット（約束）したサービスを完全に提供できる能力，③反応性（Responsiveness）：快く自発的に迅速に顧客の手助け，サービスを提供，④保証性（Assurance）：従業員の知識技能や礼儀の確実性と，顧客の信頼に応えられる能力，⑤共感性（Empathy）：顧客の問題を共有して一緒に解決しようとする姿勢をもつ」というものである（前掲同所，( ) 内の補足

第6章　経験価値による脱コモディティ化　◎── 191

はいずれも大島による）。

　もっともホスピタリティの本質が，「『もてなし』の精神という理解が間違いというわけではない」とも述べている（前掲同所）。要するに，そこにおける基本的メッセージは「ホスピタリティの理解が精神面だけに偏るのは問題がある」というものである（前掲論文, 39）。

【注】
1) 平山（2007）が指摘しているようにこのことは非常に重要な問題であり，「経験価値」と「経験」，あるいは「経験価値マーケティング」と「経験マーケティング」では「かなりの印象度の違いが受け手に伝わってくる」（平山, 2007, 94）。本書が対象とするのはブランドないし製品，そのメーカーにまつわる何らかの経験によって生ずる当該ブランド，当該製品に関する価値，経験価値である。
2) 接客や食事内容等にその個人が不満を抱ければ，経験価値上マイナスになるリスクもそこにはある。
3) 先のモニター宿泊の例と同様，販売員の応対がまずければ負の経験価値が生ずることもありうる。
4) ウェイクボードはモーターボート等に曳航されながらボードで滑走する水上スポーツである。
5) ここにおけるように，表記としてパーク・ガーデン型をパーク・ガーデンタイプ，ミュージアム型をミュージアムタイプとすることがある。なおパーク・ガーデン型のパークとガーデンの相違は，前者の方が後者よりも面積が比較的広いということであるが，境界・区分は明確には設けられない。そのため本書では，設置主体の企業がパークと称している場合は企業パークとし，ガーデンという呼称を用いている場合は企業ガーデンとする。
6) ただし創業記念館や歴史資料館の設置と運用により，過去の栄光にしがみつくような心理が形成されるのは避けなければならない。
7) 近年急成長し，世界的な情報通信機器メーカーへと飛躍した中国企業ファーウェイの任正非CEO（当時）は，日本の大手電機メーカーが設置している創業記念館に訪問した際，創業者の偉大さを讃える展示内容が多すぎてうんざりしたといわれている。白石（2014）はこれを次のように報告している。「ある日本の電機大手の創業記念館を訪問した任は，創業者の経営理念をたたえる展示内容にうんざりし，『経営とは未来を語るものであって，あまり過去に頼ってはいけない』とつぶやいたという。それから10年余り。日本の電機メーカーとファーウェイの業績には，埋めがたいほどの開きが生まれた。過去にとらわれ

ない任の経営姿勢が変化の激しい通信市場で勝ち得たことに，実は何の不思議もなかったのかもしれない」(白石，2014, 56)。

8)「かんてんぱぱガーデン」については本社やR&Dセンターが敷地内にあることから入場料の徴収は難しく，また水汲み場が近隣の住民に喜ばれていることなどを考えると，「どうぞご自由にお入りください」という現在の態勢がむしろ適切であろう。また「東芝未来科学館」も，社会貢献として工作実験教室を原則的に毎週実施している関係上，料金の徴収が難しい。加えて，住宅地に近接した駅前のショッピングゾーン内にあり，買い物帰りに子供にせがまれてちょっと立ち寄るという来場者を多数取り込めていることを考えると，無料での受け入れ態勢が有効に機能しているといえる。

9) 具体的には，あくまで個人的な印象であるが，「かんてんぱぱガーデン」は手入れの行き届いた緑が広大な敷地にあふれ，また爽やかな風が吹く芝生と四季折々の表情を見せる花壇，時間がゆっくり流れているかのような静寂に覆われている。植物園を思わせる手入れのいき届いた豊かな緑がそこに存在するということは，同ガーデンにアクセスする広域農道を車で走っていると，たとえ看板や標識を見なくとも認識できる。「ノリタケの森」は名古屋市という大都会の中心部に，周囲とは異質の特殊なスペース，オアシス的な空間を形成している。そこには文化と気品があり，印象派の絵を思わせる光景が広がる。「白い恋人パーク」はメルヘンの世界，たとえていうならばヨーロッパの古典童話に出てくるかのようなお菓子の王国といった雰囲気が形成されている。このコンセプトは隣接する本社社屋，事務棟の外壁にも貫かれている。そして「カワサキワールド」にはものづくりに関する理念を根気よく伝えようとしているような生真面目さが感じられる一方，派手さや華美さをあえて排除し，若いカップルのデートコースにはなりにくい重厚感がある。一言でいえば，質実剛健という言葉がぴったり合う博物館的な建物の重々しさと館内の落ち着きがそこにはある。「ヤンマーミュージアム」は正面に広く水盤を配した独特の外観と内部の洗練された雰囲気，おしゃれな実物大のおもちゃ箱といったムードがある。この美術館と遜色ない斬新な建物のつくりはかなり遠くからでも視認できる。一方，「東芝未来科学館」は日本の家電業界をリードしてきたという誇りと技術力の高さに対する自負，時代の最先端をいく先進性と未来感覚に包まれている。建物自体も竣工後，数年しか経っておらず新しい。「カップヌードルミュージアム」は建物についても展示についても，すべてに関し一ひねり二ひねりが効いていて一筋縄(単純)ではいかない印象と大学の学園祭的なにぎやかさがある。外観も頭を使いながら各面の色を合わせるパズル型の玩具，ルービック・キューブを思わせる。

10)「ライオンキング」は上演回数が1万回を超えている。同ミュージカルでは，東京外の公演において，せりふにその土地の方言を取り入れる等の工夫がなされている。

第7章
企業パークおよび企業ガーデンとブランディング

1．伊那食品工業「かんてんぱぱガーデン」

(1) 会社概況とブランディング

　伊那食品工業株式会社（以下，伊那食品工業）は1958年に設立され，長野県伊那市西春近5074に本社を置く食品メーカーである。事業領域は家庭用食品および業務用食材とこれらの関連分野で，そのほぼすべてが寒天を活用している。すなわち同社のコア・コンピタンスは寒天に関する大量生産技術と製品開発力である。同社はこれを土台に48期連続で増収増益を達成し，業務用寒天では8割のシェアを握るリーディング・カンパニーのポジションを築き維持している。このように同社の事業活動および製品は寒天抜きには語れない[1]。

　寒天は海藻であるテングサ（天草），オゴノリの粘質物を凍結・乾燥させたもので，日本古来の伝統食品である。従来は製菓材料としての使用が多かったが，食物繊維が豊富でカロリーゼロであること，また便通の改善やコレステロール値の低下，動脈硬化・糖尿病の予防等に効能があることから，近年は健康によい食品あるいはダイエット食品として注目されている。

　従来の手工業的な寒天作りは後継者が年々減少し，また生産量や品質が天候など環境に左右されやすいという問題を抱えていたが，同社は大量生産技術を確立してこれを近代工業化し，高品質な寒天製品を安定的に供給する道を開いたのである。より具体的には，会社が設立された1958年に業務用粉末寒天の製造が開始され，1964年には家庭用寒天「かんてんクック」および粉末食品の製造が始められた（伊那食品工業，2011，25）。

　カテゴリー・ブランド（ファミリー・ブランド）としては，業務用寒天に「伊那寒天」，業務用ゲル化剤に「イナゲル」，家庭用製品に「かんてんぱぱ」，業

務用食材に「イナショク」，ファインケミカル分野に「アガロース」を使用している。さらに「かんてんぱぱ」には「カップゼリー80℃（エイティーシー）」，「ババロリア」，「バナナブリュレの素」，「とろけるプリン」，「ぷち寒天麺」，「寒天ドリンク・ゼリータイプ」，「ぱぱドレッシング」等のプロダクト・ブランドがある。

　これらのブランド展開の土台には高い製品開発力がある。すなわち同社は研究開発部門に社員の1割以上を配属し，保有特許も60を超えており，見方によっては研究開発型の企業であるといってもよい。「自らの手で用途を開拓することによって，寒天の新しい市場を創造できる」，「毎期毎期，着実に利益を出し，新たな研究開発に再投資して，次の成長の糧にする」という立場を一貫して取り続け，「実際，同社は絶え間ない研究開発で寒天のフロンティアを拡大してきた」のである（日本経済新聞・長野版，2008年10月1日）。

　拡大したフロンティアは食品の領域にとどまらず，化粧品や医薬の分野にも及ぶ。例えば化粧品の分野では，肌に「うるおい」感や「みずみずしさ」を与える効能がある寒天由来成分の抽出に成功し，ファンデーション用としてこれを化粧品メーカーに販売している。医薬に関しては，水分を吸収すると膨張するという寒天の特性を応用し，薬品の成分を体内に行き渡らせる時間を短縮する錠剤配合用の寒天粉末を開発・生産し，医薬品メーカーに供給している。前述したファインケミカル分野の「アガロース」も細菌検査や細菌培養の培地，DNA鑑定に使われている。

　ブランディングに関して特徴的なのは，良好な企業イメージを地道に築き上げることの重要性がトップマネジャーに強く認識され，消費者や地域住民とのコミュニケーションおよび地元への利益還元や企業の社会的責任，いわゆるCSRの遂行に積極的に取り組まれていることである。このコミュニケーションとCSR関連の取り組みについては後に詳しく述べるが，同規模の他企業に比べて積極性と組織的な広がりに関して際立っている。次項で取り上げるガーデンタイプの体験型冠（かんむり）施設「かんてんぱぱガーデン」にも，このようなブランディングと企業イメージ向上，消費者とのコミュニケーションや地元への奉仕という意識が反映されている。

　良好な企業イメージの形成について具体的に述べるならば，社員の満足度向

第7章　企業パークおよび企業ガーデンとブランディング　◎――195

上がその大前提になると考えられ，これを土台ないし動力とした長期的なイメージ構築が図られている。同社のトップマネジャーはこの点に関して次のように語っている。「いくらすぐれた製品をつくっていても，イメージの悪い企業から買おうとは思わないでしょう。イメージアップと言っても，ただテレビコマーシャルをつくって流せばいいということではありません。もちろん効果的な宣伝活動も行ないますが，それ以上に社員を大切に育てることが重要です。熱意があって好感度が高く，しかも能力の高い社員を育成すれば，それだけで会社のイメージは自然によくなっていきます」（塚越，2014，25）。

　この企業イメージに関する目標としては「いい会社」が掲げられている。そして社是の中で，「いい会社」とはどういう会社かが定義されている。具体的には次のとおりである。「『いい会社』とは，単に経営上の数字が良いというわけでなく，会社をとりまく総ての人々が，日常会話の中で『いい会社だね』と言ってくださるような会社のことです。『いい会社』は自分たちを含め，総ての人々をハッピーにします。そこに，『いい会社』をつくる真の意味があるのです」（同社「社是」より）。換言すれば，「いい会社」の本質は「心優しく，何事にも一生懸命で，正直」というもので，これに対して「良い会社」は「売上高や利益率，時価総額など，単に数字がよいだけの会社」をさすとされている（塚越，2012，151）。

　一般的に，無理のある規模拡大や甘い需要予測による過剰生産は，結局のところ経営を圧迫することになる。同社においてこれを戒めていると思われることばに「年輪経営」がある。これは「大木が年輪を刻むようにゆっくりと成長していく」ことをさし，「つくりすぎず，売りすぎず，安売りもせず，解雇もせず，日々やりがいを感じながら」という状態のもとで会社が成長していくことを意味している（塚越，2014，26）。これと密接に関係するのは「急成長は善ではない」，「無理をしない。つくり過ぎない」という経営哲学で，同社ではこの独自の哲学が長年にわたり保持されている。

　賞味期限と品質管理が経営管理上の重要なファクターで，在庫の適正化が特に強く求められる食品メーカーにとって，この「年輪経営」というコンセプトは経営の有効性向上に関して合理的で，また親和性が高いといえる。

参考までに述べると，売上の急拡大や会社の急成長を図るならば販売に社外の流通小売網を活用した方が有利である可能性もあるが，同社はこのような年輪経営の考え方に立って販売も自社直営店と自社通販で行っている。フランチャイズ方式の店舗も開設されていない。こういった販売体制には品質管理に関する主体性と主導権を自社側で確保し続けるという意義もあると考えられる。

同社は創業以来，一度も業績低迷を理由とした人員の整理・解雇，リストラを行ったことがない。これはこのような年輪経営の成果であるといえるが，先に言及した従業員満足度の向上に寄与しているといえる。また年功序列，終身雇用という日本における伝統的な雇用慣行をあえて堅持し，成果主義を取らず，減点主義ではなく「努力の度合いに応じて評価，抜てきはする。しかし落とすことはしない」という加点主義を取っている。これも高い従業員満足度の要因となっていると考えられる。すなわち「会社都合による人員削減はしない，年功序列を基本として努力を評価する—といった創業以来の人事方針が『安心』『安定』という社内風土を醸成し，社員のモチベーション向上につながっている」(日本経済新聞・長野版，2008 年 10 月 1 日)。

本書なりの見方を示すならば，このような経営理念としての年輪経営，人事方針・施策としての伝統的な雇用慣行が従業員満足度の向上に寄与し，それが本社・工場・支店という空間（舞台）で日々の業務遂行に反映され，その質を高めて，顧客満足度の向上に作用している（図表 7 − 1 (A)）。一方，次項で述べるように，同社のブランディングではガーデンタイプの体験型冠施設，かんてんぱぱガーデンが重要な役割を果たしている。つまり同ガーデン自体が持つ快適さ，癒し効果がそういう顧客満足度の高い業務遂行と相乗的に機能してブランド・ロイヤルティ（忠誠心）の強い顧客，ロイヤル・カスタマーの形成に機能していると考えられる。このロイヤル・カスタマーの形成は，同社では「ファンづくり」と呼ばれ，戦略的に重視されている（塚越，2009，126-127）。

ここで注意を要するのは，かんてんぱぱガーデンの管理と整備が後に述べるように，同社では従業員自身によって行われているということである。このため，従業員の満足度向上はその管理と整備への熱意，作業の質向上を通じて，

同ガーデンの魅力アップ，ブランディング機能強化にもつながることになる（図表7－1（B））。そしてロイヤル・カスタマー，ファンの多い企業に勤めているという誇りが従業員満足度を高めるというフィードバック効果がそこにはあると思われる（図表7－1（C））。

図表7－1　伊那食品工業のファンづくりプロセス

```
                              かんてんぱぱガーデン
年輪経営（理念）      (B) ↗           ↓
              ↘                      
              高い従業員満足度 ─→ 高い顧客満足度 ─→ ファンづくり
              ↗                (A)
伝統的雇用慣行         ↑                          │
                      └──────────(C)─────────────┘
```

※本書（筆者）による考察・作成。

　前述したように従業員満足度の高さが会社経営の有効性を向上させ，企業イメージアップの土台となるという信念があるため，同社は福利厚生等の充実に力を入れている。より具体的には，「社員の安全と健康を守り，幸せを感じられる仕組みを整えることで，常にだれもが喜びを感じながら前向きに努力する組織ができあがる」（塚越，2014，26）という立場から，会社が全額負担した上で全社員をがん保険に加入させているし，東京等の支店は災害等の緊急時における避難のしやすさを大前提に立地を選定している。またほとんどの費用を会社が負担した上で，海外への社員旅行を行っている。

　同社でファンづくりとの関連で重視されているのは，先にも言及した消費者・地域住民とのコミュニケーション，地元への奉仕，CSRの遂行である。換言すれば，「地域貢献，地域との共生は『伊那食ファン』づくりを目指す同社にとって最も重要な経営戦略の一つである」（日本経済新聞・長野版，2008年10月3日）。これらに関する具体的な取り組みには以下のものがある。

　芸術と文化の支援，いわゆるメセナに関しては，小澤征爾の指揮で世界的に有名になった松本市で毎年開催される音楽イベント「サイトウ・キネン・フェスティバル松本」に協賛している。また伝統芸能である「能と狂言」に地元住

民がより気軽に親しめるようにしたいという思いから，地元の文化会館で開催される「伊那能」に援助と協力を行っている。加えて小中学生の音楽教育支援と発表の場として「かんてんぱぱSBCこども音楽コンクール」に特別協賛している。これは応募数が300団体，1万3,000人を超え，小中学生を対象とした音楽イベントの規模としては長野県で最大級のものとなっている。さらに美しいふるさとの自然や生活に愛着を深めることを願って，また子供たちに絵を描くことの面白さを感じてもらい美的センスを育てるという趣旨で「かんてんぱぱ小学生絵画コンクール」を主催している。これには伊那市内の小学校ほとんどと伊那養護学校の生徒から応募があり，すべての作品が同社のかんてんぱぱホールに展示される。

スポーツ支援としては，「春の高校伊那駅伝」に特別協賛している。これは高校駅伝の大会としては国内有数の規模と知名度となっており，全国から100校以上が毎年出場する。同駅伝のコースは，伊那市陸上競技場をスタート地点およびゴールとし伊那市周辺を駆け巡るもので同社の本社前も「たすき渡し」が行われる中継点になっている。また長野市で開催される「テレビ信州杯・長野県新体操クラブカップ選手権」にも主要なスポンサーとして協賛している。同選手権はチャイルドの部からシニアの部まで幅広い年齢層の新体操競技者を対象とし，日本全国から約1,000人の選手が集まる大規模な大会で，クラブ対抗形式で行われている。

（2）かんてんぱぱガーデン

伊那食品工業は「かんてんぱぱガーデン」を本社所在地の長野県伊那市西春近5074に開設している。来訪する人数は年間約35万人である。敷地面積は3万坪で，すべての施設と展示をゆっくり見て回ると半日かかる広大な園地が丘陵の斜面に広がる。

同社では1980年代前半において，沢渡工場が手狭になり建て増しでは対応しきれなくなった。すなわち既存工場の拡大では，作業環境の改善と生産能力の増強に関して限界があり，抜本的な対応が求められていた。そこで前述の伊那市西春近に広大な敷地を確保し「ゆったり」とした環境で和気あいあいと従

業員に働いてもらうべく，新しい工場と本社を建設することになった。

　今日，この理念が現実のものとなり，毎日午前10時と午後3時の「お茶休み」の際には，事務所や工場内の仲間同士で思い思いに談笑するという光景が日常的に見られるようになった。そういう日々のコミュニケーションや前項で言及した海外への社員旅行，後述する自主的清掃活動を通じて，伊那食品という「ファミリー」の一員であるという意識と助けあいの精神が醸成され，業務上のコラボレーションが促進されているのである。

　このように，かんてんぱぱガーデンの開設はもともとは社員に対する福利厚生の一環であり，「従業員に公園のような快適な環境で働いてもらいたい」という思いで整備計画は具体化されていった。これが現在のかんてんぱぱガーデン，本社，北丘工場へとつながっている。なお，かんてんぱぱガーデン内にある北丘工場は，社内的には現在「公園工場」とも呼ばれている。

　一方では前項で述べたように「企業イメージのアップ」，「ファンづくり」が会社の存続と成長において重要であるという考え方が同社にはあった。この考え方と公園のような新工場・新社屋の整備が結びつき，ここを「思い出づくり」と「おもてなし」の場としてお客様にも開放しようという発想と流れになった。これが具現化したのが，かんてんぱぱガーデンである。

　工事が開始されたのは1988年である。施工に際してはもともとあった自然の地形を生かし，また自生していたアカマツが1本でも残るように意識された。植栽については南信州に自生する植物のうち，花の咲く草本類と紅葉が美しい木が重点的に植えられた。このようにすることで，社員や来訪者にこの地域の美しさを感じてもらったり，訪れる子供たちに地元を愛する心をはぐくんだりすることができるのではないかと考えたのである。

　園地は広域農道をはさんで西地区と東地区に分かれており，各々に「かんてんぱぱガーデン・ウエスト」（以下，ウエスト）と「かんてんぱぱガーデン・イースト」（以下，イースト）という名称が付けられている。自然の地形を生かし前述したアカマツと植栽が豊かで全体が庭園風となっていること，そのゆったりとした園地を自由に散策できること，敷地内に美術館やフォトギャラリーがあること，休憩コーナーが数カ所ありそこに試食用の同社製品とお茶のサー

バー（給湯器）が設置されていること，ガラス越しに同社製品の生産プロセスを見学できること等が特徴として挙げられる。

具体的に述べると，「ウエスト」（西地区）には植物細密画の美術館，山岳写真を主体にしたフォトギャラリー，種々の測定器具で健康状態をチェックできる健康パビリオン，発表会・講演会・展示会が行われる多目的ホール（かんてんぱぱホール）が点在する。このどれもが訪れた者に対しブランドの経験価値形成に機能していると考えられるし，また社内的にもこれらの開設は『会社案内』の「沿革」の中でその年度が紹介されているといったように重要な出来事として位置づけられている。

これらのうち美術館とフォトギャラリーについては，伊那市に同種の施設がなかったことから文化と芸術の発展に寄与するという思いで設けられた。健康パビリオンでは，専用端末に食事内容を入力して栄養バランスやカロリー量を分析・表示したり，自分の体の筋肉量や脂肪量を各部位ごとに計ったり，内臓脂肪量や基礎代謝量を測定したりといった体験ができる。前項で述べたように，かんてんぱぱホールには「かんてんぱぱ小学生絵画コンクール」の応募作品がすべて展示される。いうまでもなく，ホールに自分の絵が展示されたという思い出はその子にとって貴重な財産となるだろう。

これらに加え，「ウエスト」には中央アルプスの伏流水を自由に汲める水汲み場がある。これは地域貢献のために設けられたもので，開設に際しては地下130メートルまで掘削工事が行われた。ここは水汲みに訪れた地元住民が世間話をする憩いの場にもなっている。

なお健康パビリオンの上層階は伊那食品工業のR&Dセンターとなっており，「ウエスト」の北側に本社社屋がある。本社社屋は避暑地にある保養所風の瀟洒な建物で同ガーデンに違和感なく溶け込んでいる。

「イースト」（東地区）には山野草園，子供が走り回れる芝生，寒天料理中心のレストラン，和食店（そば処），インテリアショップ，かんてんぱぱショップ本店，同社の北丘工場がある。また「ウエスト」にあるのと同様の水汲み場が設けられている。

「イースト」のちょうど中央にあたる位置には，ぴかぴかに磨き上げられた

第 7 章　企業パークおよび企業ガーデンとブランディング　◎── 201

木製テーブル，数人が座れる木製のベンチと一人がけのいすが置かれている。その傍らには郵便ポストが設置され，上部には「旅の思い出を絵はがきにこめて……絵はがきをあの方に出しませんか」と書かれたプレートが掲げられている。絵はがきと切手は目の前のインテリアショップで購入できる。なお冬の間，花壇には「只今，花壇は冬眠中。春にはかわいいお花が咲きます」という立て札が出される[2]。

(3) かんてんぱぱガーデンによるファンづくり

　端的にいえば，かんてんぱぱガーデンは同社において「もの言わぬ営業マン」と位置づけられている（塚越，2004，190）。またこれを開設した趣旨を同社の経営者は，「ファンづくり」をキーワードにして語っている。すなわち塚越（2009）によれば，マス媒体を使った広告宣伝などを見て同社の製品を買った客は大切な顧客ではあるが，まだ「ファン」ではない。かんてんぱぱガーデンを訪れ敷地内を散策し同社製品を試食してもらうことで，いわば「顔の見える関係」ができ本当のファンになる。そしてそのファンがいってみるならば「会社の素粒子」，その企業のブランドないし製品を他者に推奨する第5章で言及したプロモーター（伝道者）となる。塚越（2009）では，このことが次のように述べられている。「テレビや新聞・雑誌で宣伝した方が早いだろうと思われるかも知れません。しかし，私は逆だと考えています。（中略）一人ひとりのお客様を大切にし，ファンになって頂く。そうすれば，そのファンの方が当社のことを周りの人たちに伝えてくれます。それは，マス媒体の宣伝より遥かに効果的である。そうしてネズミ算式に，ファンが広がっていけば，その方が『会社の素粒子』は増えていきます」（塚越，2009，126-127）[3]。

　そしてこういう精神のもとに，来訪者が気持ちよく過ごせるよう，かんてんぱぱガーデンは全社員の自発的意思により掃除と管理が行われている。おもてなしの心を持って美しい園地を維持することにより訪れた人に感動と共感を抱いてもらえるという思いから，清掃と保全を外部の業者に委託せず，植栽の手入れ，草刈り，松くい虫の防除，薬液の樹幹注入，その他すべてを社員が手分けして行っているのである。

実際，同ガーデンを訪れた際の典型的な感想は「とにかく感激した。社員教育が徹底している」というもので，「社員が気持ちよく働ける会社である」ことに加えて「社外の人も気持ちよくする」という取り組みが成果を上げ，「伊那食品にとって，社員だけでなく，社外のファンの存在も有力な経営資源の一つになっている」(日本経済新聞・長野版，2008年10月2日)。つまり第1項でも述べたように，社員が心地よく働けるという従業員満足度の高さを土台にして，社外の人をファンに取り込むという態勢が形成され，これが実践されているのである。

　年に数回，土曜日あるいは日曜日に誘い合って会社に来て，グループで掃除を行うという社員も多い。それぞれいろいろな家庭事情があるから，こういった土曜・日曜の作業は強制しているわけでなく個々人の自由，まったくの社員まかせである。しかし同社では社員によるそういう自主的な環境整備が自然な形で行われている。

　このような行動には環境保全に対する同社社員の高い意識が現れていると思われる。そのほかに，このような現象が見られる要因として以下のことが考えられる。

　すなわち同社では「いい会社をつくって幸せになる」，「自分たちでできることは自分たちで」，「美しい街づくりのためにまずは身の回りをきれいにする」という意識が社員間に浸透していることが，社員と話していると伝わってくる。これらは同社の基礎を築き，寒天関連の食品メーカーとしては全国屈指の有力企業に発展させた塚越寛のポリシーであり哲学であるが，経営理念や企業目的等を記した「社是カード」および社員研修によってこれが社員間で広く共有されていることがうかがえる。

　また経営者の方針で社員への利益還元率が高いということも，自主的な園地管理を動機づけている要因であると考えられる。実際，同社の給与水準は伊那地域でトップクラスにある。言い換えれば，未上場企業であり株主への配当性向が株価に影響を与えることもないから当該性向を意識しなくてもよい[4]。したがって自分達の頑張りによって，かんてんぱぱガーデンが持つブランディングの効果とパワーが向上し，会社の利益が増大すれば，給与のアップなど自分

たちの実利につながる可能性，自分達に恩恵となって返ってくる確率が高い。しかも，かんてんぱぱガーデンの面積は3万坪と広大であるから，自主的な保全と創意工夫により美観と魅力が向上する余地が大きい。

これらの要因が複合的に作用すると，当然の帰結として園地の自主的な管理と整備という行動になって現れることになる。また会社自体にいわば「第二の家庭」的な意識を持っているような社員も多く，社員間にファミリー意識があるため，自然とこういう形になっているようである。そしてファミリー意識が強いから清掃活動に参加し，園地の管理と保全で協力しあう，そのような協力を通じてファミリー意識がさらに強化されるというポジティブな循環関係がそこにはあるように見受けられる。

ただしこれらの要因だけならば，自主的な環境美化は会社の敷地内に限定されるはずであるが，自主的な清掃は社有地外でも行われている。本社近辺の道路，各支店近隣の公園においてもこれが実践されているところに同社社員の社会貢献意識の高さがうかがえる。

あくまで個人的な印象であるが，同社の経営を本書なりに一言で表現するならば，長期的な目標・方針と日々の具体的オペレーションの両方の観点で何事にも「基本に忠実」ということである。この「基本に忠実」であることは存外難しく，これを貫いている企業はむしろ近年希少な存在となっている。換言すれば，「基本に忠実」であるということがむしろ今日では独自性となっている感がある。またこれは第5章第6節および第6章第7節で言及した「良き企業市民」としての存在性を強化するから，イメージアップとブランド・ロイヤルティの形成にも機能しうるし，結局は強い競争力にもなりうる。実際，今日「基本に忠実」であることを逸脱した企業が不祥事を起こし，自社のブランドを危機にさらしている。

かんてんぱぱガーデンという体験型の冠施設，こういう近年珍しくなった経営スタイルはパブリシティを刺激している。具体的にはNHK総合テレビの「経済羅針盤」，同テレビの「クローズアップ現代」，テレビ東京系列の「カンブリア宮殿」などテレビの番組で，かんてんぱぱガーデンと同社の経営スタイルが取り上げられ，ブランディングに貢献している。

2．ノリタケカンパニーリミテド「ノリタケの森」

（1）会社概況とブランディング

　株式会社ノリタケカンパニーリミテド（以下，ノリタケカンパニー）は名古屋市西区則武新町三丁目1番36号に本社を置く世界的な高級陶磁器（食器）メーカーで，ノリタケグループまたは大きく見ると森村グループの製造業企業と位置づけられる。主な事業分野は研削砥石や研削布紙などの工業機材，セラミック原料，エンジニアリングであり，特に研削砥石については国内シェアで首位に立っている。

　同社の歴史は1876年，森村市左衛門が東京銀座に貿易商社の森村組を創業したことに始まる。輸出品は当初，主として国内の骨董や雑貨であったが，次第に陶磁器が増えていった。

　1889年，市左衛門はパリの万国博覧会を訪れた際，出品されていた高品質で絵柄の美しいヨーロッパの磁器に衝撃を受け，自社でもそういう磁器を作りたいという思いを抱いた。帰国後，技師をヨーロッパに派遣するなどして白色硬質磁器の製造技術の修得に努め，1904年には，ノリタケカンパニーの前身である日本陶器合名会社を現在の名古屋市西区則武新町に創立し，白色硬質磁器生産のための近代的な工場を建設した。これにより手作り工芸品だった陶磁器を工業製品として大量生産できるようになり，日本の陶磁器産業の近代化に大きく寄与した。1914年，日本初のディナー用洋食器セットの完成にこぎつけ，以来，同社の主力製品となり「ノリタケチャイナ」として海外市場で高い評価をうけ，輸出量は飛躍的に伸びていった。

　同社では，このノリタケチャイナに由来するブランド力がその後も長きにわたって受け継がれている。同社の有する高いブランド力すなわち「ノリタケ」ブランドに対する顧客側のロイヤルティ（忠誠心）は，広告宣伝等によって形成されたものではなく，創業者のものづくりに対する熱い思い，それを具現した品質の高い洋食器を大きな源泉としているといえる。実際，同社はテレビCM等の広告を必ずしも積極的に行っているわけではない。また後に詳述する

ように，同社では陶磁器以外の事業分野への多角化が進んでいる。陶磁器生産でつちかわれたブランド力が現在に至るまで貴重な無形資産として綿々と受け継がれ，それが新規事業の立ち上げにおいてプラットフォームとして機能し，当該事業に競争力を与えていると解釈できる。そして後に取り上げる「ノリタケの森」がその維持と，さらなる強化において大きな役割を果たしている。

食器の仕上げ加工には砥石が欠かせず，前者のできばえは後者の良し悪しに大きく左右されることから同社はセラミック製の砥石を内製していた。一方，砥石は陶磁器生産のみならず，多くの工業製品の加工に必要な機材である。このような経緯で1939年，同社は工業用の研削砥石を製作・販売する事業に乗り出した。現在，これが後に述べる工業機材事業に開花している。

太平洋戦争後と高度経済成長期に，同社は陶磁器の原料と生産技術をベースにさらに多様な事業分野に多角化していった。そのほとんどは産業財分野，他企業向けビジネスで，事業内容や製品の機能・特性を一般市民が理解するのは必ずしも簡単ではない。その理解に役立つのは，後述するノリタケの森にあるウェルカムセンター内のパネルと製品の展示である。すなわちウェルカムセンターの中央部と東側スペースでは，食器事業から派生し発展した同社の事業と製品が工業機材事業，セラミック・マテリアル事業，エンジニアリング事業に分けて紹介されている。ただし食器事業自体も継続されており，ノリタケ・ブランドの食器は現在も評価が高い。

工業機材事業は先に言及したように，陶磁器生産に使う砥石の内製から発展した事業である。具体的には砥石製造・販売事業は周辺領域に拡大し，同社は現在砥石と関連する製品，例えば研磨布紙，ダイヤモンド・カッターおよびダイヤモンド工具，CBNホイールなどを幅広く製造しており，工業用研削研磨工具は同社の主要事業の1つになっている[5]。これらは今日いろいろな業界で使用され，日本のものづくりを支えている。例えば鉄鋼用3Z砥石はスラブ鋼片などの表面に生じたキズ等を取り除く際に必要不可欠で高品位な最終製品の生産につながり，航空機用多孔質砥石は複雑な形状を持つジェットエンジンのタービンブレード（羽根）の製造に使われて加工時の熱の発生を抑え高精度な加工を実現している[6]。自動車業界向けの砥石は部品の表面粗さを所定の精度

に研磨することで摩擦の低減，自動車の性能・燃費・静粛性向上に寄与している。ベアリング用最終仕上砥石は摩擦を抑えて動力を伝え機械の音を静かにかつ振動を小さくすることに貢献している。電子・半導体メーカー向けダイヤモンドホイールは，部品を小型化し高精細な研削を行うのに役立っている。

セラミック・マテリアル事業はさらにセラミックス事業，電子ペースト事業，電子表示事業に分けることができる。陶磁器生産では加工と焼成に適した粘土や陶石，長石等の確保が不可欠であるが，セラミックス事業ではそういったセラミック原材料を幅広く製造業に提供している。また陶磁器の素材として扱ってきた原材料を分析し，構造や純度，形状を工夫することでその特徴を活かした各製品を展開している。例えばセラミックスを用いることで耐熱強度が高められ寿命が長くなった厚膜回路基盤が自動車のエンジンルーム付近，ヘッドライト付近，LED照明等に組込まれている。またセラミックスの一種であるジルコニアは歯科材料として使われ，金属などほかの材料を使用するよりも自然に近い歯をつくることができ，また汚れがつきにくく変色しないという利点を発揮している。電子ペーストは焼成工程を経て電極や電池となるものである。電子ペースト事業では太陽電池の電極材料，ヘルメットやラケット，タイルを装飾する転写紙の関連分野で新たな製品開発を進めている[7]。電子表示事業では光の演出効果と情報表示を両立したイルミネーションであるデジタルサイネージ（電子看板）として「i-Products」，明るく見やすい表示デバイスとして「itron VFD」を商品化している[8]。

エンジニアリング事業は，端的にいえば陶磁器生産の重要技術である焼成や乾燥を自動車や電子部品，エネルギー関連等その他の製品部材の製造におけるプロセス技術と製造装置に応用したものおよび応用を目指すものである。加熱の分野では焼成炉・乾燥炉，かま，遠赤外線ヒーター等の加熱装置，混合については混合攪拌装置，濾過ではマグネットセパレーター，セラミックフィルター，切断に関しては超硬丸鋸シンカットマスターが製品化されている[9]。

これらの事業には一見何の脈絡も関連性もないように思われるが，実はその根本は同じである。つまり現在多方面に枝分かれしている事業もその源流をたどると，創業者の森村市左衛門時代に行われていた陶磁器生産に行き着く。濾

第7章　企業パークおよび企業ガーデンとブランディング　◎—— 207

過装置のセラミックフィルター等や各種のセラミック部品は陶磁器製品ラインナップの広がり（多様化）と見なすことができるし，陶磁器生産で扱っていた原料が現在のセラミック・マテリアル事業に，焼成・乾燥技術がエンジニアリング事業に，絵付け（画付け）技術が電子ペーストおよび転写紙事業に，仕上げ加工用の砥石が研削研磨など工業機材事業へと発展しているというように，多岐にわたる事業分野のほとんどが陶磁器生産より派生しているのである。

　このような事業の多角化を受けて，1981年に社名が日本陶器株式会社から株式会社ノリタケカンパニーリミテドに改められた。名古屋駅から徒歩圏内に立地する広大な敷地を売却せずに維持してきたのは，このような経営努力と多角化の成功によるといえる。業績的に苦境に陥ると土地や本社等の資産を売却して損失の穴埋めをする企業が多いが，同社は安易にそういう道をとることをしなかった。一度でもその誘惑に負けていれば，後述する現在のノリタケの森はなかったはずである。名古屋市の一等地にある工場跡地がノリタケの森として市民に開放されているという現在の状況はある意味で奇跡に近い。

　ところで，いわゆる環境経営は事業活動に伴う環境負荷軽減を志向する経営，すなわち事業活動の環境に対する影響を認識し悪影響の防止と削減を図りながら企業経営を行うことをさす。これには，日々の本来的な事業活動において機能する環境対策の仕組みを確立する取り組み，すなわち環境に優しい業務プロセス・業務システムの設計および運用と，事業活動とは別の場ないし場面で環境保全，環境保護活動を行う社外における環境貢献がある。私見では，前者に関して同社はリサイクルシステムの構築に顕著な実績を上げており，後者については定期的な植樹など緑化活動に力を入れている。後述するノリタケの森はこの緑化活動が環境経営の特徴である同社ならではの体験型施設である。すなわちノリタケの森は，「ノリタケグループ緑化推進のシンボル」と位置づけられる（ノリタケカンパニーリミテド，2001, 15）。このノリタケの森開設には以下のような経緯がある。

　業務効率化と生産性向上の観点から，同社は名古屋市西区則武新町の本社工場で行っていた業務を愛知県みよし市の三好事業所に移管することとなった。ノリタケ100年史編纂委員会編（2004）ではこれに関して次のように記されて

いる。「明治37年（1904）に煉瓦造建築の陶磁器工場ができ，その一部を残して昭和8年（1933）に鉄筋の工場に建て替えられた。昭和45年ごろから食器の製造は徐々に三好工場へ移り，昭和53年に本社工場（食器事業）の操業を中止してからは一段と建物の劣化が進んだ。その間，老朽化して危険な煙突を取り壊すなどの対応を図ってきたが，平成10年（1998）ごろには限界となり，安全面からも旧生地工場を取り壊すことが決定された」（ノリタケ100年史編纂委員会編，2004，169，（　）内の食器事業という補足はヒアリングに基づく）。

　これとともに，この則武新町の移管済み工場跡地をどう活用するかが社内的に議論されることとなった。また同跡地は立地的に名古屋駅から徒歩15分という一等地にあり面積的にも広大であることから，その活用方法が付近の住民，さらには名古屋市民の関心事となった。一時はスポーツやイベント開催に使用できるドーム型の多目的施設「ノリタケドーム」の建設が社内外で取り沙汰され，これがマスコミで報じられたこともあった（中日新聞，1979年10月5日（夕））。しかしこの構想は建設費用その他の理由で見送られ実現しなかった。

　同社の社内では，「平成12年，『ノリタケグループ発祥の地がここにあることを後世に伝えるために，ノリタケグループの何かを残そう』との発想から，創立100周年記念事業の一環としてD（development）プロジェクトが立ち上がった」（ノリタケ100年史編纂委員会編，2004，169）。ノリタケ100年史編纂委員会編（2005）ではこれが次のように説明されている。「21世紀を間近に控えた平成12年（2000），4年後の16年に会社創立100周年を迎えることとなった当社では，創立100周年記念事業とそれを契機として新たなコーポレートアイデンティティ（CI）を確立していくためのプロジェクトが12年に発足した」（ノリタケ100年史編纂委員会編，2005，124）[10]。

　このDプロジェクトは旧生地工場の解体を2001年より始め，取り壊した跡地を中心に本社敷地の約3分の1に当たる4万8,000平方メートル（1万4,500坪）を整備しノリタケの森とするという構想を打ち出した。これは前掲のノリタケ100年史編纂委員会編（2005）では次のように言及されている。「このプロジェクトでは，記念事業の最大のテーマとして旧生地工場跡地の有効活用について種々検討を重ねてきたが，その結果，超高層ビルや大規模商業施設の建設

ではなく,『ノリタケの森』構想が役員の総意によって承認された。この構想は,当社の先人たちの『美しく白い精緻な陶磁器を日本で製造したい』という熱い想いが1世紀にわたる歴史の中で受け継がれ,この地を出発点としてノリタケグループの事業が育まれてきたことに対する感謝の念を形にしたいとの想いから生まれたものである。また,当社が創立100周年を迎える翌17年には愛知万国博覧会開催と中部国際空港開港が控えており,中部の国際化,産業観光の促進の面からも,この工場跡地の緑化を通じて,当社が標榜する環境への寄与,地域社会への貢献を具体化しようとするものであった」(ノリタケ100年史編纂委員会編,2005,124)。

　このような経緯で旧生地工場があった敷地に会社創立100周年記念事業として2001年10月にオープンしたのが次項で詳しく紹介するノリタケの森である。なお本社敷地内で引き続き操業(研削砥石を製造)していた工場は2014年3月に移管が完了した。

(2) ノリタケの森

　ノリタケの森は面積4万8,000平方メートル(1万4,500坪)で,そのうち緑地面積は2万2,000平方メートル(6,700坪)である。これがノリタケカンパニー本社敷地内に開設されたのは前述したように2001年のことである。2005年4月,株式会社ノリタケの森が設立され,それ以降は同社が整備と運営で中心的役割を担っている。

　名称の英語表記はNoritake Gardenで,英語のパンフレット類にはこれが使われている。端的にいえば,外から見た時のイメージは「森」,内部の表情はガーデンで,特にイングリッシュ・ガーデンの雰囲気が漂う。すなわち遠くから見た場合にはここは小さな「森」に見え,まさしく「ノリタケの森」と呼ぶのにふさわしい一方,敷地内にはきれいな花の植栽が多く,またレンガが多用されていることから,中を歩いている時には英語表記のNoritake Gardenの印象が強い。

　このノリタケの森の創設時における位置づけは,前項でも述べたように「ノリタケグループ緑化推進のシンボル」というものであった。またあわせて,

「安らぎの空間，都会のオアシスとして，市民の皆様に自然とのふれあいを楽しんでいただけるゾーンに仕上げる」という方針が表明されている（ノリタケカンパニーリミテド，2001，15）。この精神はその後も受け継がれ，「都会の中の憩いの場」という役割が現在も訴求されている（ノリタケカンパニーリミテド，2014，15）。例えば現在のパンフレットにも日本語版には「文化と出会い，森に憩う。ノリタケの森」，英語版には「Encounter culture, rest in the garden. Noritake Garden」と謳われている。

実際，ノリタケの森には前述したように2万2,000平方メートルもの緑地があり，6,000本以上の樹木が植樹されている一方，後述する煙突広場中央に立ち四方をぐるりと見回すと，ここは10階建てから20階建てのマンションとビル群に囲まれていることがわかる。また5分ほど歩けば，名古屋駅前の高層ビル群が見えてくる。そしてノリタケの森周辺にはほかに緑地公園がない。このようなことから「都会のオアシス」，「都会の中の憩いの場」という表現がぴったりと合う。

このようにノリタケの森では広い緑地を散策し，名古屋という大都市の真ん中で豊かな自然を楽しむことができる。このような緑地として北側エリアにはビオトープ，煙突ひろば，南側エリアには噴水ひろば，せせらぎがある。

さらに詳しく述べるならば，敷地の最も北側には野生の生き物が住みやすい自然を再現（復元）した空間，ビオトープがつくられ，植物・昆虫・魚・野鳥などが共生している。ビオトープの周囲にはトチノ木，アジサイ，シロヤマブキ，シャクナゲ等，多彩な植物が植えられている。

このビオトープとモニュメントの6本煙突の間には，芝生の煙突ひろばが広がっている。ここは日当たりが良く，晴れた日には走り回る子供たち，レジャーシートを広げてお弁当を食べている親子連れが見られる。ひろばの外周には，これを取り囲むように散策路があり，散策路には3人から4人が座れるベンチが置いてある。

この煙突ひろばには名前の由来である6本の煙突がモニュメントとして立っている。これは1933年の工場大改造時に構築された陶磁器焼成用トンネル窯の遺構で，経済産業省からは近代化産業遺産，名古屋市からは地域構造物資産

第7章　企業パークおよび企業ガーデンとブランディング　◎―― 211

の認定を受けている。6本の煙突のうち3本の横にはグレーチング（アルミ・メッシュ）の橋があり，そこを歩きながら下方を見ると，工場の基礎や窯から排出された煙を煙突に送るための煙道を見ることができる。1979年に工場が移転した際に，煙突上部が撤去され現在の形となった。

　南側の緑地ゾーンには噴水広場とせせらぎがある。せせらぎに沿う形でメタセコイヤの木が植えられており，その下に3人から4人がけのベンチが10脚ほど配置されている。ベンチに座ると目の前で清らかな水がメタセコイヤの木漏れ日の中をサラサラと流れ，その向こうに中央で噴水の水しぶきが上がる噴水広場，さらに正面奥にはノリタケカンパニーリミテドの本社が見える。

　天気の良い日に訪れると，清涼感のあるせせらぎの横でゆっくりと散歩する老夫婦，煙突広場でレジャーシートを広げて日光浴をしている親子や駆け回る子供たち，噴水広場で休憩したりスマートフォンを眺めたりしているスーツ姿のビジネスパースンや就職活動中らしき学生風の若者を見かける。またビオトープの池を興味深げにのぞき込んでいる小学生，大型カートに乗った幼児達とそれを押す保育園の保母を目にすることもある。それぞれの空間を思い思いに愉しむ市民が見られ，前述した「都会のオアシス」，「都会の中の憩いの場」というコンセプトが十分に具現しているように思われる。

　ウェルカムセンターの出入口よりロビーに入ると，正面には「古地図でふりかえるこの土地の歴史」という趣旨で，1904年，大正時代，昭和初期の3つの時期における名古屋市の古地図が掲げられている。1枚のサイズは横が1メートルほど，高さ（縦）が2メートル50センチほどで，これが3枚並べられているので，全体としては3メートルほどの横幅になる。各時期の地図には，その時のノリタケの工場，愛知県庁，名古屋市役所，名古屋駅前の写真が当時の位置に提示されている。ちなみに1904年の古地図に貼られたノリタケの工場は建設途中で，周囲は水田と荒地である。大正時代の地図には日本ガイシの熱田工場，昭和初期の地図には同社工場への昭和天皇行幸時の写真が掲げられている。この3枚の古地図の横には，1943年頃のノリタケ本社工場を再現した縮尺400分の1のジオラマ模型がある。ロビー右手の奥（西側）には，イスが40脚ほど置かれたシアターがあり，ノリタケの沿革と経営理念，事業

内容等を紹介するビデオが放映されている。

　南側のスペースでは「ノリタケヒストリーテーブル」と題した大きな写真パネルと森村グループの年表が展示されている。これは5つの時代に分けられ，向かって右手から左手へと順番に並べられている。具体的には壁面全体を使って「黎明期〜森村兄弟の決意〜」，「創業期〜白い洋食器にかけた想い〜」，「成長期〜森村グループの誕生〜」，「発展期〜ものづくりの精神〜」，「新たな100年へ」と題した5枚の大きな写真が順に掲示されている。その手前にはそれぞれの時代区分における国内外の出来事とノリタケの歩みとを照らし合わせる形の年譜と投影用の大きなお皿が配置されていて，各時代のトピックが映像で紹介されている。この南側展示の最後には，森村グループの一覧パネルがある。パネルにはTOTO株式会社，日本ガイシ株式会社，日本特殊陶業株式会社，森村商事株式会社，株式会社大倉陶園，森村学園等が写真入りで紹介されている。

　中央部と東側は，現在の事業内容と製品分野に関する紹介スペースになっている。ここには前項で述べた多分野にわたる同社の事業に関するパネル展示のほかに，製品実物が置かれている。例えば工業機材コーナーでは説明パネルの下に500ミクロン，177ミクロン，62ミクロン，7ミクロンと砥材粒径の異なる研削砥石の実物が置かれ，自由に触れるようになっている。7ミクロンのホイールは滑らかで，ゴムを触った時の感触に近い。またフロアの真ん中には船舶用エンジンのクランクを研磨する直径1.5メートルの「最大級の砥石」と燃料噴射ノズルを研磨する直径4ミリほどの「ビクトリファイドCBNホイール」が展示されている。加えて，工業製品の製造で研削がどのように行われているかに関するビデオが液晶ディスプレイで放映されている。セラミック・マテリアル事業のコーナーでは転写紙を活用した製品としてヘルメット，テニス用のラケットが展示されている。静電容量タッチスイッチカスタム事例として置いてあるパネル型ドラムの「ドラムパッド」は，BASS DRUM, FLOOR TOM, SNARE, TOM TOM, HI-HAT, RIDE CYMBAL, CRASH CYMBALというマークを指でタッチすることにより，ドラムの擬似演奏ができる。前項で言及した「i-Products」の実物では，自分の顔が映っている鏡に

電光メッセージが流れる不思議な光景が見られる。

　なおウェルカムセンターの順路最後にある展示スペースには社是の「良品，共栄，輸出」が掲示され，環境対策上の取り組みとして再生可能エネルギーの導入，製品のリサイクル等が示されている。北側の窓付近には，4〜5人がいっしょにくつろげるソファが並んでおり，春には窓の向こうに満開の桜を見ることができる。

　ノリタケの森ギャラリーは文化・芸術活動を支援するための建物で，絵画や彫刻，陶芸，写真等の展覧会・個展を開きたい市民に貸し出される。借りる人にとっては作品発表の場，文化・芸術活動の舞台，来場者にとってはアートを身近に楽しめる場という性格を持っている。アマチュアの音楽アーティストや大道芸人に，施設あるいは屋外の広場を演奏や演技の場として提供することもある。このサービス（制度）は「ノリタケミュージックシーン」と呼ばれている。

　敷地内にあるノリタケ製品等の販売店舗にはノリタケプレステージショップ「ステージ」，トータルコーディネートショップ「マイダイニング」，ライフスタイルショップ「パレット」，アウトレットショップ「ボックス」がある。これら4つのショップはクラフトセンターの隣に立地する同じ建物内に入っており，南側のほぼ半分をパレットとステージ，北側の半分近くをボックスとマイダイニングが占めている。

　クラフトセンター側（南東）の出入り口から入ると，パレットに入店することになる。このパレットはノリタケ製を中心に日常使いのカップ・ソーサーや皿，グラス，調理用具や台所用品，紅茶・調味料・スナック菓子・ナッツ類・ジャム類・チョコレート等の輸入食品を販売している。時期によっては，マグカップを人気順に陳列する「お客様が選ぶベストマグ・ランキング」といった企画も行われている。パレットの奥にあるステージはノリタケと大倉陶園の最高級磁器を扱っている。特別な場合の贈答品（ギフト）を想定していると思われる高額商品も多い。パレットとステージに壁や仕切り等はないが，前者の床がベージュと茶色のタイル張りであるのに対して，後者の床はカーペット敷きになっているといった内装の違いがある。

北東側の出入り口から入ると，ボックスがある．この店はノリタケ製品のアウトレットショップで，掘り出し物（お買得）を見つけたい，いいものを安く買いたいというニーズに対応している．1枚1,000円前後の皿，1組1,000円前後のカップとソーサーのセットが平積みで多数置かれており，茶わんや湯のみ，ラーメンどんぶり等も扱っている．その奥にあるのがマイダイニングで，ここではホテル・レストラン向けのプロ仕様食器を含むノリタケ製のディナーセット等が陳列されている．またスプーンやフォーク等も販売されている．ここは照明が落とされており，ホテルの薄暗いダイニングバーに足を踏み入れたかのような感覚，落ち着いたディナーの雰囲気がかもし出されている．

　園内には「スクエアカフェ」，「レストランキルン」がある．スクエアカフェは前述のショップ棟内に，パレットとボックスに三方を囲まれる形で設けられている．ここではオリジナルの紅茶「ノリタケティー」やコーヒー，各種のデザートが味わえる．その屋外部分にはオープンカフェスペースもある．木かげと木漏れ日が交錯する開放的な空間の中で，緑と季節の花を眺めながら，のんびりとしたひと時を過ごすことができる．レストランキルンは，出入口が異なるため気づきにくいものの，ノリタケの森ギャラリーの1階部分にあたる．地元愛知県で採れた旬の食材を活かし，フランス料理をベースにした創作料理をノリタケの食器に盛り付けて出すところに特徴がある．ウエディングパーティや祝賀パーティ等向けの貸しきりサービスも行っている．

　多目的ホールはその名の通り，多目的用ホールを備えた施設である．そのほかに，出入り口を入ってすぐのエントランスホールには，森村市左衛門，大倉孫兵衛・和親(かずちか)父子のパネル展示による紹介，ブロードウェイ541番地のモリムラブラザーズ（1885年頃）の写真が掲げられている．入って左手には50脚ほどのイスが置かれたシアターがあり，「ようこそノリタケの森へ」というタイトル画面からスタートするノリタケの森およびノリタケカンパニーの紹介ビデオが流れている．

（3）経験価値の種類とブランディング

　クラフトセンターの1階と2階は工場見学コース，3階と4階はノリタケ

第7章　企業パークおよび企業ガーデンとブランディング　◎—— 215

ミュージアムになっている。1階の順路は入館後左手に向かい，時計回りに歩くように設定されている。まず「ボーンチャイナとは」，「陶器と磁器の違い」，「原材料」と題したパネル展示があり，ガラスケースの中に陶器と磁器の実物が置かれている。見学者はここで陶器と磁器の相違を学ぶことができる[11]。

　次のコーナーでは長石，珪石，粘土，カオリンなど陶磁器の原料（原石）の実物がガラスケースの中にあり，原型製作のビデオが液晶ディスプレイで放映されている。また乾燥機，ろくろ成形機，坯土(はいど)切断機といった機械が置かれ，ろくろ成形のビデオ，流し込み成形のビデオがディスプレイに流れている。傍らにはトゥーランドット姫のスケッチ，これをモチーフにした塑像(そぞう)，ガラスケースに入ったオールドノリタケ，型の断面も展示されている。赤いロープの向こう側の作業場では，従業員が実際に成形作業を行っている。このスペースも含め，1階の作業場にはガラス仕切りがなく，見学者が作業者に直接質問をしたり，説明を求めたりすることができるようになっている。陶磁器製造の大敵はほこりで，また声をかけられると作業効率が落ちるため，当初は仕切りを設けることも検討されたという。しかしこれは来場者と作業者の間に物理的，心理的な壁をつくることになるので見送られた。また社会科見学の場として貢献し，来場者と作業者がコミュニケーションを取ることの意義を重視し，このような開放型作業場にしたということである。

　さらに進むと，組立て，仕上げのコーナーに至る。ここでも，それぞれに関するビデオが液晶ディスプレイで放映され，その奥では従業員が実際に作業をしている。その近くには見本として半製品（仕掛品）が置いてある。

　施釉(せゆう)のコーナーには素焼の小片と釉焼(ゆうやき)の小片が置いてあり，またここでは釉焼でできた木琴風の器具をたたき，音の違いを確かめることができる[12]。その横では焼成のビデオ放映が行われ，生地が焼きしまっていく様子が紹介されている。

　2階は絵付け工程の参観施設と体験コーナーのスペースになっている。西側スペースはパターンデザインと転写紙作成のビデオ放映コーナーおよびガラス向こうの作業場，吹き絵付けのビデオ放映コーナーおよびガラス向こうの作業場でなっている。これに加えて，「焼き物の色で最高の色は何でしょう？」と

いった Q&A 形式の「陶磁器豆知識シリーズ」というパネル展示がある[13]。また吹き絵付けの作業手順に関する説明があり，作業を施した半製品の実物も置かれている。さらに転写貼りおよび金仕上げの手順がビデオ，プレート展示，実物で示され，ガラスケースの向こう側で実際に作業している風景が見られる[14]。素描の工程はビデオによる説明とともに，実際に筆で作業をしている様子も見ることができる。手前には手描きによる作品が並んでいる。

　2階の南側スペースは仕上げから品質検査までの作業場である。作業場と見学者通路の間には高さが大人の胸くらいまでのガラス仕切りがあり，そこに白文字で「色は変わる」，「裏印」といったテーマと当該テーマに関する解説が書かれている[15]。そして品質検査スペースの方では，当該スペースを見学できるとともに，検査に関するビデオが流れている。

　2階の中央部は体験コーナーである。当該コーナーのチラシでは，これが「お皿に，カップにお絵描き!?　そう，ノリタケの森クラフトセンターには小さなお子様からおじいちゃんおばあちゃんまでだれでも気軽に楽しめる絵付け体験コーナーがあります」，「世界でひとつの作品が誕生！」と紹介されている。

　ここにはテーブルが10ほど配置され，各テーブルには5ないし6脚の丸イスが置かれている[16]。そして日時にもよるが，半分以上のテーブルが体験者で埋まっていることがほとんどで，親子連れ，観光客と思われる女性グループ，若者グループ，男女のカップルがマグカップや皿の絵付けに夢中になっている。

　この絵付け体験は有料であるが，ボーンチャイナ製のまっさらな皿・マグカップ・置物から選びこれに思いのままにペイントするというタイプ，花柄などの輪郭が入っている皿に好きな色を使って塗り絵気分で絵付けをするというタイプ，気に入った花文字の転写紙を貼り付けるというタイプが用意されている。各々の制作時間は思いのままのペイントがおよそ60分から90分，花柄輪郭等への色塗りがおよそ60分，転写紙の貼り付けがおよそ15分である[17]。

　絵付けした作品は焼成後約1週間から2週間で自宅へ届けられる。これは前掲のチラシにあったように，本人にとり世界でたった1つのオリジナル作品となる。注目されるのは花文字の転写紙を貼り付ける体験である。前述したよう

に転写はノリタケカンパニーのセラミック・マテリアル事業で重要な技術となっており，ヘルメットやテニス用のラケットの加工に用いられ同社の大きな収益源にもなっている。ここではその原理を実体験により学習することができる。使われるシートは吸水性のよい紙にノリ引きをし，その上に陶磁器用の絵具を印刷して，表面を樹脂のフィルムで覆ったものである。水に浸すとノリが溶けて，紙とフィルムが分離する。このフィルムを好きなレイアウトでシールのように貼り付けることになる[18]。

　クラフトセンターの3階と4階はノリタケミュージアムになっている。3階は東京の銀座にありそうな高級宝飾店を思わせる落ち着いた雰囲気に包まれている。入口付近は企画展示スペースで，筆者訪問時には「乃りたけの和食器」という企画で，ノリタケ製の湯呑，大皿，小皿，盛鉢，小鉢，茶器セット，飯椀，刺身鉢，御猪口，徳利，盃，その他が並んでいた。

　このスペースを除くと，3階の大部分は代表的なテーブルウェアを展示してある。日本初のディナーセットの「SEDAN」(1914年製)，「AZALEA」(1914年製) などがガラス越しではあるが，ここでは多数，鑑賞できる。ある意味でこれは壮観で，見る者を圧倒する。

　順路の後半には，「ディナー皿で辿るノリタケデザインの変遷」というタイトルのプレートがあり，「工業製品として作られた食器には，当時の時代背景や人の好みが大きく反映されています。(中略) ここでは大正から昭和，平成まで100年に亘る歴史のなかで製造された多くのディナー皿の中から200枚を選び展示しています」と記されている。その横のガラスケースの中には，ノリタケ製のディナー皿が1914年製，1946年製，1954年製，1979年製，2004年製という時期区分で展示されている。順路の最後には，本社工場の創立当時，昭和初期の外観，1920年代中頃における絵付け (画付け) 作業の様子を撮った写真パネルが掲示されている。

　4階の順路はパネル展示で始まる。最初のパネルは「ノリタケミュージアム」というタイトルで「ノリタケミュージアムでは，100年にわたるノリタケ製品の系譜やデザインの変遷をご覧いただくことができます」とある。次に「世界の歴史・ノリタケの歴史」という年表があり，「オールドノリタケとは」

では「明治中期より二次大戦終結まで森村組と日本陶器が製造販売・輸出」した陶器であると記され,「オールドノリタケの裏印」ではこれにより「製造年代を知ることができる」と説明されている。この「オールドノリタケ」はコレクターの間で高価格で売買されるのみならず文化財としての価値の高さも広く認められている。その横には「オールドノリタケの裏印」という大パネルがあり,歴代のノリタケ製品に使われた数々の裏印が紹介されている。

4階の順路はその後,花瓶,ウィスキー入れ,文皿,飾壺(かざりつぼ),チョコレートドリンク用のカップ・ソーサー等(チョコレートセット),灰皿,ポット,鉢,ティーセットなどオールドノリタケの陳列となる。次に100年以上前に使われていた見本帖とデザイン画帖が展示されている。最後に絵付けの作業風景,ブロードウェイ541番地のモリムラブラザーズ(1885年頃),創業者森村兄弟の肖像写真パネルが掲示されている。

ノリタケの森には作業の実演と絵付け体験,製品見本等に手で触れることによる体験学習の提供,都会の中での憩い(オアシス)の形成,文化芸術支援,ショッピングと飲食の場という機能がある。これらの役割を果たすことにより,多数の人々を呼び寄せることに成功している(図表7-2)。

これらに加えて,愛知県における産業観光の一翼を担い,特に名古屋の産業観光を活性化するという意義と役割が備わっている。すなわちノリタケの森自体が「トリップアドバイザー」等の口コミサイトで毎年上位にランクされ,また名古屋観光コンベンションビューローの「名古屋観光情報」等でも取り上げられて人気のある観光スポットとなっている以外に,ノリタケカンパニーによれば「この森は,産業観光の促進,環境への寄与と地域社会への感謝を形にした施設」と今日,位置づけられている(ノリタケカンパニーリミテド,2014,15)。

このような立場からトヨタ産業技術記念館との共通入館券を発行・販売し,またINAXライブミュージアムなど愛知県内に立地する他施設のパンフレット,名古屋周辺にある産業博物館等を記したエリアマップを施設内に置いている。こういうほかの施設との協力関係と相乗効果,このエリアすなわち名古屋駅北側一帯の魅力向上により同施設への来場者も増大していると考えられる[19]。

種々の経験提供による良き思い出の形成は口コミを刺激し，これがさらに来場者を呼び寄せることになる。つまり単に来場者が増大すれば，口コミが形成されるというわけではない。口コミが活性化するためには，来場者に対する大きな経験価値の付与が必要となるのである。ノリタケの森では，前述した作業実演の見学による学習，絵付け体験，ショッピングと飲食といった種々の体験が来場者にこれを付与している。そして口コミの中でノリタケというブランドが口にされ，発信者と受け手の双方でこのブランドが意識づけられるので，口コミの活発化はノリタケのブランディングを促進する。

来場者の内部では作業実演の見学や絵付け体験，オールドノリタケの鑑賞，ショッピングと飲食，ウェルカムセンターにおけるパネル展示学習やビデオ観賞といった体験により，ノリタケというブランドに大きな経験価値がつくられる。言い換えれば，ノリタケの森を歩き回る間に，ノリタケに関して特別な思い，良き思い出が形成され，ノリタケというブランドが心に深く掘り込まれるのである。

このようなブランディングはノリタケの森自体の魅力度向上と収益増，親会社であるノリタケカンパニーリミテドの競争優位と増益につながる。そして運営会社と親会社の増益は，ノリタケの森を充実化・活性化する。仮に運営会社と親会社が赤字であれば，清掃や施設メンテナンスの予算1つを取っても，潤沢ではなくなる。そうするとノリタケの森の美化も滞ってしまう。芝生や建物内にごみが落ちていれば，たとえ立地はよくとも来場者の足は遠のく。極端な場合，親会社の業績悪化が続けば，このような資産価値の高い敷地を市民のために開放するということ自体が無理になる。このようなことから地域社会への貢献，産業観光への協力が目的であったとしても，ブランディングと運営会社・親会社への増益効果がそこになりれば，ノリタケの森は頓挫しかねないのである。この種の施設は結果的に会社の業績向上に寄与して構わないし，また寄与するものでなければ，社会貢献や産業観光育成という目的は果たせないといえる。

第1項でも述べたように，伝統のある企業ほど長い歴史の中で一度は経営的に苦境に陥り，土地や本社等の資産を売却して損失の穴埋めをするということ

が多い。ノリタケの森の資産価値は第一級である。すなわち名古屋駅から徒歩圏内の広大な土地を有し，不動産として見ればその価値は巨額である。したがって現在ノリタケの森がこの地にあるということ自体が奇跡に近い。その存在はブランディングに関するスパイラル（循環関係）が有効に機能していることを示している。

図表7－2　ノリタケの森によるブランディング・スパイラル

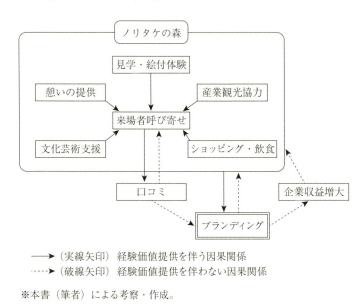

──▶（実線矢印）経験価値提供を伴う因果関係
‥‥▶（破線矢印）経験価値提供を伴わない因果関係

※本書（筆者）による考察・作成。

3．石屋商事株式会社「白い恋人パーク」

（1）会社概況とブランディング

石屋製菓株式会社（以下，石屋製菓）は北海道札幌市西区宮の沢2条2丁目11番36号に本社を置く洋菓子メーカーである[20]。主力製品はチョコレート菓子，クッキー，ケーキ，バウムクーヘン等である。

創業は終戦直後の1947年で，政府委託のでんぷん加工業者としてスタート

第7章　企業パークおよび企業ガーデンとブランディング　◎── 221

している。1948年にドロップス製造を開始し，1957年に生菓子製造に進出したことで，本格的洋菓子メーカーへと脱皮した。1976年に現在同社の代表的製品になっている「白い恋人」を発売し，1995年にはイシヤ・チョコレートファクトリーが稼働を開始している。同ファクトリーは開設以来，見学通路からの自由見学をモットーとする開放的な工場を意識してきた。後に取り上げる「白い恋人パーク」はここに原点を見ることができる。また同ファクトリーは現在も本社工場であると同時に，「白い恋人パーク」の中核的な施設となっている。

同社のシンボル的製品ともいえる「白い恋人」は，焼き色を付けた薄いラングドシャークッキーでチョコレートをはさんだ菓子である。商品化されたのは先にも言及したように1976年で，考案したのは創業者・石水幸安と長男である石水勲である。もともとは手を汚さずにチョコレートを食べるという発想でこのような形になったのだが，クッキーのサクサクという食感とチョコレートのしっとりとした味わいの組み合わせが絶妙ということでヒット商品となった。

この「白い恋人」が同社の看板的な製品ブランドである。一方，多用される社名表記は石屋製菓およびISHIYAである。ローカル番組やテレビCMにおけるクレジットは両者を組み合わせた「白い恋人でおなじみのISHIYA」もしくは「白い恋人のISHIYA」である。個別製品ブランドには「白い恋人」のほかに，パイとブルーベリー等のクリームを使ったミルフィーユ菓子の「美冬（みふゆ）」，バウムクーヘンの「TSUMUGI（つむぎ）」などがある。

寄り添う2匹の猫がマスコット・キャラクターで，包装紙等にはこれをモチーフにしたマークが長らく使われていたが，2008年からは七稜星にこれが変更された[21]。2匹の猫には名前がなかったが，これに「プルミ」と「ラムル」という名前が付けられた。ちなみに両者を続けて読むと，フランス語で初恋を意味するプルミラムルとなる。

以上のことより，同社のブランディングでは洋菓子の重要顧客である若い女性を意識し，その感性に訴えることに一貫して重点が置かれていることがうかがえる。前述した個別製品ブランドのネーミング，寄り添う2匹の猫というマ

スコット・キャラクター，七稜星のロゴマーク，マスコット・キャラクターに名前を与え，その裏に隠された意味は初恋であるというロマンチックな機知ないし遊び心は，どれも女性好み，特に若い女性を念頭に置いたものであるという点で一貫している[22]。

　商品の流通・販売について述べると，その土地，その土地にはそれぞれ名産やみやげ品があるものの，そういう名産・みやげ品は各々その土地だけで販売されてこそ魅力が保たれるという考え方がある。「白い恋人」等，同社の製品は北海道の代表的なみやげ品となっているが，同社もそういう理念で，むやみに拡販をせず原則として製品を北海道外の店舗には流通させていない。すなわち北海道だけで販売することが北海道の銘菓としてのブランド・イメージ，ポジションを維持し続ける上で重要という信念から，オンライン・ショッピングおよび国際空港の免税店とデパート等の物産展を除き，同社製品の店頭販売は北海道に限定されている。

　現在，同社は品質管理部が製造部をチェックし，法務コンプライアンス室が経営陣をモニターするという体制になっている。またお客様サービス室に寄せられた声は，外部の識者を含むコンプライアンス委員会にすべて報告される。このように徹底した法令順守体制をとっているのは，2007年に同社において賞味期限改ざん問題が起こったためである。これは同社のブランドと会社の存続にとって危機的な事件であったが，これを契機に同社はコンプライアンスと「食の安全」に関して厳格な体制を取ることとなった。すなわち「ブランド消失となりかねなかった大事件は，低い（かつ広い）目線でモラルやコンプライアンスを守る現場作りへと経営スタイルを変えるきっかけになった」（島津，2008, 134, （　）内の補足は白石による）[23]。

　このような食の安全確保との関係で，同社の製造現場では，「何時何分に，何の液体に何分浸けた」といった内容をすべての工程で記録するのが業務ルールになっている。従業員の制服についても会社の責任でクリーニングをしている。さらに賞味期限は外箱だけではなく，コスト負担の重さを承知した上で個別包装すなわち菓子の一個一個に印字し，期限の改ざんが行われないようにしている。

第7章　企業パークおよび企業ガーデンとブランディング　◎── 223

　同社はJリーグのサッカーチームであるコンサドーレ札幌のオフィシャル・パートナーになっており，このコンサドーレ札幌が同社のブランディング活動で一翼を担っている。例えばユニフォームの胸部分に「白い恋人」と記されており，Jリーグのサッカー中継やスポーツニュースではこれが頻繁に映し出される。またテレビCMにもコンサドーレ札幌を応援するという内容のものがある。このようなスポーツを通じたブランディングの一環として，次に述べる白い恋人パーク内には「宮の沢白い恋人サッカー場」が設けられている。

(2) 白い恋人パーク

　白い恋人パークは石屋製菓の体験型施設で，札幌からくり時計塔，あんとるぽー館，チョコレートファクトリー，チュダーハウス，ローズガーデン，白い恋人鉄道，カフェ&レストランからなり，隣接地には宮の沢白い恋人サッカー場がある。敷地面積は約1万坪で，年間来場者数は50万人を上回る水準で推移している。管理・運営を担当しているのは石屋製菓の関連会社である石屋商事である[24]。

　この施設は1995年，「白い恋人の製造ラインを見学できる観光施設」としてオープンした。アンティークカップや家具のコレクションを見てもらい，お菓子作りの体験ができ，眺めの良いカフェでオリジナルスィーツを味わえるというのが当初のコンセプトであった。

　白い恋人は第1項で述べたように，北海道のみやげ品，銘菓として定番的な位置を占めている。このため観光地としての北海道の魅力が高まれば，より多数の人が北海道に訪れるようになり，白い恋人の売上が伸びることになる。そういう意識で，度重なる施設の増設を行い，また季節ごとの企画やイベントを考案するなど，北海道の観光施設としての魅力向上を図ってきた。図式的に表せば「白い恋人パークの充実→石屋製菓の売上増大」というようにパークの充実が同社の売上増大に直接的に機能するのではなく，両者の間に観光地としての北海道の魅力向上，北海道への旅行客増加という要因が介在しているというのが同パークの立場である。つまり「白い恋人パークの充実→北海道の魅力向上→北海道への旅行客増加→石屋製菓の売上増大」という因果プロセスが想定

されているのである。

　「札幌からくり時計塔」は白い恋人パークのエントランスにあたり，また同パークの象徴ともいえる建物である。1時間ごと，長針が12を指すと同時に，ヒグマのトロン，たんちょうヅルのロンジェ，オットセイのリーベ，ウサギのキト，牛のリリが，マイスターの指揮に従って楽器を演奏しながら行進する「チョコレートカーニバル」が繰り広げられる。その際に，時計塔の下方からシャボン玉が噴き出して空に舞い上がり，時計塔と「あんとるぽー館」の渡り廊下ではトランペットを持った人形が左右にスウィングするなど，「カーニバル」にふさわしい賑やかな雰囲気となる。

　同パークには「ファクトリーウォーク」という名称で見学コース（有料エリア）が設けられている。これに入る場合は一般的には，あんとるぽー館の1階チケットカウンターで料金を支払い，入館パスポートを受け取る[25]。この際に，試食用の「白い恋人」が渡される。

　入館者はその後，「あんとるぽー館」の2階をオーロラの泉，マイセンやドレスデン，セーブルのアンティークカップを展示したスペース，ステンドグラスの部屋，パッケージの部屋，パッケージラベルの部屋，コロンビア共和国の民芸品を展示したコーナーの順に歩くことになる。これらは一見，何の脈絡もないように見えるが，実は多くがチョコレートと関係が深い。18世紀頃まではチョコレートは飲み物として楽しまれ，その際に専用のチョコレートカップが使われていた。そして展示されているパッケージおよびパッケージラベルはほとんどすべてが数十年前，物によっては100年以上前に販売されていたチョコレートの包装紙や箱，ラベルである。コロンビア共和国もチョコレートの原料であるカカオ豆の原産国で，いわばチョコレートの母国である。

　「チョコレートファクトリー」は石屋製菓の本社工場である。コンセプトは「見て！触って！体感！　白い恋人製造ライン」で，製造ラインを窓越しに見学できるほか，体で感ずるという体感の要素と，パネル等にタッチして画像を映すという能動的要素が盛り込まれている。つまり「ここでは，こういうことが行われている」ということをわかりやすく，かつ楽しく学べるような種々の配慮と工夫が見られる。小さな子供を含めて，チョコレート生産の仕組みと，

食の安全に対する自社の取り組みについて理解してもらおうという意欲，意気込みも伝わってくる。例えば工場見学に入る前に，あらかじめ生産プロセスの全体像（概略）をパネルと映像で示している。またチョコレートを食べると太るのかや誰が最初に作ったか，ホワイトチョコレートはなぜ白いのかをQ&A形式で説明する「なるほど！チョコレート」のパネル展示が通路の壁で行われている。さらに石屋製菓のあゆみや同社の主要製品を紹介する「イシヤストーリー」のスペースもある。

　これらの展示の先に進むと，チョコレートの出来るまでを映像で紹介する「チョコ・タイムトンネル」に足を踏み入れることになる。ここは洞窟のような暗い空間で，ガラスの向こう側に19世紀のチョコレート工場の様子がジオラマ（模型）で再現されている。ガラス前の3カ所には「TOUCH」と示されたプレートがあり，それに触ると3種類の説明画像がジオラマ内に映し出される。最初はカカオ豆の特徴および選別とローストの工程，二番目が豆の皮をはがす工程，三番目がコンチングすなわちチョコレートを練り上げる工程に関する説明である。

　この後，ガラス越しに製造ラインを見学することになる。見学は加熱工程（オーブン），サンド・冷却，包装の順に進む。そしてここでも，チョコレートの製造に使われている機械を紹介する「チョコレートをおいしくする機械たち」などのコーナーがあり，動画像で工場内にある主要な機械に関する解説が行われている。

　先に言及したように，この見学には体感の要素もあり，冷却工程やオーブンの温度を触って確かめる等の趣向が盛り込まれている。例えば冷却工程に関していえば，クーリングトンネル前の壁に手の平のイラストと「さわってごらん，つめたいよ」という字が書かれたプレートがあり，それに手を当てると冷却の温度（5℃）が実感できるようになっている。

　体験的なコーナーとして注目されるのは「お菓子作り体験工房」で，プレゼントや旅行の記念用に菓子を作ることができる。エプロン，帽子，くつカバーが用意されており，希望者はスタッフの助言やサポート（手伝い）を受けられるので，小さな子供でも菓子作りを体験できる[26]。

このほかにファクトリー内には，イギリス風のアンティーク家具が配置され手稲の山並みや宮の沢白い恋人サッカー場，ローズガーデンを眺められる「チョコレートラウンジ」，黎明期のオーディオ文化，蓄音器の構造と素材，その造形が持つ美しさ，音の出る仕組みを紹介する「蓄音器ギャラリー」がある[27]。

　「昔の子供のおもちゃ箱」には，明治期，大正期，昭和期のおもちゃコレクションが展示されている。ブリキやプラスチックで作られた汽車や飛行機，鉄腕アトムや仮面ライダー，ウルトラマン等の人形，たこや羽子板，かるたが展示されている。片隅のスペースにはちゃぶ台と白黒テレビが置かれており，テレビには「懐かしのワンパク時代」と題した昭和時代の海水浴や虫取りの映像が流れている。コンサドーレ札幌の選手を含め，世界的に活躍したアスリートのグッズが展示されているスポーツコーナーも併設されている。

　「チュダーハウス」にはショップ・ピカデリー，キャンディ・ラボ，立体駐車場が入っている。このほかに車いすやベビーカーの貸し出しも行われている。イギリスのチュダー様式で建てられていることからこの名称が付いている。あんとるぽー館から入りファクトリーウォークを歩いてきた来場者にとっては出口部分にある最後の建物であるが，地上の駐車場から歩いてきた来場者にとってはこちらが正面側，最寄の建物となる。正面玄関から入ると，向かって右側にショップ・ピカデリー，左側にキャンディ・ラボがある。赤いカーペットが敷かれた正面の階段を上っていくと，途中の踊り場で二股に分かれており，右側へ上ると前述した昔の子供のおもちゃ箱，左側へ上ると蓄音器ギャラリーに至る。この踊り場には季節ごとにそれにふさわしい飾りやオブジェ，例えば12月には「Happy Christmas」という文字の入った赤い大きな花輪が置かれる。時間帯にもよるが，その前では多数の来場者が写真を撮っている。またこの階段下はテイクアウト・コーナーになっており，買ったばかりの同社製品やソフトクリーム等を食べている人も多い。

　「ローズガーデン」は白い恋人パークの中庭にあたる。約480平方メートルの敷地にクラシックローズやモダンローズ等のばらが植えられており，自由に散策することができる。色とりどりのばらを楽しめるのは6月中旬から10月

第7章　企業パークおよび企業ガーデンとブランディング　◎── 227

末までである。冬季はわらで冬囲いされる一方，無数のカラフルな電球のイルミネーションがともされ，雪だるまのオブジェが多数置かれる。また花壇には，オブジェのふくろうと小鳥が3羽ずつ留まっており，前述した時計塔のチョコレートカーニバルが始まると，ふくろうは左右にスウィングし，小鳥は音楽に合わせてさえずるというようにきめの細かい演出が行われる。

　時計塔からこのローズガーデン，後述する「白い恋人鉄道」にかけて，カラフルなミニチュアハウス（小屋）がいくつも置かれていて，天気の良い日には幼児がその中に入って遊んでいる光景が見られる。これらのオブジェやミニチュアハウスは非日常的な雰囲気を盛り上げ，独特な空間の形成に機能している。

　「白い恋人鉄道」は，北海道で初めて運行した蒸気機関車であるSL弁慶号をモデルにした6両編制のミニ鉄道が木立の間を走るというものである[28]。運行は20分間隔で，乗っている時間は約10分間である。列車が動き出すと，これを背景に写真を撮ろうとする観光客が集まりだし，線路の周囲がにぎやかになる。運行コースにはポプラ並木と白樺並木に加え，おかしのいえやトンネルが設けられていて，乗客を飽きさせないための工夫が施されている。トンネルは外側がシュークリーム，内側は進行するにつれてチョコレートを模した壁，レンガ風のタイル，オーロラと星が描かれている夜空に変化する。その後，列車はSWEET HOUSEという建造物内に入る。この内部には白熊のオブジェがある[29]。運行中は乗務員のアナウンスが流れ続ける。例えばトンネル内では「流れ星は何個あるかな？」，おかしのいえの周りでは「アザラシさんはどんなお菓子が好きなのかな？　みんなはどんなお菓子が好きなのかな？」と語りかけてくる。また列車が通ると，至る所で警備員が手を振ってくれる。

　カフェ＆レストランには，前述したチョコレートファクトリー内にあるチョコレートラウンジのほかに，宮の沢白い恋人サッカー場を眺めながら食事ができ，夏場はオープンテラスとなる「レストラン梟巣（おうるず）」，札幌からくり時計塔を眺めながらソフトクリームを食べられる「ソフトクリームハウス」等がある。

宮の沢白い恋人サッカー場は，石屋製菓がオフィシャル・パートナーとなっているJリーグのサッカーチーム・コンサドーレ札幌の練習グラウンドである。ここでユースチームの試合が行われることもある。全面に手入れの行き届いた天然芝が敷き詰められており，特に春から夏にかけては鮮やかな緑が美しい。

なお同パークに関するパブリシティについては，旅行雑誌とインターネット上のそのサイト，地元テレビ局での中継や収録放送，地元のフリーペーパー，インターネット上の海外旅行者向けサイトで紹介されている。これらのマスメディアとの協力関係を築くことも意識されており，「こちらのページご提示で入館料を割引」というような特典が設けられている媒体も多い。

（3）ファクトリーウォークにおける透明性

前項で述べたように石屋製菓の本社工場であるチョコレートファクトリーには，ファクトリーウォークという名称で工場見学コースが設けられている。このファクトリーウォークという呼称，予約なしで工場を見学できる一方，入館料が必要であるという態勢には，「工場見学」と堅苦しく考えずに1つのアミューズメントとして気軽にご覧くださいというメッセージがこめられているように思われる。すなわちこれには札幌からくり時計塔，昔の子供のおもちゃ箱，白い恋人鉄道などと同様に，アミューズメントないしアトラクション的な意味合いを持たせているように見受けられる。工場内で行われていることをオープンにするという企業の社会的責任，いわゆるCSR (Corporate Social Responsibility) を遂行し，食の安全確保に徹している姿をアピールするという意義ももちろんあろう。

第5章で述べたようにオープン（透明）であることは企業に強い競争力をもたらすが，同社はその好例である。具体的には，ファクトリーウォークでは「白い恋人」の製造ラインが公開されており，来場者は焼きたてのラングドシャークッキーにチョコレートをサンドする様子や，冷却，賞味期限の印字，個別包装という一連の工程を3階見学通路から見ることができる。工場内の壁上方には見学をする来場者の絵が描かれ，からくり時計塔に登場するのと同じ

「たんちょうヅルのロンジェ」が生産ラインを見下ろしながらシンバルを打っているというように，子供が喜ぶメルヘン的な雰囲気が形成されているのであるが，白い作業服・帽子・マスクを身につけている従業員の作業はてきぱきとしており，その様子は真剣そのものである。

　目を引くのは柱に大きなディスプレイが掲げられており，各従業員の手元の作業風景をクローズアップして撮影した映像が映し出されるということである。録画再生ではあるが映し出される工程・作業場は多様で，「どうぞ何でも見てください」，「細かい所もご覧になってください」という意識が感じられる。また徹底して食の安全に取り組んでいるという自信が伝わってくる。さらに食の安全，コンプライアンスに関して注目されるのは，品質検査工程を公開しているということである。すなわちガラス越しに，顕微鏡に似た器具を操作する等の時，検査員の当該作業を見ることができる。

　石屋製菓のブランディングは製品そのものの強み，白い恋人パーク，広告，コンプライアンスと経営倫理，オープンさ（透明性），サッカーチーム・コンサドーレ札幌の連携によって推進されている（図表7－3）。つまり同社では，第1項で述べた製品そのもののおいしさ，これに対する人気と評判，重要顧客である若い女性に高い訴求力を持つ広告，コンプライアンスと倫理による食の安全が多角的にブランディングに機能している。このような製品と食の安全徹底は先に述べたようにファクトリーウォークで公開され，消費者や観光客，取引先関係者はこれを自分の目で近くから見ることができる。

　一方，本節の第1項で述べたように，同社のブランディング活動でその一翼を担っているのは，Ｊリーグのサッカーチーム・コンサドーレ札幌である。そして緑鮮やかな宮の沢白い恋人サッカー場は白い恋人パークにおいて，札幌からくり時計塔やチュダーハウス，チョコレートファクトリー等とともにブランディングに機能するとともに，コンサドーレ札幌に練習の「場」を提供して，その競技力向上とブランディング活動を支えている[30]。

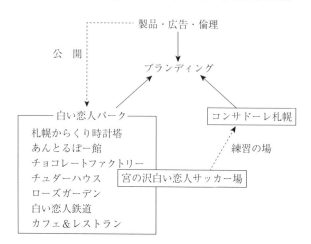

図表7-3 石屋製菓におけるブランディングをめぐる連携

※本書（筆者）による考察・作成。

【注】

1) ハメルおよびプラハラード（1994）は，未来に向かって企業を成長させるためには，企業の中心的アイデンティティをドメイン（事業領域）ではなく能力，特にその企業の事業活動を根底で支えている能力，あるいは顧客に高い付加価値を提供しうるその企業にとっての中核的な能力である「コア・コンピタンス」とする必要があると説いている。そして彼らは企業の能力をコア・コンピタンスと見なせる条件として，次の3つを挙げている（Hamel & Prahalad, 1994, 204-206；邦訳, 260-264）。第一に，コア・コンピタンスは顧客に認知される価値をほかの何よりも高めなければならない。言い換えれば，その能力があるから当該企業は極めて高い付加価値を顧客に提供できるというものでなければならない。第二に，コアの企業力として認められるためには，他社にはあまり見られないユニークな能力，独自性の強い能力である必要がある。逆にいえば，どの企業にも見られる能力，業界のどこにでもあるような能力はコア・コンピタンスとは見なせない。その企業ならではの能力というものでなければならない。第三に，その企業力に基づき，新製品や新サービスの具体的なイメージが描けなければならない。言い換えれば，コア・コンピタンスの1つの重要な機能は，新製品・新市場への参入の基礎を形成するということである。

2) 同ガーデンは全体として緑が多く，また真夏でも涼風が吹くことから，歩いていると軽井沢など避暑地にいるかのような錯覚を覚える。立地しているのは丘陵の斜面で，「ウエ

スト」(西地区)が上方側,「イースト」(東地区)が下方側になる。すなわち植物細密画館や健康パビリオンのある「ウエスト」から北丘工場のある「イースト」へは下りとなる。下り坂も所々にある階段も急ではないが,北丘工場に下りる最後の階段には「階段が大変な方はエレベーターをご利用ください」という看板が設置されており,バリアフリー対応,高齢者対応にも気を遣っていることがうかがえる。北丘工場内,かんてんぱぱショップの横に設置されている休憩コーナーに入ると,ゆったりとしたソファとテーブルがあり,テーブルの上には使い捨ての紙おしぼり,試食用の紙スプーンが置いてある。さらに奥には食堂に置かれているような長いテーブルが並べられ,大人数が一度に座れるようになっている。窓側に設置してある冷蔵庫の上方には「試食です。ご自由にお召し上がり下さい。」,「ゆっくり,よくかんで食べてね。」と書いてある。後者のメッセージは子供と高齢者向け,すなわち誤嚥防止を目的としたものであろう。冷蔵庫内には同社製の「ババロリア・チョコレート」と「カップゼリー80℃ストロベリー」が入っていた。前者に関する説明として冷蔵庫のガラス扉上方に「本日のご試食はババロリア・チョコレート,か～く混ぜるとプリン風,しっかり混ぜるとムース風」,後者の説明として「本日のご試食はカップゼリー80℃ストロベリー,とってもかんたん」という掲示がある。横には50インチくらいの薄型ディスプレイがあり,子供が同社製品を使ってクッキングに挑戦している映像とスポンサー提供をしているテレビ番組の放映日時に関するメッセージが流れている。これとは別に正面奥の大型ディスプレイでは,同社製品の生産,その他について紹介するビデオが放映されている。休憩コーナーから北丘工場内に進むと,同社製品の生産風景や竣工時における北丘工場の写真が壁に掲示してある。突き当たりを右に行くと生産ラインを窓ガラス越しに見学でき,左に行くとトイレがある。窓ガラス前に立って作業風景を見学していると,一番近くの従業員が目礼をした。

3) かんてんぱぱガーデン内にあるレストラン,和食店(そば処),インテリアショップの経営にも,利益が上がらなくともブランディングに機能すればよいというポリシーが貫かれている。すなわちこれらの運営に関しては必ずしも「採算は取れない」が,たとえ赤字であっても「意に介さない」という姿勢が保持され,「会社のイメージが上がればよい。ファンづくりが大切」という立場が取られ続けている(日本経済新聞・長野版,2008年10月3日)。

4) 未上場企業としてのメリットは第1項で述べた地域貢献活動に関しても現れていると考えられる。すなわち「最近は株主重視が声高に叫ばれ,企業は直接的な利益を生まない社会貢献活動をしにくくなっている」こと(日本経済新聞・長野版,2008年10月3日)を考えると,未上場であるということが地域貢献活動を促進するというように同社ではプラスに機能しているといえる。

5）CBN ホイールはダイヤモンドに近い硬度を持つ CBN 砥材を用いた研削工具で，主に鉄等金属の研削・加工に使われる。
6）スラブ鋼片は製鋼におけるある種の中間素材（半製品）で，成分調整後の溶けた鋼を圧延しやすいように加工したものをさす。
7）転写紙は主として曲面印刷，凹凸のある面の印刷に使用される。
8）前者は優れたデザイン性と通信技術を応用した利便性という特長を有する。後者は使用できる温度範囲が広く，落ち着いた視認性を持つという利点があり，POS レジスターや自動販売機への普及が見込まれている。
9）超硬丸鋸シンカットマスターは円盤型鋸(のこぎり)の製品で，速く切れ，寸法の誤差が小さく，切断面がきれいであるという特長を持つ。
10）西暦年号と元号による年号を併記している所と，一方だけ示している所があるのは，参照した資料の表記を尊重しそのまま記載したことによる。
11）陶器は 1,000 度から 1,150 度での低温焼成で作られ，たたくと鈍い音がして，透光性がなく，長時間水に浸すと内部に水が浸透するという特徴を持つ。磁器は 1,250 度から 1,300 度での高温焼成で作られ，たたくと金属音がして，透光性があり，吸水性がないという性質を有する。
12）施釉(せゆう)は釉薬すなわち上薬を塗って焼く処置をさす。これによって表面がガラス質で覆われた陶磁器が釉焼(ゆうやき)である。釉焼は素焼に比べて耐水性が高く光沢に富む。
13）最高の色は，金色を別とすると青と赤，特に瑠璃色と呼ばれる濃い青，マロン色と呼ばれる深い赤であるという。
14）吹き絵付けの作業手順は，①防護塗り，②絵具吹き，③防護剥がし，④焼成品であり，サンドブラストは，①ブラスト転写貼り，防護塗り，②ブラスト処理，③転写，防護剥がし，④金仕上げ，焼成という作業手順となることが説明されている。転写貼りおよび金仕上げについては，①色転写貼り，②色転写焼成，③金転写貼り，④金転写焼成，金仕上げ，⑤金焼成（完成品）という手順となることが示されている。
15）前者の「色は変わる」については焼成前後で色が変化するという説明とともに，絵付けのされた陶磁器の実物が置かれており，茶色のばらの花びらが焼成後にピンク色に変化していることが示されている。後者の「裏印」については，お皿の裏には真ん中にマークがあり，これには製造会社名，商品名，絵柄番号，製造国名など素性を明らかにする役割があるという趣旨の説明がなされている。
16）テーブルの上には「絵付けをされる皆様へ―必ずお読みください―」と題した作業の仕方と注意点に関する紙，紫色やピンク色等の塗料が入ったカップと筆，色見本，箱入りティッシュが置いてある。

17) このような絵付けを本格的に深く勉強したいという人のために，ノリタケの森はノリタケ・アーティストクラブも開設している。これは陶磁器のハンドペインティングを勉強したい人のための有料講座で，チャイナペインティングコースとポーセレンクラフトコースの2つでなっている。前者は真っ白な陶磁器に草花等を手描きする技術を1年次は初級科，2年次は中級科，3年次は専修科と段階的に学ぶものである。後者は陶人形，陶花，アクセサリーなどの実用品創作を学ぶもので，粘土をこねて形を整え，色をつけて窯に入れて焼き上げる技術を修得する。
18) フィルムの下に水分や空気が残らないように，ゴムべらを使ってマグカップに密着させるのがコツである。
19) 現在強調されている意義にはこのほかに，「災害発生時には帰宅困難者のための一時避難場所として，地域社会に貢献」というものがある（ノリタケカンパニーリミテド，2014，15）。
20) 本節の見出しにある石屋商事株式会社は石屋製菓株式会社の関連企業で，白い恋人パークを直接的に管理・運営しているのは前者である。
21) 七稜星は角が7つある星で，北海道のシンボル的なマークである。これは北海道旗や北海道章にも使われている。
22) あくまで個人的印象ではあるが，これらの取り組みから連想される漢字は「清」，「純」，「愛」である。換言すれば，これらの施策の背後にあるキーワードは「清純」，「純愛」で，同社の包装紙デザインを見た際にとっさに思い浮かぶのもそういう可憐さにつながることばである。こういった印象には個人によって多少相違があると思われるものの，少なくとも同社のブランディングには本文で先に言及したように一貫性あるいは戦略があるように思われる。
23) 補足は白い恋人パーク訪問調査時およびその後の石屋商事，石屋製菓とのやり取りで得た知見に基づく。
24) 最寄り駅は地下鉄東西線「宮の沢」駅で，同駅に着くと車内に「白い恋人パーク，宮の沢白い恋人サッカー場へは，こちらでお降り下さい」というアナウンスが流れる。本文に敷地面積は約1万坪と書いたが，来場者にとっては道路をはさんだ向かいにある公設の緑地公園『宮の沢ふれあい公園』も同パークと一体化しており，広大な園地が広がっているという感じを受ける。
25) 入館パスポートは入館証であると同時に，見所を写真入りで紹介したガイドブックでもある。形状は手帳サイズの小冊子である。入館のたびあるいはチョコレートラウンジ等で1,000円利用ごとにスタンプが1個押され，これが10個集まると，白い恋人パーク名誉会員となることができる。名誉会員は入館が無料で，希望者にはイベント情報が配信され

る。

26）体験工房の向かい側には「シュガークラフトスタジオ」があり，カーネーション，スワン（白鳥），フォトスタンド，マスコットシューズの形をした砂糖工芸品作りの実演と販売が行われている。

27）蓄音器ギャラリーの一部には演奏会用の特別なスペースが設けられている。演奏会はCD登場前のアナログ・レコードを約20分間鑑賞するもので，1日に数回行われる。

28）チケットは「しらかば駅」と表示された小さな駅舎で購入する。ホームの中ほどには，本物の駅にあるのと同じような行き先掲示板があり，おかしのいえ（くだり方面），レンガトンネル（のぼり方面）と書かれている。

29）SWEET HOUSEの横には「ピサの斜塔」のように傾いた塔があり，それを数人のパティシエ達が倒れないように支えている。正面側から見るとわからないが，白い恋人鉄道に乗って裏側に回ると，一人のパティシエのズボンが破けていて，ハート柄の下着が見えるという趣向になっている。

30）建物内は複雑に入り組んでいて，ちょっとした迷路を思わせる。それ自体が子供には楽しいようである。ただし来場者が迷うのを防ぐために，内部の所々に「ここはあんとるぽー館2階です」，「ここはチョコレートファクトリー3階です」といった壁掛けパネルや立て札が掲示（配置）されている。あくまで個人的な印象であるが，工場内はイラストや人形など子供を楽しませる要素が多く，チョコレート工場を舞台にしてメルヘンとミュージカルが展開される映画「チャーリーとチョコレート工場」あるいは「ハリー・ポッター」に出てくる魔法魔術学校（ホグワーツ）を思わせる。これに加えて，ホスピタリティ（おもてなし）も各所に見られる。例えば寒い時に白い恋人鉄道に乗車する際には「ひざ掛けをお使いになりますか？」と尋ねられる。また建物の入り口では，「コインロッカーまで離れておりますのでこちらでお預かりいたしましょうか？」といったように申し出てくれる。パーク内には英語もしくは中国語を話せるスタッフがおり，実際，来場者にはこれらの言語圏の人が多いため，英語・中国語での説明やガイドが日常的に行われている。ただしアジア系の客はどこの国の人なのか見ただけではわからない。現場のノウハウとしては，まず日本語で話しかけてみると，相手は「わからない」とか「日本人ではない」ということを母国語で答えるので，それを聞いて国籍を判断し，中国語・英語等に切り替えるということである。パンフレットも日本語，英語，タイ語，韓国語（ハングル），中国語のものが用意されている。中国語の印刷物については簡体字のものと繁体字のものの両方が置かれている。

第8章

企業ミュージアムとブランディング

1．ヤンマー「ヤンマーミュージアム」

(1) 会社概況とブランディング

　ヤンマー株式会社（以下，ヤンマー）は大阪市北区茶屋町1丁目32番地に本社を置くエンジン（発動機），農業用機械，建設用機械，エネルギーシステム等の大手産業機械メーカーである。エンジンはディーゼルエンジンを中心にサイズ的にも用途的にも広範なタイプをカバーしている。すなわち小形から大形まで幅広く生産し，用途も前述の農業用機械・建設用機械に加えて，プレジャーボートや漁船などの船舶，その他に及ぶ。

　このような事業領域，いわゆるドメインを整理するカテゴリー概念として，社内的には主として次の2つが使われている。1つは，その製品が使用される場所・環境に着目した区分である。具体的に述べると，自社の製品群を整理する際にヤンマーでは比較的高頻度で「大地」，「海」，「都市」というカテゴリー概念が使われる。例えば「大地」領域に含まれるのはトラクター，コンバイン，田植え機，産業用小形エンジン，無人ヘリコプター，油圧機器，バイオマス発電プラント，カントリーエレベーターなどである。「海」関連には船舶，中小形マリンエンジン，船舶用機関，海水ろ過装置，その他がある。「都市」に属するのはミニショベル，投光機，ミニ耕運機，非常用発電機，コージェネレーションシステム，工作機械，GHP，太陽光発電システム等である[1]。

　もう1つはある意味でオーソドックスな区分方法で，以上のような製品群を機能や外形・用途およびエンジンか最終製品（機械）かプラントかに注目して分けたものである。具体的にはこの場合，自社の事業フィールドが小形エンジン事業，大形エンジン事業，マリン事業，農機事業，エネルギーシステム事

業,建機事業,コンポーネント事業に区分される。

　会社としての起源は山岡孫吉が山岡発動機工作所を創業した1912年にまでさかのぼる。1921年,トンボの王様であり,実りの秋に田園を飛び豊作の象徴でもあるオニヤンマを連想させ,また発音的に山岡の「山」に近いということで,「ヤンマー」を自社製品のブランドに設定し,1952年には会社の名前をヤンマーディーゼル株式会社に変更している[2]。その50年後の2002年,社名が現在のヤンマー株式会社に改められた。なおブランドはコーポレート・ブランドのヤンマー（YANMAR）のほかに,製品ごとに「エコトラ」,「エコディーゼル」等のペットネームも設定されている。

　ブランディングに関して注目されるのは,ブランドの重要性がトップマネジャー自身によって認識され,ブランドのプレミアム化が全社的プロジェクトとして推進されていることである。このプロジェクトには「プレミアムブランドプロジェクト」という名前が付けられている。これは「お客様へのSolutioneeringに貢献するプロジェクト」であり,その趣旨・意図については「これまで以上に,全世界のお客様からのゆるぎない信頼をいただくために,商品・アフターセールス・コミュニケーションを通じてブランドのプレミアム化活動を開始し,当社の新しい企業イメージを構築していきたい」という説明がなされている（ヤンマー,2013,4）。

　SolutioneeringはSolutionとEngineeringを組み合わせた造語で,工学的な技術を駆使して顧客の抱える問題を解決するということを意味している。またここでいうプレミアムブランドは必ずしも高級感があり高価格を感じさせるブランドということではなく,「顧客満足,という言葉がありますが,私たちは『満足』というレベルではなく,お客様に『感動』を提供する存在になっていこう,そういう意味がこめられています」と語られている（前掲報告書,4）。このように,同社におけるプレミアムブランドは高級ブランドという意味ではなく,むしろユーザー,顧客にとって親近感や愛着,信頼感のある「特別なブランド」という意味に近いと理解される。

　同社では存在意義,社会的使命を表す「ミッションステートメント」が,「わたしたちは自然と共生し生命の根幹を担う食料生産とエネルギー変換の分

野でお客様の課題を解決し未来につながる社会とより豊かな暮らしを実現します」と制定されている。そしてYANMARブランドの価値を高めるために，中核的業務を前述のSolutioneering，顧客の抱える課題解決とし，そこにおけるReliability（信頼性），商品の燃焼効率や機械効率，資源効率，耐久性といったEfficiency（効率性），顧客の課題解決に寄与する革新的技術すなわちInnovation（革新性）が追求されている。さらにこの3つの観点でブランド価値を高めるための社員の行動指針「YANMAR 11」として，1）お客様にとっての価値を自問自答し，最適なソリューションを提供せよ，2）現場，現物，現実を直視せよ，3）結果を出すことに執念を持て，4）受身になるな，自らが活動の起点となれ，5）世界で勝てるスピードで動け，6）当たり前を疑え，創意工夫せよ，7）あらゆる壁を壊せ，連携し，総合力を発揮せよ，8）同質化するな，異なる意見をぶつけあえ，9）安住するな，世界に挑め，10）将来目標を持て，自分を磨け，11）社会規範を遵守せよ，社会課題の解決に貢献せよ，が定められている。

　さらに同社は「ブランド・アイデンティティ」という名称のもとで，新しいロゴマーク「FLYING Y」の浸透を図っている。これはYANMARの「Y」をデフォルメし，前述したようにヤンマーという社名の由来であるオニヤンマの『羽』をモチーフにデザインされたものである。

　従来，同社のブランディングで重要な役割を果たしてきたのはマスコット・キャラクターである。当該キャラクターとして二人の少年を設定し，これにヤンマーというブランドから派生した「ヤン坊」，「マー坊」という名前を付けた上で，広告宣伝等に積極的に活用してきた。イメージソングも「ヤン坊マー坊の歌」であり，「ヤン坊マー坊の天気予報」というように気象情報（テレビ）番組のタイトルにも冠してきた。

　ただし55年間続けてきたこの冠番組を2014年，同社は中止している。この中止に際しては，「消費者との新たな接点づくりが課題。山岡健人社長は『田植えの作業を再現するシミュレーターを使い農業への理解を深めたい』と語り，主に若者向けのブランド力向上を狙う」（日本経済新聞，2014年3月31日）という新聞報道がなされた。

一方では，次項で取り上げる「ヤンマーミュージアム」を2013年に開設している。また2014年には幼年層向けブランディングを強化するために「キッザニア甲子園」にブースを設置し，そのスポンサー企業となった。これは兵庫県西宮市の「ららぽーと甲子園」の敷地内に立地する体験型商業施設で東京にも同様の姉妹施設がある。キッザニア甲子園が開業したのは2009年で，ヤンマーが2013年に出展しスポンサーとなったのはその中の「ファーマーズセンター」である。これは農作業，特に米づくりに使われる機械の運転や操作を体験できるパビリオンで，トラクターや田植え機，コンバインなどが置かれている。それらの農業用機械は，エンジンをかけると運転席が振動しだすなど，運転や操作のシミュレーションがリアル感を伴って体験できるようになっている。この出展については「進化する農業を知ってもらい，食に関心を持つ子供が増えることを期待している」(前掲同所)と報道されているように，次世代育成，幼年層に対する啓蒙という社会貢献的な意義もあると考えられる[3]。

　ブランディングに関してさらに述べると，野外活動やスポーツをテーマにしたテレビ番組のスポンサーとなっている点が特筆される。スポンサーとなった実績のあるテレビ番組には，「スポーツキッズ」(毎日放送)，「ヤンマースペシャル地球学校」(毎日放送・TBS)，「至福のとき—プレミアムマルシェ—」(朝日放送)，「YANMAR presents プレミアムマルシェ—至福の贈り物—」(毎日放送)，その他がある。またテレビCMでこれまで起用してきたキャラクターには吉幾三，フランキー堺，小林旭，石田えり，舞の海秀平，香川真司がいる。

　このほかのブランディング活動として，スポーツ支援が挙げられる。具体的にはJリーグのサッカークラブ「セレッソ大阪」のパートナー・カンパニーを同クラブの設立以来長年にわたって務め，また大阪市の長居陸上競技場のネーミングライツ(命名権)を取得している。このような経緯で，2014年より同競技場の呼称は「ヤンマースタジアム長居」となっている。2012年からはイギリスの強豪サッカークラブ，マンチェスター・ユナイテッドの公式的なグローバル・パートナーにも就いている。スポーツに関してはさらに，世界最高峰のヨットレースである「アメリカスカップ」でオラクルチームUSAの公式的なテクニカル・パートナーとして同チームをサポートし，その連続優勝に貢献し

たという実績を持つ。

　加えて，農業の活性化，文化の振興という観点から，同社は「ヤンマー学生懸賞論文・作文」の募集を行い，また「子ども絵画展」に協賛している。前者の趣旨は「次代を担う若者たちに農業と農村の未来について自由な発想から論じていただく」というもので，後者は「子どもたちがふるさとのすばらしさを発見することを通じて，水と土への関心を高めてもらうこと」を目的としている（ヤンマー，2013, 48）。これらの文化・スポーツ振興も同社のブランディングに関して大きな役割を果たしていると考えられる。

　環境対策に関していえば，同社の場合，本節の冒頭でも言及したようにコージェネレーションシステムや太陽光発電設備などの環境関連ビジネスが主要事業の1つになっている。加えて，生産工程における廃棄物発生量の削減，廃棄物のリサイクルと有価物化，水の循環利用と水使用量の削減を推進しているのは製造業の大企業として一般的であるとしても，環境経営に関する独自の取り組みが自社の発祥地で現在も生産拠点がある琵琶湖周辺と本社のある大阪で行われている。つまり同社の環境活動を説明するキーワード，これを特徴づけているファクターは「琵琶湖」，「大阪」である。

　前者の琵琶湖については，葦原の回復を目指して小形エンジン事業本部の社員等により葦の植栽活動，葦の生育環境を整えるための湖岸清掃が行われている。葦の群落は琵琶湖の原風景であり，魚介類や野鳥の繁殖に欠かせない。また湖水浄化や湖岸の侵食防止に関しても，重要な役割を果たす。このため琵琶湖の自然を復活させる上で大きな効果があると期待されている。

　後者の大阪については，本社近郊の淀川沿岸を緑化する住民活動「淀川『花は咲く』プロジェクト」に協力している。同プロジェクトは大阪市北区役所と社団法人大阪青年会議所も協賛している社会的注目度の高い自然再生運動で，ヤンマーはトラクターで川沿いの土地を耕し整地するという作業を担当している。この運動の一環として行われている「れんげの種まきイベント」にも同社の社員が参加している。さらに同社の本社ビル屋上では，「梅田ミツバチプロジェクト」と命名した都市養蜂活動が行われている。採れたハチミツは環境に関する啓蒙活動や子供向けの食育に使われている。

そもそも同社の存続と発展をもたらすファクターは何かについて考察すると，ある意味で当然ではあるが，同社のユーザー数，シェアの増大がそこでは重要となる。そしてこれらはブランディングと農業人口の増加によってもたらされると考えられる。以上で述べた取り組みのうちサッカーやコットレース等のスポーツ支援，環境経営はブランディングに機能し，それによって刺激されるユーザー，シェアの増大を通じて，売上の拡大につながると理解される。

次項で検討するヤンマーミュージアム，前述したキッザニアへの出展は実体験の付与を通じてブランディングを促進するとともに，幼年層に農業に関する理解を深めてもらい，日本の食を支える農業への興味を刺激する効果がある。特にブランディングについては，第6章第7節で述べたようにヤンマーミュージアムのような企業単独で設置・運営される体験型の冠（かんむり）施設は大きな効果，影響力を持つ。農業や自然に関連する懸賞論文・作文と絵画展は農業への関心を高めることを通じて，国内農業の課題解決に貢献し，これはブランド認知を拡大させ，ブランド価値の向上にも寄与すると考えられる（図表8-1）。

図表8-1　ヤンマーの売上拡大スキームと分析対象の明確化

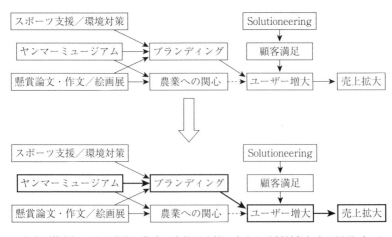

※本書（筆者）による考察・作成。太枠は本節で主たる分析対象とする因果プロセスを示す。「農業への関心」から「ユーザー増大」への破線矢印は，前者が農業人口の増大に作用した場合，同社製品のユーザーが増大することを示す。

このうち本節と最も密接に関連する因果関係は，ヤンマーミュージアムが楽しい体験と思い出を形成することにより，ヤンマーブランドと同社製品の経験価値を高めてブランディングに機能し，それが口コミ等を通じて同社の非ユーザー層へもブランドの認知を促進し，ブランドへのあこがれを喚起するように作用するというプロセスである。

（2）ヤンマーミュージアム

ヤンマーは滋賀県長浜市三和町6番50号に「ヤンマーミュージアム」を設置している。延べ床面積は約3,000平方メートルで，オープンしたのは2013年3月である。

同ミュージアムはコンクリートとガラスのボックス型で，正面側に水盤があるという斬新なデザインの外観をしている。このデザインが高く評価され，同ミュージアムは日本建設業連合会の第55回BCS賞を受賞している[4]。同賞の選定では建物のデザイン性だけでなく，運営面での有効性や創意工夫も評価される。ヤンマーミュージアムの受賞は，建物デザインのすばらしさとともに，来館者の満足度向上を意識した運営，環境への配慮，地元への貢献が高く評価されたことによる。ちなみに同時受賞した建物は東京スカイツリー，ソニー新本社ビル，清水建設新本社ビル等である。

同社はこのヤンマーミュージアムを「当社グループの100年間の歴史と未来への取り組みを体感いただく施設」と紹介し，「エネルギーの有効活用と地球環境との調和を追求し，創業以来当社の根幹を成す商品として基幹産業の発展に貢献してきたディーゼルエンジンの歴史や，それを搭載した多彩な機械を体験型で展示することで，来館者の皆さまに『感動』と『元気』を感じていただきたい」と表明している（ヤンマー，2013, 4）。

コンセプトは「来館者にチャレンジする楽しさや，感動と元気を感じていただく」，「ここにしかない感動を体感していただく」（2013年3月21日，プレスリリース）である。「子どもたちが実際に見て，触れることによって新たな発見や地球資源の大切さや上手な使い方などを学べる，エンターテインメントと学習が融合したミュージアム」（前掲プレスリリース）と謳われているように，展示は

エンターテインメント（アミューズメント）色が強く，これに教育の要素を加えたエデュテインメントが意識されている。

　来場者には親子連れが多い。したがって幼年層向けのブランディングで重要な役割を果たしている一方で，一緒に来た大人に対するブランディングという副次効果も大きいと考えられる[5]。子供についてはオープン前に想定していたよりも低い年齢層が多いという。つまり当初の予定よりも小学生・中学生の比率が低く，幼児の比率がやや高いという傾向が見られる。

　また来場者に関してリピート率が高いというのも，同ミュージアムの特徴である。ミュージアム側もリピート来場の要望に応え，また気軽にいつでも来られるようにという配慮から，年間パスポートを設けている。それがリピート率をさらに高めるという好循環が形成されていると推定される。実際，周辺に小・中学校が立地していることもあり，「学校帰りに寄られる施設」として機能している。いわゆる「ママ友」（母親同士の友達）が幼稚園に行っている子供のお出迎え等の帰りにミュージアムで集まる光景もよく見られる。

　入り口左手にはヤンマーの創業者である山岡孫吉の生涯に関するパネル展示室がある。企業博物館には創業者の独創性やベンチャー・スピリッツをアピールないし誇示する展示が多すぎて，ともすれば来場者を退屈させたり閉口させたりするところが少なくない。同ミュージアムはメイン展示スペースとこれを分けて，「よろしければこちらもどうぞ」という形にしている。すなわち創業者に関する学習に関して抑制を利かせ，これを押し付けず来館者の意思にゆだねている点が特徴的である。ただしこの部屋は昭和レトロの雰囲気に包まれており，50歳以上の来館者にとっては懐かしさを感じながら展示を見ることができる。つまり山岡孫吉に関するパネルを通じて，戦後復興期もしくは高度成長期の日本を思い起こすという楽しみ方も可能である。

　入り口右手には，美術館等にあるのと同様な洗練された内装，落ち着いた雰囲気のミュージアム・ショップとカフェがある。白いテーブルと白い椅子が並べられた窓際のスペースでは，水盤を見ながらコーヒーや紅茶を飲めるようになっている。

　エントランスホールを正面に向かうと，高さが3メートルほどあるルドル

フ・ディーゼル博士により開発・実用化された世界最古のディーゼルエンジンが設置されている。前述した山岡孫吉に関する展示室とこのエントランスホールは無料エリアである。

　有料エリアの1階は「ウエルカムゾーン」,「エンジンシアター」および「農業」,「まちづくり」,「YANMAR：Solutioneering Together（企業紹介）」,「ものづくり」,「海洋」,「エネルギー」,「研究開発」の各ゾーンに区分されている。有料エリアに入ると最初に白を主体にした空間,より具体的には同社の製品をかたどった白い立体壁画に囲まれたウエルカムゾーンに足を踏み入れることになる。次がエンジンシアターで,ここには幅約13メートルという企業ミュージアムとしては有数規模のスクリーンが設置されている。コンテンツはディーゼルエンジンの内部構造や仕組みを紹介するCG映像で,大迫力の画面を見ているとエンジン内部を探検しているかのような感覚を味わえる。

　その奥にあるメイン展示エリアの壁やパネルは,農業が茶色,まちづくりが黄色,ものづくりが紺色,海洋が水色,エネルギーが黄緑色,研究開発が赤色とゾーン別に色分けされている。この中にヤンマーのシンボルカラー（朱色）が所々,例えば受付カウンターにいる女性のユニフォーム,後に述べる説明係のベスト,YANMAR：Solutioneering Together ゾーンの壁に取り入れられ,色彩に関するアクセントとなっている。

　展示物に関していえば,農業ゾーンには耕運機や田植え機,コンバイン,トラクター等の農業機械,まちづくりゾーンにはショベルカーやハンドドーザーといった建設用機械が置かれている。そしてYANMAR：Solutioneering Together ゾーンには同社の沿革と事業展開に関するパネル,ものづくりゾーンにはエンジンの製作工程等に関するパネル,海洋ゾーンにはプレジャーボートやマリンギヤー（トランスミッション）,エネルギーゾーンには大型ビルやプラントで使用されているヤンマー製品に関するパネルが展示されている。

　2階は各種のディーゼルエンジンが陳列されるとともに,一部がワークショップ用の部屋になっている。このスペースはイベントの予約が入っている日を除き,一般に開放されている。そのため昼時には持参したお弁当を食べる親・祖父母と幼児,夕方には学校帰りに友達と遊びに来る小学生の姿が見られ

る。また2階のテラスにはベンチが置かれたデッキ，その前方に琵琶湖付近の池や湿地帯を再現したビオトープ（生態系再現空間）が設けられている。その横には足湯コーナーも設置されている。

　1階に展示されている製品の多くは実際に座ったり，運転したりすることができる。例えばトラクターは運転席に座り，ステアリングやアクセル，ブレーキを操作できるし，ショベルカーは実際に運転して無数のカラフルなボールの入っているプールからボールをすくうという体験ができる。田植え機の展示では，苗を田に植える時のジャストアーム（マニピュレーター）の動きをハンドルを回すことにより再現し，普段は見られない角度（真横）からその機能を見せる等，機械の動作やメカニズムをわかりやすく見せるという工夫もなされている。展示パネルの内容も単に製品の概要を示すのではなく，例えば「カレーの具にもヤンマーの技術がいっぱい」というテーマで，たまねぎに関連する農業用機械，ジャガイモに関連する機械，その他の紹介を行うというように，趣向を凝らして子供が理解しやすい説明にしている。

　パワーショベルのコーナーでは，油圧システムの原理やしくみをパネルで学習するのに加えて，当該システムの威力を体感できるようになっている。すなわち同じ重量の物体をロープで持ち上げる場合と油圧システムで引き上げる場合の両方を実体験できる「パワーショベルとチカラくらべ」という装置が設置されている。パネルによる説明も「壁際のスペシャリスト，油圧ショベルはどんな仕事をするの？」と銘打って，子供が興味を持てるように工夫している。

　プレジャーボートではハンドルやアクセルの操作に合わせて運転席前に動画像が流れ，一定時間（約3分間）海上を航行すると，運転がどの程度上手だったかを示すスコアが画面に表示される。この航行シミュレーションでは動画像に海面の動きを取り入れ，スピードによってエンジン音が変化したり，波が押し寄せる音や海鳥の鳴き声を流す等，きめ細かな処理をしてリアリティを高めている。

　ショベルカーについては，前述したボールプールからカラフルなボールをすくうという体験のほかに，シミュレーターで穴を掘り，掘った土を埋めるというコーナーも設置されている。設置されているのはスウェーデン製で，機能・

第8章　企業ミュージアムとブランディング　◎―― 245

性能的に見て高度専門訓練にも使用可能という日本で唯一のシミュレーターである。運転に合わせて座席が振動し，前方のディスプレイに表示されているCG映像の中で重機が動く。運転の技能は5段階で評価される。主要な評価基準は穴に土をどの程度均等に入れられるかというもので，1カ所だけ盛り上がった状態になると評価が低くなる。

（3）ヤンマーミュージアムの説明係とワークショップ

　ヤンマーミュージアムで経験価値，楽しい思い出を形成する上で重要な役割を果たしているのは，館内各所にいるボランティアの説明係である。すなわち館内ではヤンマーを定年退職したOBがボランティアでガイドを務めていて機器の操作方法を丁寧に説明するとともに，来館者が楽しく体験し学べるよう目配りと気配りをしている。

　例えば「ものづくり」ゾーン内にあるバッジ製作の体験コーナーでは，なるべく自分でカンをつぶす等の作業を進められるよう横で指導してくれる[6]。プレジャーボート航行のシミュレーションはコース上に種々の難所が設定されており，初めての場合，防波堤や岩にぶつかって前に進めなくなってしまうことが多い。操縦者，特に子供が同じ所で立ち往生し3分間の持ち時間を使い切ってしまうと落胆するため，初めて挑戦する子供には横にいてなるべくスムースに航海ができるようハンドル（舵）やスロットルの操作に関して助言してくれる。

　このボランティアガイド（OB）の在職時職務は設計，組立て，資材調達，営業，その他とさまざまであるが，共通点はほとんどの人が長浜市かその周辺出身者であるということである。長浜市は創業者の山岡孫吉の生誕地である関係で，長浜市出身の同社OBは退職後も特に強い愛社精神を持ち続けていることが多い。人選については統括的なリーダーがゾーン別のリーダーを推薦し，各ゾーンのリーダーが説明係の候補を推薦するというように，ピラミッド型かつヒューマン・ネットワーク重視で行われている。つまり重要とされているのは洗練された接客スキルや話術ではなく，むしろヤンマーと長浜市を愛する気持ち，両者に対する愛着である。

このように同ミュージアムは説明係の採用と委託に際して，ヤンマーに長年勤続したということに加え，原則としてその出身地をヤンマーの創業地である長浜市かその周辺に限定している。それが前述した目配りと気配りを通じて来館者の満足度と情緒に作用し，ヤンマーのブランディングを推進している。つまりヤンマー精神を体現しているような元社員に来館者対応を任せることで，高い報酬を支払っても社外の人には困難と思われるおもてなし，きめ細かなホスピタリティ，説明の正確性と丁寧さが確保されているのである。

　なおワークショップの具体的企画としてはヤンマーの体験農園における稲刈り，体験農園における芋ほり，ビオトープの生物観察会，その他が行われている。ちなみ体験農園で収穫された米は同ミュージアムの受付カウンターで購入可能である。

　同ミュージアムが定期的に行っている来館者に対するアンケート調査には，「ヤンマーミュージアムを何でお知りになりましたか？」という質問文がある。これに対する回答のうち「友人・知人の紹介」は休日来館者では約25％，平日来館者については約15％で推移している。このことより特に休日来館者に関して口コミ形成が進んでおり，4人に一人は口コミで訪れていることがわかる。パブリシティについてもJR西日本の駅構内等に配置されている『西Navi』に掲載されるなど活発に行われており，これを反映して「雑誌記事」，「新聞記事」を見ての来館者も多い。

　来館者，特に子供の感想には好意的なものが多い。「家族とまた行きたい」，「ヤンマーって隠れたところでこんなに頑張ってるんですね」といったものもあり（同ミュージアムHP「来館者インタビュー」より），低年齢層に対する経験価値の形成とブランディングに関してかなりの成果を上げているといえる[7]。

2．東芝「東芝未来科学館」

（1）会社概況とブランディング

　株式会社東芝（以下，東芝）は東京都港区芝浦1丁目1番1号に本社を置く日本の代表的な電機メーカーである。選択と集中が近年進んでいるものの，主な

製品分野には高性能・省エネ型を中心とする家電製品および電子部品があるほかに，発電用タービンや発電機等の重電機器，軍事機器や鉄道車両も売上の柱になっている。重電分野の競争力が強くその売上も大きいことから，三菱電機や日立製作所，富士電機，明電舎とともに重電大手といういい方もされる。

現時点で事業規模（売上）が大きいかどうかは別にして，同社の特徴はこのような多様な分野で国産化第一号の製品を多数世に送り出しているということである。例えば実用的な電気掃除機，洗濯機，冷蔵庫，電子レンジ，炊飯器，ノート型パソコンの国産品を初めて本格的に製造したメーカーは同社である。特に洗濯機，冷蔵庫，掃除機を1930年から1931年にかけて商品化したことは，日本の家電産業史上，特筆される功績であるといっても過言ではなかろう。ノート型パソコン（dynabook）については世界的に見ても最初の製品といってよく，その開発成功はコンピュータ分野における同社のブランド力を高めることとなった。

同社の母体は1893年創業の芝浦製作所と1899年発足の東京電気で，後者はゾロアスター教における光の神様「アウラ（アフラ）・マズダ」に由来するブランドである「マツダ」を主力製品である白熱電球等に使用していた。1939年に両社が合併し東京芝浦電気株式会社が設立されたのに伴い「東芝」が商標登録され，太平洋戦争中は外来語の使用が厳しく制限されたことから，「マツダ」に代わりこの「東芝」がブランドとして使用されることとなった。ただし「マツダ」ブランドは終戦後の1946年に復活している。

1950年からは筆記体風の英語で表記したToshiba，通称「Toshiba傘マーク」がロゴとして使用されることとなった。これはその後，日本国内では最も認知度が高いといってもよいトレードマークとなったが，外国でJoshibaと誤読されることもあり，海外展開が進むにつれて不都合が生じた。そのようなことから，1969年からは海外で正しく企業名を覚えてもらい，会社の知名度を国際的に高めるという趣旨で，社名表記として横長サンセリフ体の英語ロゴが併用されるようになった。そして1984年，社名が東京芝浦電気から株式会社東芝に変更されたことを機に，社名の表記も英語ロゴに統一された。2006年からは，これに「Leading Innovation」を併記している。

ブランドに関するミッション，いわゆるブランド・ステートメントは，「TOSHIBA Leading Innovation ―私たち，東芝の使命は，お客さまに，まだ見ぬ感動や驚きを，次々とお届けしていくこと。人と地球を大切にし，社会の安心と安全を支え続けていくこと。そのために私たちは，技術・商品開発，生産，営業活動に次々とイノベーションの波を起こし，新しい価値を創造し続けます」と定義されている。

　ブランディングにつながる取り組みとしてまず注目されるのは，東寺五重塔のライトアップLED化である。木造建築物としては日本一の高さを誇り，京都のランドマーク的存在である東寺五重塔のライトアップ自体は従来から行われていた。しかし東芝によるLED投光器の導入により，従来型の高輝度放電ランプ投光器に比べて消費電力とCO_2排出量がほぼ半減された。広報や広告宣伝におけるキャッチコピーは「世界遺産，東寺五重塔を東芝LEDが照らします」であった。

　東芝のLEDはルーヴル美術館の改装時にも採用されている。そして「東芝LED at ルーヴル美術館」というキャッチコピーでこれを訴求した広告は「第62回日経広告賞」を受賞している。

　芸術文化支援，いわゆるメセナとしては「東芝グランドコンサート」を全国の主要都市で開催している。これは海外の著名な指揮者とオーケストラを招聘し，近年注目されているソリストとの共演を実現するというイベントである。1982年より毎年，全国数カ所のコンサートホール等でこれを開催し，地元の吹奏楽部の高校生を招待したこともある。

　一方，同社の環境経営では，資源消費量の最小化（Natural resource），エネルギー・気候変動への対応（Energy），化学物質リスクの最小化（Substance），水使用量の最小化（Water）が目標として掲げられている。頭文字を集めるとN，E，S，Wとなることから，同社はこれを「T-COMPASS」（東芝の環境羅針盤）と名づけている。そして「これまで進めてきた環境施策は4軸に整理・体系化し，各領域において国際的な潮流をいち早く取り入れることで環境対応を深化」させると表明している（東芝，2014，6）。

　具体的な活動計画は「環境アクションプラン」として策定されている。これ

第 8 章　企業ミュージアムとブランディング　◎──　249

は「あらゆる事業領域において事業経営と環境経営を一体化」するものであり（前掲報告書，6），「4つのグリーン」すなわち Green of Product, Green by Technology, Green of Process, Green Management という 4 領域に分けて詳細が定められている。それぞれの骨子は以下の通りである。

まず Green of Product については，開発するすべての製品で業界における「環境性能 No.1」を追求し，ライフサイクルを通した環境負荷低減が図られている。日々の事業活動においても，このような環境性能 No.1 製品の売上増大が目指されている。次に Green by Technology については，低炭素電源による電力の安定供給と地球温暖化防止，エネルギー関連製品による CO_2 排出抑制に取り組まれている。そして Green of Process では，生産性の向上と高効率モノづくりが環境保護の見地で推進されている。両者を通じて，温室効果ガス総排出量・廃棄物量・廃棄物最終処分率・化学物質総排出量・水受入れ量等を削減し，環境負荷低減を図るというのがその具体的趣旨である。最後に Green Management については，環境活動を担う人財（人材）の育成，環境マネジメントシステムの継続的改善，生物多様性保全活動としてのビオトープ整備が謳われている。

最後に述べたビオトープについては，世界の 60 拠点余りで整備が進められている。めだか，ギンヤンマ，ゲンゴロウが生息し，多様な植物が育っているのに加え，一部の事業所では近隣の小学生を招いて自然観察会が実施されているという。池の水に浄化した工場排水を用いたり，汲み上げポンプの稼働に太陽光パネル発電電力を使ったりと，ビオトープの整備自体も低環境負荷で行われている点が特徴的である。

なお同社では環境経営を訴求するロゴとして「eco スタイル」，キャッチフレーズとして「東芝グループは，持続可能な地球の未来に貢献します」が定められ，これらは『東芝グループ環境レポート』や『東芝グループ CSR レポート』の表紙にも印刷されている。

（2）東芝未来科学館

東芝は神奈川県川崎市幸区堀川町 72 番地 34 ラゾーナ川崎東芝ビルに「東芝

未来科学館」を開設している。総面積は 2,850 平方メートル,展示スペースの面積は 2,090 平方メートルである。

　同科学館の沿革をさかのぼると 1927 年に設立された「マツダ照明学校」に行き着く。これは同科学館が立地する堀川町にあった工場（堀川町工場）内に設置された教育研修施設である。名前が示すとおり照明に関する学校なのであるが,当時の最先端機器を陳列し,一般の人も見学可能で,説明員が常駐していたという点で展示施設的な機能を備えていた。設置と運用のコンセプトは異なるが,これが同科学館の原点と見ることができる。

　その後 1961 年,同じ川崎市内の小向地区に「東芝科学館」が開設された。これは一般来館者を対象に,歴史上重要な製品やその時代の最先端機器を展示したり,東芝の現状や歴史を紹介したりするもので,総面積は 3,410 平方メートルと現在の東芝未来科学館よりもむしろ広かった。しかしミッションの定義や位置づけがあいまいであること,年々老朽化が進んだこと等を背景に,来館者数は年間 13 万人前後で推移し,運営の抜本的な見直しとリニューアルの必要性がたびたび議論された。そのような経緯で,改装ではなく移転した上で新施設としてオープンしたのが東芝未来科学館である。

　この東芝未来科学館にはミッションが 3 つあり,これが同科学館の位置づけを明確にしている。3 つのミッションは具体的には次のように定義されている。

　1 つは東芝が保有する最先端の技術とこれに関連する科学を体験展示し,技術・科学と同社の現状を知ってもらうというものである。これを遂行するために,東芝が事業分野ごとに保有する最先端技術をわかりやすく体験できる展示アイテムが新規に開発されている。なお同科学館で体験型の展示は「アミューズメント展示」と呼ばれている。

　2 つ目は科学技術教育への貢献である。この観点でワークショップや実験イベントなどを多数開催している。例えば工作実験教室は原則的に毎週実施されている。

　3 つ目は産業遺産を保存・展示し後世に受け継ぐという,いわゆるアーカイブの使命である。科学技術史的に意義のある製品,例えば日本で最初の実用的な発電機,20 年前ないし 30 年前に社会全体で広く使われていた家電も,放っ

第 8 章　企業ミュージアムとブランディング　◎——　251

ておくと鉄くずになりかねない。そこで東芝が開発した日本初あるいは世界初の製品すなわちいろいろなジャンルの 1 号機，電機産業の貴重な資料を次世代に継承するという役割を担っている。

　以上のミッション定義からもわかるように，同科学館は広告宣伝を主要目的にしているわけではない。これらのミッションを遂行する過程で間接的に広告効果が生まれることは大いにありうるが，広告宣伝を一次的な目的としているわけではなく，むしろより長期的，大局的な見地で運用がなされている。つまりミッションを遂行するプロセスで，来場した一般市民に東芝は何をやっているのかを知ってもらい，結果的に広告の効果が生まれれば，なおのこと良いという意識で開設され運営されている。

　フロアは大きく見るとヒストリー，サイエンス，フューチャーという 3 つのゾーンからなっている。フロア内にはこのほかにウェルカムゾーン，企画展示室，CSR コーナー，ホール等がある。

　入り口を入ると，制服の女性がいるインフォメーションデスクがあり，その横を通って入場したところにあるのがウェルカムゾーンである。このウェルカムゾーンの正面には大きなディスプレイがあり，右手のインフォメーションデスク付近にはスツール型の腰掛けが置いてある。正面のディスプレイには科学・技術に関するクイズが流れる。クイズにはモーション操作形式で答えるようになっているため，来場者が手や足の上げ下げなどジェスチャーで回答するユーモラスな光景が見られる。

　ヒストリーゾーンは「創業者の部屋」と「1 号機ものがたり」で構成されている。前者には創業者の田中久重と藤岡市助に関するパネル，二人にゆかりのある品々が展示され，後者では東芝と日本の電気・電子技術の歩みが電気洗濯機や 60kW 単相交流発電機，カラーテレビの 1 号機とともに紹介されている。これは同社ならではの展示スペース，すなわち国産化第一号の製品が多いという，前述した同社の特徴を反映した展示内容であり，そのような歴史的功績をベースにしたブランディングが図られている。

　サイエンスゾーンでは静電気，超電導に関するサイエンスショー（実演）が行われている。静電気に関しては 50 万ボルトの電気を通したシルバーのボー

ルに触れると，髪の毛が逆立つという体験が味わえる。超電導の展示では，小物体が円形のレールの上で空を切って動く様子を見ることができ，その原理をスタッフがわかりやすく説明してくれる。これはミニチュアながらリニアモーターカーの動きを再現した展示である。

フューチャーゾーンではエネルギー，まち，ビル，家，ヘルスケア，情報，以上6つの未来に関する展示が行われている。それぞれのアミューズメント展示（体験型展示）として，回転運動や化学反応などを使って実際に発電を体験できる「ハツデントライ」，都市周辺の模型にあるマーカーをタブレットで覗き込むとアニメーションで環境技術に関する説明が流れる「マチスキャナー」，モニターに映し出されたビルのパネルにタッチしてエレベーターや照明・空調をコントロールする「ビルタッチ」，床に映し出されるアイテムをステップしながら取得し家づくりを疑似体験する「スマートステップ」，センサーを利用して自分の生体情報をビジュアル化する「キミセンサー」，オートバイ型のマシンに乗り込みハンドルを操作してナノ（微細）空間を飛び回る「ナノライダー」，その他が設けられている。

どの体験型展示にも子供が集まっているが，特に人気があるのは「ナノライダー」で，平日でも小学校や幼稚園が終わった後の時間（夕方）には順番待ちが見られる。これは先に言及したように，半導体メモリーの中の目に見えないナノの世界に入り込み，バイク型の乗り物で飛び回るというものである。操作はレバーで行い，前に倒すとスピードアップ，手前に引くと減速，右に倒すと右ターン，左に倒すと左ターンとなる。コンピュータ・グラフィックス（CG）技術を駆使したディスプレイ画像の中を動き回る様子は，傍らで見ていてもかなりのスリル感がある。

一方，「マチスキャナー」ではおよそ10m四方の四角いスペース内に，周囲を取り囲むように街中とその近郊がジオラマ風のセットとして設置されている。色は真っ白である。そのスペースの出入り口でタブレット端末を受け取ると，画面に3つのイラストが示され，「このカードの絵と同じ場所をさがしてみましょう！」というメッセージが表示される。前述したジオラマ風セットのあちらこちらにイラストが書かれた25枚ほどのプレートが配置されているの

で，自分の端末に表示されたのと同じものを探すという趣向である。3つのイラストは渡される端末によって異なるので，来場者はこのスペースの中で自分のイラストを探すために右往左往することになる。目的のイラストを見つけて，タブレット端末をその近くにかざすと，拡張現実技術，いわゆるAR（Augmented Reality）によって，東芝の環境対策技術に関する説明画像が流れる。例えば端末に表示されている3つのイラストのうち1つが自動車の絵である場合，同じ自動車のイラストが書いてあるプレートを探し回ることになる。探し当ててそのプレートの上に端末を向けると，東芝が持つ電気自動車等の技術映像が流れる。同様に，端末にある風車のイラストを見つければ風力発電の画像が映し出され，水道の蛇口のイラストを見つければ下水道処理に関する環境技術の説明が流れるというように，ゲーム感覚で東芝のエコ技術を学ぶことができる。

「ビルタッチ」には照明・空調編とエレベーター編があり，両者ともビルの内部を真横から見た画像が表示される。背の高い人用と低い人用の選択が最初にでき，前者では地上8階建て，地下2階，後者では地上5階，地下1階の断面図が表示される。

照明・空調編では，各階に3つのオフィスがあり，さらに各オフィスは3つのスペースに分かれている。そして人の絵が表示されているスペースでは照明・空調がオンに，いない所ではオフとなるように，スイッチボタンを指でタッチして切り替えることになる。照明・空調がオンになっているかオフになっているかは，明暗すなわち絵が明るく表示されているか暗く表示されているかで判断する。人がいるのにオフになっている場合は，汗をかいている状態で表示され，ボタンをタッチして照明・空調を稼働させると，その人が踊りだしたり，バンザイをしたりするというようにきめ細かくプログラムされている。1つのフロアにつき10秒の持ち時間でスイッチを適切に切り替えていき，時間内にすべてを的確に切り替えると赤い字で「PERFECT」と表示される。終了時点でビル全体がどの程度快適・不快か，どの程度省エネ状態か浪費状態かのスコアが示される。

エレベーター編では，次々と人をエレベーターに乗せ，目的の階で下ろすこ

とが求められる。例えば3階で画面左からエレベーターのある右方向に歩いている人がいたとしたら、エレベーターの階数表示で3を押して、エレベーターを3階に上げる。するとその人がエレベーターに乗り込んでくる。人の頭の上にはマンガの吹き出しのようにして、行き先の階が示されている。例えばそれが1ならば、階数表示の1をタッチしてエレベーターを下降させることになる。5階に行きたいAと、1階に行きたいBが3階で同時に乗った場合、通常はどちらから先に送り届けてもよい。しかし5階でもう一人1階に行きたい人（C）が待っている場合には、先に5階に行ってAを下ろし、Cを乗せた上で1階に行き、BとCを下ろすという工夫が必要になる。一定時間待ち続けてもエレベーターに乗れなかった人は、エレベーターでの移動をあきらめるという設定で、これはスコア上「失敗」と判定される。画面には、「成功×3人、失敗×1人」というように途中のポイントが示される。最終的に、エレベーターで移動させた人数が「あなたの記録19人」といった形で表示され、その下に「本日のハイスコア22人」といったようにその日の最高スコアが出る。

　「スマートステップ」では、前方正面のディスプレイに家内部の絵が表示され、アイテムを入手するごとに累積ポイントが出る。床面上を前方から手前に流れてくるアイテムの絵をタイミングよく足で踏むと、そのアイテムが正面の絵に加わる。傍らから見ていると、プレイヤーはちょうどステップしているように見える。踏むのが早すぎたり、通り過ぎてから踏んでもアイテムは得られない。例えば本棚の絵をうまく踏むと、正面の家の中に本棚が加わり、ポイントが加算されて合計点が変わる。省エネ型のテレビやエアコン、冷蔵庫の絵は青い囲みがしてあり、それを入手すると得点が大幅にアップする。

　フューチャーゾーンにはこのほかに、先に言及したように回転運動や化学反応などを使って発電を実体験できる「ハツデントライ」、センサーにより自分の生体情報をビジュアル化する「キミセンサー」、その他が設置されている。

　同科学館は発足当初からパブリシティ、口コミの形成が進んだ。例えば日本経済新聞「NIKKEIプラス1」に掲載される各種ランキングの「自由研究、企業博物館へGO！」で同科学館はオープン早々、東日本第1位となった。そこで紹介されている来場者のコメントは「3世代で一緒に行っても楽しめる」

「サイエンスショーが楽しい」というものである（日本経済新聞，2014年8月23日）。

（3）東芝未来科学館における技術連携

　第2項で述べたように，東芝未来科学館では第1項で述べた同社の省エネ技術，環境対策の取り組みが拡張現実技術（AR）やコンピュータ・グラフィックス（CG）等の情報技術を用いて，小学校低学年の子供にもわかるように説明されている。つまり同社が持つ技術力の高さは省エネ・環境対策に限定されず，情報技術や映像技術に関しても当てはまる。

　東芝未来科学館では環境対策技術がコンテンツ，展示の題材として重要な位置を占め，情報技術・映像技術が見せ方に関して大切な役割を果たしている。言い換えれば，高い情報・映像技術を活用して，省エネ技術の見せ方を工夫し，展示や設置している機器・装置の楽しさと充実度を向上させ，体験のインパクトを高めている（図表8－2）。

　このように，同科学館は環境対策技術と情報・映像技術の両方を有している東芝ならではの施設であるといえる。このうちどちらか一方の技術しか有していない企業には，このミュージアムをつくることはできなかったであろう。

　そのような東芝未来科学館を「場」にして，幼年層を含む来場者は同社が持つ技術力の高さを深く理解・認識し，また後々まで残る思い出をつくる。結果として同社のブランドは来場者の胸に刻まれ，その心に刷り込まれることになる。高い環境技術と高い情報・映像技術の両方を有する同社が東芝未来科学館を舞台に両者の連携により効果的なブランディングを行っていると見なせ，これは特定一分野でなく総合的に技術力の高い企業ならではのブランディング活動であるといえる[8]。

図表 8 − 2 　東芝未来科学館における技術連携とブランディング

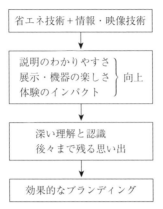

※本書（筆者）による考察・作成。

3．川崎重工業「カワサキワールド」

（1）会社概況とブランディング

　川崎重工業株式会社（以下，川崎重工業）は明治時代に創設された「川崎造船所」から発展した重工業界の代表的な企業である。製品領域はモーターサイクル（オートバイ），航空機・ヘリコプター，鉄道車両，船舶，ジェットスキー，エネルギー・発電設備，産業用ロボットなど多岐にわたる。創業の地が神戸で現在も兵庫県に生産拠点が多くあることから，東京以外に神戸市に本社を置く二本社体制をとっている。東京本社は東京都港区海岸1丁目14番5号にあり，神戸本社は神戸市中央区東川崎町1丁目1番3号に置かれている。

　同社で使用されているブランドは基本的にはKawasaki，カワサキである。ただし個人ユーザー向けのモーターサイクル，ジェットスキーについては，アルファベットと数字からなる型番・型式以外にオートバイのNinjaに代表される個別製品ブランドも使っている。

　このオートバイ事業の存在は，同社のブランディングにおいて大きな意味を

持っていると考えられる。というのは大型タンカーや鉄道車両，産業用発電設備を購入する個人顧客はいないから，個人向け製品を持たない重機メーカーはどうしても一般消費者を対象としたブランディング意識が弱くなりがちである。これに対して川崎重工業の場合，オートバイ事業が社内にあるということがブランディング意識の高さにつながっていると思われる。

　オートバイ事業は売上比率で見て，船舶や鉄道車両，油圧機器といった重機械事業すなわち企業向けビジネスに比べて小さく，その比率は一貫して20％前後で推移している。しかし小さくとも個人向け事業（BtoC事業）を社内に持っていることが，後に取り上げるスポーツ支援，体験型イベント，体験型施設「カワサキワールド」に見られるようにブランディングの意識を高めているといえる。もっとも，個人向け事業と産業・重機械事業（BtoB事業）の間で後に述べる「カワサキバリュー」という価値観ないし目標は共有されている。そして体験型イベントや体験型施設に関する取り組みは一般消費者を念頭に置いたものであっても，企業関係者がイベントや施設に来場することも多く，結果的に船舶や鉄道車両といった大型産業財のブランド力をも強化していると考え

図表8－3　BtoC事業に刺激された川崎重工業のブランディング

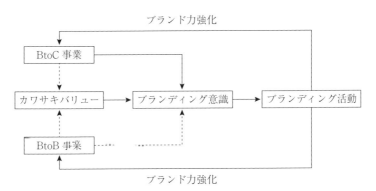

　……▶　保有する関係
　───▶　強化（保有かつ強化）する関係

※本書（筆者）による考察・作成。

られる（図表8－3）。

　同社は中期経営計画『Global K』の一環として,「カワサキグループ・ミッションステートメント」を2007年に制定した。制定の趣旨はブランドとの関連で次のように述べられている。すなわち「『カワサキグループ・ミッションステートメント』は,川崎重工グループが果たす社会的使命を明記するとともに,カワサキブランドの根幹にある価値観を『カワサキバリュー』として定めています」というのがその趣旨である（川崎重工業,2007,1）。このカワサキブランドの根幹にある価値観,「カワサキバリュー」は具体的にはグローバル規模での社会・顧客の価値創造（多様なお客様の要望にこたえる）,独自性・革新性を追求する,世界最高レベルの機能・品質（テクノロジーの頂点）をめざすというものである。

　このような価値創造,独自性・革新性,技術の先進性の観点で注目されるのは,同社が有する環境技術の高さ,特に輸送用機械におけるその高さである。より具体的には,同社の環境対策ではほかの製造業企業と同様に工場における温室効果ガスの削減,3Rすなわちモノのリサイクル・リユース・リデュース,エネルギー使用量の削減,廃棄物の排出ゼロすなわちゼロエミッションなどに取り組まれている。ただし同社の場合,主力事業に新幹線や船舶といった輸送用機械が多いため,生産プロセスにおける環境負荷軽減もさることながら,製品そのものの性能が環境に与える影響が大きく,そういう製品の環境性能,特に燃費や輸送効率の向上が期待されることになる。

　先頭形状がロングノーズ型で騒音も小さい近年の新幹線車両,吸入空気量を最適にコントロールし排出ガスのクリーン化を図ったオートバイ「Ninja」はそのような環境性能の高さを追求した製品の代表例である。このような新幹線,オートバイに比べるとあまり人目につかないが,大型船舶に関しても航海中の自然発生ガスを無駄にすることなく船の推進動力用燃料に活用するといった技術を開発し導入している。同様にあまり目立たない製品であるが,従来型に比べて大幅な省エネルギー,CO_2排出削減を実現した鉄道システム用蓄電設備も実用化し,東京モノレールに納品され利用されている。

　もっともこういった船舶内省エネシステムや鉄道用電池はいわば「縁の下の

力持ち」,「黒子」的な技術であるため, 環境対策上大きな意義を持っていても, そのままではブランディングに機能しない。したがってその意義を多数の人にわかりやすく伝えることがブランディング上重要となるし, また消費者サイドで環境志向が強まっている今日, 意義をわかりやすく伝えればブランドイメージの向上に大きく寄与する可能性をこれらは秘めている。実際, 後に紹介するカワサキワールドでは, ニッケル水素蓄電池で走る環境配慮型の電車「SWIMO」などを通じて, 同社の持つ環境技術の高さが訴求されている。演劇にたとえるならば, 環境対策上意義は大きくとも, ふだんは目立たない「黒子」的な環境技術がいわばカワサキワールドという舞台では「主役」にされ, ブランディングで重要な役割を果たしているといえる。

スポーツ支援では, サッカーJリーグの有力チームであるヴィッセル神戸をユニフォーム・スポンサーとして援助している。同チームのホームゲームでは「Kawasaki Day」を設けて, ヴィッセル神戸が勝利した場合, 試合で最も活躍した選手をその日のベストプレイヤーとして表彰し, 副賞として同社製のオートバイを授与している。もっとも資本金額が1,000億円超, 連結売上が1兆円超という同社の企業規模を考えると, スポーツ領域の活動は控えめで慎ましいといえるだろう。

むしろ同社のブランディング活動として注目されるのは, 科学技術の体験イベントに協賛したり出展したりし, 青少年に対する実験や工作等の実体験提供を積極的に行っていることである。しかも各イベントにおける教育プログラムの多くでは自社の製品が取り上げられ, これが素材や題材として活用されている。例えば関西地域の小学生を対象とした科学技術体験イベント「サイエンスヤード」(Kansai Science Yard) に参加し, 自社製品を土台にしてものづくりの楽しさを実感してもらったり, 基礎的な科学原理の理解を深めるための実験教室や工作教室を開いたりしている。また企業・大学・研究機関等が高校生・高等専門学校生と交流を行う「サイエンスフェア in 兵庫」では, 高校生・高等専門学校生の研究発表に対して現役のエンジニアが実務家の見地からコメントをしたり, 自社製品の機能とそこに応用されている物理学的な原理や先進的な科学技術を解説するブースを設けたりしている。これは科学的な原理や最新技

術を実践的に理解し，またその有効性や可能性を感じてもらうことにつながっている。

さらに，これらの取り組みには次世代育成支援に関する社会的責任（CSR）の遂行という側面もあるといえる。このような青少年を対象とした体験型科学教室は次項で取り上げるカワサキワールドでも行われている。前述したように，このような科学技術の体験イベントに力を入れている点が，同社のブランディングに見られる1つの大きな特徴である。

（2）カワサキワールド

川崎重工業は「カワサキワールド」を兵庫県神戸市中央区波止場町2番2号の神戸海洋博物館内に開設している。展示面積は1,998平方メートルで，オープンは2006年5月である。

コンセプトが「楽しく体験！ 陸・海・空のテクノロジーワールド」であることからもわかるように，企業の広報施設や企業博物館に多い展示型ではなく，体験型の施設になっている。もう1つのコンセプトが「見て，触れて，学ぶ」となっているように，この施設は触れて感ずる「体感」の要素も備えている。

このカワサキワールドで，来館者が楽しく体験し学ぶ上で重要な役割を果たしているのは，館内各所にいるボランティアの説明係である。より具体的には，制服を着た女性の案内係が各エリアの入り口付近にいるほかに，「カワサキワールドSTAFF」のロゴが入った黄緑色の袖なしジャンパー（夏季），紺色のスタッフブルゾン（冬季）を着た男性の説明係が各所に立っており，機器や製品の動かし方を教えたり，写真撮影の求めに応じたりし，来館者が楽しく操作や操縦，試乗を体験できるように配慮している。

この男性スタッフは川崎重工業のOB，主として同社の神戸工場，兵庫工場，明石工場を定年退職したボランティアのガイドである[9]。就職してから定年まで約40年にわたり扱ってきた自社の製品，一緒に人生を歩んできたような製品をいわばカワサキ・スピリッツにあふれる元社員，カワサキ魂のかたまりのような長期勤続者に解説させることで，ホスピタリティと説明における質

の高さが実現されている。細かい技術的な話に入っていくと一般来場者にとっては理解が追いつかなくなることもあるが，自分がこの製品を担当してきたという誇り，あるいは長年見慣れてきた製品に対する愛着や思い入れがあるので，熱の入った説明，実感のこもった会話がなされる。また経験に根ざした知識が背後にあるので，雇われたスタッフがマニュアルどおりに話す場合よりも，説明にある意味で生々しさと迫力がある。バイク好きの若者，子供と一緒に来た技術者らしき人が熱心に話を聞いている姿も見られる。親の横にいる子供には「ちんぷんかんぷん」かもしれないが，経験豊かな専門家がそろっているという印象は植えつけられ，そのことによるブランディング効果，カワサキブランドに対するイメージアップ効果もあると考えられる。

　展示スペースは大きく見て川崎重工グループの沿革を紹介する「ヒストリーコーナー」，同社の主要製品を映像とナレーションで紹介する「カワサキワールドシアター」，オートバイの歴代主要モデル（ビンテージ・バイク）と最新モデルを陳列した「モーターサイクルギャラリー」，新幹線初代０系の実物と鉄道模型のある「陸のゾーン」，マリンスポーツ製品を展示し船舶の進水式や新幹線製造等の映像をシアターで流す「海のゾーン」，ヘリコプターの実物と飛行機のフライト・シミュレーターを設置した「空のゾーン」，そのほかに「地球環境コーナー」，「パフォーマンスロボット」，「Q&A学習コーナー」で構成されている[10]。設置してあるのは基本的にはすべて同社の製品もしくはその模型，同社製品をベースにして他社と共同制作したゲーム機やシミュレーション機器等である。単にそれらを見るだけではなく，実際に操作したり運転を疑似体験できるようになっているところが同施設の特徴である。

　例えばマリンスポーツ製品については同社モデルのジェットスキーでタイムレースを体験でき，飛行機についてはフライト・シミュレーターで事前説明を含めて10分間の操縦体験を味わえる。新幹線初代０系も単に展示してあるだけでなく，客車内や運転席内に入ることができる。大型のヘリコプター「川崎バートルKV-107Ⅱ」も，運転席を除き内部に自由に入れるようになっている。

　またこういった大型の乗り物類は，内部に入り座席に座ってみることで何ら

かの体感や実感，思いや気づきが得られる。例えば新幹線初代 0 系の客車シートに関しては感じ方に個人差もあろうが，実際に座ってみると現在のものよりも狭苦しく，クッションが固めであることに気づく。それでも1960年代の日本人は興奮しながら「夢の超特急」に乗っていたのだろうなと，思いを馳せることができる。乗車した経験のある世代の人には，なつかしく感じるかもしれない。こういう想像やなつかしさは，写真パネル等ではなかなか得られないであろう。

　歴史的な価値のあるこのような大型ヘリコプター，新幹線0系と対照的に，見た目に現代的，未来感覚であるのは，環境配慮型の電車「SWIMO」である。これは架線なしでニッケル水素蓄電池で走る最新式の電車である。これについても運転席を含め内部に自由に入れるようになっている。通常，電池で動くものといえば，小さいものを考えがちであろう。子供は例えばおもちゃ，電卓，時計，携帯用のゲーム機といったものを思い浮かべるに違いない。そのためこのSWIMOは「こんなに大きな電車が電池で動くの？」という驚きとインパクトを来場者に与え，本節の第1項でも述べたように同社の環境技術の高さを印象づける上で重要な役割を果たしていると考えられる。

　電車関連の展示にはこのほかに列車模型があり，これはコントローラーで走行スピードの調節が行える。同種の展示はほかの施設にも見られるが，模型の先頭にCCDカメラを取り付け，走行時のジオラマ風景をリアルタイムでモニターに流すことにより臨場感を高めている。

　一方，フライト・シミュレーターは飛行機の操縦と神戸上空の飛行を疑似的に体験するもので，ディスプレイの映像にリアリティがあり大人でもかなりのスリルを味わえる。実際の飛行機を模したコクピットに座り，操縦かんとスロットルを操作しながら，離着陸と神戸近郊上空の飛行を行う。コースは神戸空港を飛び立ち，明石海峡大橋に向かい，そこで旋回して神戸市の上空を飛んで，神戸空港に戻ってくるというものである[11]。

　具体的な体験の流れとしては，横で待機している女性スタッフに，フライト・シミュレーションの予約を申し込み，順番を待つ。平日なら待ち時間なしで乗ることもできるが，土曜・日曜には1時間以上待つこともある。スロット

ルは自動になっていて，スピードは機械側で制御されるので，操縦かんを左右に動かすと左右に展開，手前に引くと機首上げ，向こう側に押すと機首下げということを覚えれば何とか操縦は可能である。なお，操縦できるのは小学4年生（10歳）以上で，英語版もあり海外からの見学者にも好評である。

　コクピットに座ると，「シートベルトを締めて，運転準備ボタンを押してください」という音声メッセージが流れる。それに従うと危険防止上，ゲートが上がりほかの人は近寄ることができなくなり，その後は独力での操縦となる。そして操縦かんを引いて機首を上げ，滑走路を飛び立つと，前方上空に黄色いバルーン（気球）が浮かんでいるのが見えてくる。左下にある機器モニターを見ながら高度を調整し，そのバルーンに飛び込むように飛行機を操縦するのがコツである。

　その後，順に青いバルーン，緑のバルーン，赤のバルーンが現れるので，それぞれに突っ込むように高度を調整し，また操縦かんを動かせば，設定された飛行ルートを飛ぶことができる。そして7分の持ち時間内に神戸空港まで戻って安全に着陸することが求められている[12]。ちなみに4色の目印バルーンのうち最後に登場する赤いバルーンは，カワサキワールド上空に浮かんでいるという設定になっている。操縦中は適宜，「高度を1,000フィートに維持してください」といったガイダンスが流れ，また館内の込み具合にもよるが，外にいる女性係員より「飛行ルートからややそれていますので，操縦かんを少しだけ右に回してください」といった助言も適宜してもらえる[13]。

　館内には数十人が同時に観賞できるシアターが2カ所ある。両者は内部の雰囲気，コンテンツが大きく異なる。

　1つは「カワサキワールドシアター」で，本項の前半でも言及したように同社の主要製品を映像とナレーションで紹介するもので，スピード感とテンポのよい画面切り替えに特徴がある。そういう意味で，このシアターはどちらかというと大人向けである。こちらは立ち見席で，前方に横幅4メートルの大画面が6面，弧を描くように並べられている。コンテンツはスタート画面であるKawasakiというコーポレート・ブランド表示，自然風景等のイメージ画像に続き，川崎重工グループの製品群が鉄道車両，航空宇宙，エネルギー・産業機

械，インフラ整備，レジャーという順序で紹介される。6面の1つ1つが違う製品を表示する映像と，左から右に新幹線が走るというように6面が一体として使われるシーンがアトランダムに登場し，スクリーンの中で同社の製品がダイナミックに躍動しているような感がある。このため，見る者を飽きさせない。音も臨場感にあふれ，特に重低音はシアター全体が振動する迫力で響く。抱く印象には個人差もあろうが，形成されるイメージは川崎重工業の製品は「色々な所で活躍し，社会を支えている」，「社会に欠かせない」か，あるいは同社の製品はどれも「カッコいい」といったものであろう。すなわち映像の構成と展開，音声はそういうイメージ形成を意図していると思われるし，また実際，観賞した多くの人はこのどちらかの思いを抱くと考えられる。そして前者，川崎重工業の製品はどれも社会に欠かせないという感想は潜在的に，同社自体が社会に欠かせない企業であるという印象の形成に働くと考えられる。

もう1つは「ものづくりシアター」で，どちらかというと子供を意識した趣きとコンテンツになっている。より具体的には，外観は赤い大型貨物船の先頭部（模型）で，シアター空間はその内部に設置されている。当該模型は実物を3分の1に縮小したものであるが，それでもかなりの大きさである。そういう大きな船舶模型の中の暗い空間に入るだけで幼児はわくわくするかもしれない。内部は20人前後が座れる座席があるほか，立ち見でも観賞できるようになっている。床面にはカーペットが敷き詰められているので，床に座って見ることもでき，カワサキワールド側もそれを黙認している。実際，幼稚園等の団体見学では，先生の指示で幼児達が床にならんで座り，映像に夢中になるというほほえましい光景が見られるという。本項前半でも言及したように，コンテンツは船舶の進水式と新幹線の製造プロセスである。それに最近加わったのが「飛行機のできるまで」でボーイング787の川崎重工業が生産を担当している部分の製造プロセスとロールスロイス社との協同により開発したジェットエンジンを製造するプロセス，および川崎重工業の大型船建造の礎を築いた神戸工場の第1ドックに関するエピソードである。それを「カワサキワールドシアター」と同様の横幅4メートルの画面に流す。ただしこちらは画面数は3つである。映像とナレーションはゆったりとした流れと構成で，私見ではものづく

りに興味を持ってもらうということに力点が置かれている。コンテンツが迫力とスピード重視で、アップテンポにシーンが展開される前述の「カワサキワールドシアター」とその点が大きく異なる。

　館内の一番奥には小規模ながら日光が降り注ぐ休憩スペースがあり、港（中突堤）の方を向いた屋外テラスが併設されている。そこには神戸ポートタワーやメリケンパークに隣接しているという恵まれた立地を活かそうという工夫が見られる。

　カワサキワールドの来場者に見られる特徴は、幼稚園、小学校・中学校の団体見学でリピーターとなって毎年来場する学校が多いということである。神戸市およびその隣接市などで共通に発行している「のびのびパスポート」を持っている小学生・中学生は無料で入場できる。また、和歌山市内の小学校の9割以上が春の社会科見学で来場するということが数年続いている。

（3）カワサキワールドの体験型イベント

　カワサキワールドでは定期的に体験型イベントも開催されている。例えばフロアを利用して大規模な鉄道模型の走行会が定期的に開催されている。鉄道車両を製造している川崎重工業の施設で川崎重工業製の車両（模型）を走らせるというところに面白さを感じる人も多く、また設置されるコースが総延長350メートルおよび西日本最大級であることから、この走行会は毎回4,000人弱の人が訪れる人気イベントになっている。この運営には川崎重工業鉄道研究同好会が協力している。

　またカワサキワールド前の屋外広場で開催される「ミニ鉄道フェスタ」では、全長約500メートルの線路を準備し、ミニSLやミニ電車が子供達を乗せてそれを走るというイベントが行われている。車両は愛好家が持ち込んだものを使用する。来訪する車両オーナーには山口県、九州各県、千葉県から訪れる人もいる。

　オートバイ愛好者向けのイベントとしては「モーターサイクルフェア」、例えば2014年には、本節の第1項で述べた同社のブランドNinjaを冠した「ニンジャフェア」を開催している。そのキャッチコピーも、「時代と共に進化を

続けてきたカワサキの名車，ニンジャシリーズ。今年はニンジャ／GPz900Rの生誕30周年を迎えます。カワサキワールドで，その30年の歴史を見て，触れて，そして感じてください」となっているように，「体感」が訴求されている。

　これらに加え，親子を対象として「プロペラ飛行機を製作しよう」，「紙パックでポンポン船を作って遊ぼう」といった企画で工作教室が行われている。さらにカワサキワールドの入場者を対象に，ヘリコプターの「カワサキBK117」で神戸上空を体験飛行するイベントも開催されている。これらはいずれも川崎重工業ならではの体験型イベントといえるだろう。

　同施設は以上のような施策と努力により口コミの形成にも成功している。すなわち旅行に関する世界最大の口コミサイト「トリップアドバイザー」で近年，連続して上位にランキングされている。同サイトでは旅行者から一貫して高評価の口コミを獲得している施設に「Certificate of Excellence」というアワード（賞）を授与している。カワサキワールドはこれも受賞している。

4．日清食品「カップヌードルミュージアム」

（1）会社概況とブランディング

　日清食品株式会社（以下，日清食品）は即席袋麺すなわちインスタントラーメン，即席カップ麺のリーディング・カンパニーである。これらインスタントラーメン，即席カップ麺の国内シェアは50％を超える。近年は顆粒スープやレンジ調理製品などインスタント食品全般の製造，シリアル・菓子の製造，その他の事業に進出しているが，ドメイン上の戦略は基本的にインスタント食品の専業戦略であるといってよい。二本社体制をとっており，東京都新宿区新宿6丁目28番地1号に東京本社，大阪府大阪市淀川区西中島4丁目1番1号に大阪本社を置いている。登記上の本店所在地は後者である。

　創業者精神（グループ理念）は「食足世平」すなわち「食が足りてこそ世の中が平和になる」，「食創為世」すなわち「世の中のために食を創造する」，「美健賢食」すなわち「美しく健康な体は賢い食生活から」，「食為聖職」すなわち

「食の仕事は聖職である」というものである。

　日清食品の原点は安藤百福（ももふく）による「チキンラーメン」の発明にある。太平洋戦争終戦直後の日本は物資不足が深刻で，食品に関してもアメリカの余剰小麦を利用したパンやビスケットへの依存度が高かった。安藤百福は，パンの場合それだけでは十分な栄養を取ることができずスープやおかずが必要であるが，同じどんぶりの中に主食の麺，スープ，具材が入っている麺類ならばこれを一緒に食べることができ，栄養価も高いという信念を持っていた。しかし当時はまだ製造業の復興が進んでおらず，うどん・そばにせよ，ラーメンにせよ，麺類を製造する工場，いわゆる製麺工場で稼働しているところは非常に少なかった。

　そこで安藤は中交総社，サンシー殖産という商号の会社を設立し，大阪府池田市にあった自宅の裏庭に立てた小屋でインスタントラーメンの研究を始めた。その小屋で，長期にわたり常温貯蔵に耐えうる保存性，簡単に調理して食べられる即席性，一度に大量に製造できる生産効率を兼ね備えた製品を開発するために，試行錯誤が日夜繰り返された。そしてある日，自分の妻が天ぷらを揚げているのを見て，麺を油で揚げて乾燥させるというアイデアが思いつく。これは今日，瞬間油熱乾燥法と呼ばれている即席めんの製法で，これにより商品化されたのが1958年発売の「チキンラーメン」である。これは「魔法のラーメン」と呼ばれて人気商品となった。同年，安藤は「日々清らかに豊かな味をつくりたい」という思いを込めて「サンシー殖産」の商号を「日清食品」に変更した。実質的には，これが日清食品の出発点ということになる。

　1959年には高槻工場（大阪府）が竣工となり，稼働開始となった（現在は閉鎖）。また同じ1959年，袋入りの「日清焼そば」が発売となった。1965年には横浜工場が竣工（現在閉鎖），1968年にはインスタントラーメン「出前一丁」が発売となる。

　このような国内における事業の拡大とは別に1966年，安藤百福はインスタントラーメンの海外展開を図るため，アメリカとヨーロッパに視察旅行に出かけていた。その際，安藤はアメリカでチキンラーメンを二つ折りにして紙コップに入れ，お湯を注いだ後，フォークで食べている人を見かけた。これをきっ

かけにカップ麺のアイデアが頭に浮かび，その開発に乗り出す。

1971年に「カップヌードル」が発売され，同年，関東工場（茨城県）が稼働開始となっている。1972年，連合赤軍が長野県にある保養所に人質を取って立てこもる「あさま山荘事件」が発生した際，極寒の中で湯気を上げるカップヌードルを食べる機動隊員の姿がテレビに映し出され，「彼らは一体何を食べているのか」という視聴者からの問い合わせがテレビ局に多数寄せられた。これが1つの契機となって，カップヌードルの売れ行きが急速に伸びた。その後，1973年に滋賀工場，1975年に下関工場が竣工となった。

製品については，カップヌードル販売開始の5年後，1976年に「日清焼そばU.F.O.」と「日清のどん兵衛」が発売となっている。そして1992年には生タイプ麺「日清ラ王」が市場投入された。

生産体制に関しては，1996年に静岡工場が稼働開始となり，現在の布陣がほぼできあがった。すなわち現在稼働している同社の直轄工場は竣工順に挙げると関東，滋賀，下関，静岡の4工場で，このほかに札幌日清など子会社が運営する協力工場が全国に数カ所ある。ちなみに直轄4工場は2000年に，環境マネジメント規格ISO14001の認証を取得している。

環境経営について付け加えるならば，同社の生産活動にはボイラー用の燃料と製品冷却用の水が欠かせない。前者については重油からCO_2排出量が少なく環境負荷の低い天然ガスへの転換を進めている。後者については製品冷却に使用した水を設備の冷却にリユース（再利用）するという取り組みを行っている。さらに同社で廃棄物の多くを占める食品残渣(ざんき)を減量化するとともに，発生した残渣を専門業者に委託して肥料や飼料に加工し活用している。このような環境経営の背後にある理念は，「食の基本である食材はすべて大地や環境が育むもの」だからその保護に努めるというもので，これは東京都八王子市に開設された新しい研究所「the WAVE」の構造と運用，例えばルーバーを用いた建物内の日射制御とそれによる節電にも反映されている（日清食品ホールディングス，2014，4）。

ブランドに関していえば，コーポレート・ブランドは日清およびNISSINで，プロダクト・ブランドにもこれを付したものが比較的多い。例えば「日清

焼そばU.F.O.」、「日清のどん兵衛」、「日清ラ王」、「日清Spa王」がその例である。そのほかの製品ブランドとして即席麺・カップ麺分野で「チキンラーメン」、「出前一丁」、「カップヌードル」、シリアル・菓子の分野で「シスコーン」、「チョコフレーク」、「ココナッツサブレ」が使用されている。

このうち「日清焼そばU.F.O.」、「日清のどん兵衛」、「チキンラーメン」、「カップヌードル」など基幹的なブランドについてはブランドマネージャー制を1990年より導入し、新製品の開発、販売、在庫管理、品質管理をブランド別に一貫して行う組織体制になっている。利益責任もブランドごとに負う一方、ブランドマネージャーには担当ブランドに関する大きな意思決定権限が与えられている。むろん社員が新しいブランドを立ち上げることも可能で、当該ブランドが軌道に乗ればその社員がみずからそのブランドマネージャーに就くこともありうる。

広告宣伝ではテレビの利用に積極的で、「水曜ドラマ」、「行列のできる法律相談所」（以上、日本テレビ・読売テレビ系）、「炎の体育会TV」（TBS・MBS系）、「めちゃ×2イケてるッ！」、「サザエさん」、「バイキング」（以上、フジテレビ・関西テレビ系）、「いきなり！黄金伝説。」、「雨上がり決死隊のトーク番組アメトーーク！」（テレビ朝日・ABC系）など人気番組のスポンサーを務めてきた。1993年には「hungry?」シリーズのテレビCMがカンヌ国際広告映画祭でグランプリを受賞した。

同社の社会貢献で重要な役割を果たしているのは、公益財団法人の安藤スポーツ・食文化振興財団である。この財団は、創業者の安藤百福が私財を投じて1983年に設立したもので、「食とスポーツは健康を支える両輪である」という理念の下、陸上競技に対する支援、自然体験活動の普及、食文化の形成促進、後に取り上げる発明記念館の設置・運営を行っている。

同社の陸上競技部は特に長距離走では国内屈指の強豪チームで、選手個々人としても全国的な陸上競技大会で優秀な成績を上げているほか、チームとしても元旦に開催される「全日本実業団対抗駅伝大会」（ニューイヤー駅伝）で毎回のように入賞（2010年、2012年に優勝）するなど上位入賞の常連的存在となっている。また対外的なスポーツ支援においても、前述した安藤スポーツ・食文化

振興財団が「全国小学生陸上競技交流大会」,「全国小学生クロスカントリーリレー研修大会」を後援するなど，陸上競技との関係が深い[14]。これはスポーツの基本として「走る」ということを重視し,「走ることはあらゆるスポーツの原点である」という日本陸上競技連盟と同じ理念を持っているためである。陸上以外では, ゴルフのプロ日本一を決める「日本プロゴルフ選手権大会」に協賛している。加えて, 同社所属のアスリートである錦織圭が世界的なテニスプレイヤーとして活躍している。

このほかの社会貢献として注目されるのは, 小学生・幼児向けの食育(しょくいく)活動である。基本的にこれは, 全国各地の量販店と協力して行われる。またこの食育の背後には「最初のおいしいは, ずっとおいしい。」という信念がある。

小学生以上を対象にした「チキンラーメン Oishii しょくいくスクール」では, 小麦粉をこねて生地を作るところから油で揚げるまでの製造工程を実演し, 同社で開発されその経営を支えてきたチキンラーメン（インスタントラーメン）が何を材料にどのように作られているのかを知ってもらう「チキンラーメン手作り体験」が実施されている。

幼児向けの食育としては,「しょくいく幼稚園キャラバン」が行われている。ここでもやはりチキンラーメンがどのように作られるのかを実演で示し, ランチパーティで子供たちにチキンラーメンを食べてもらっている。その際には子供たちが自分で生卵を割ってラーメンに入れるという趣向が盛り込まれている。生卵を自分で割るという体験自体, 生まれて初めてという子も多く, 歓声に包まれながらの作業になるという。

以上で述べたことに加え, 創業50周年を迎えた2008年から創業100周年を迎える2058年までの50年間に,「創造」,「食」,「地球」,「健康」,「子供たち」のいずれかに関係する合計100の社会貢献活動を行うという取り組みがなされている。これは社会貢献活動に熱心だった創業者の安藤百福の志を継いだもので,「百福士(ひゃくふくし)プロジェクト」と呼ばれている。その趣旨と意義については「『未来のためにできることを実行していく』活動です」,「より豊かな地球社会全体の未来づくりに貢献していきます」というように語られている（日清食品ホールディングス, 2014, 11)。

例えばこの一環として，災害時の住民支援を目的とした「もしもの時の日清メン養成プロジェクト」が行われている。そこでは数十人の社員に危機管理知識を習得させ，災害時の心構えやキッチンカーでの支援スキルを体得させている。

（2）カップヌードルミュージアム

日清食品の親会社である日清食品ホールディングスは神奈川県横浜市中区新港2丁目3番4号に，「安藤百福発明記念館カップヌードルミュージアム」（以下，カップヌードルミュージアム）を設けている。みなとみらい駅，馬車道駅から徒歩8分，桜木町駅から徒歩12分で訪れることができ，横浜ワールドポーターズ，コスモワールド，横浜ランドマークタワーが付近にあるという絶好の観光スポットに立地している。オープンしたのは2011年である。年間来場者数は100万人をやや上回る水準で推移している。

設置・運営主体は前項で紹介した安藤スポーツ・食文化振興財団である。この財団は公益財団法人であるから，カップヌードルミュージアムは日清食品製品の販売促進や広告宣伝を目的として開設されているわけではない。

すなわちカップヌードルミュージアムのコンセプトは，「ここは，子どもたちひとりひとりの中にある創造力や探究心の芽を吹かせ，豊かに育てるための体験型ミュージアム。世界初のインスタントラーメン『チキンラーメン』を発明し，地球の食文化を革新した日清食品創業者・安藤百福の『クリエイティブシンキング＝創造的思考』を数々の展示を通じて体感することが出来ます。見て，さわって，遊んで，食べて，楽しみながら発明・発見のヒントを学び取り，自分だけのクリエイティブシンキングを見つけてください」（同ミュージアム・ホームページより）と語られている。

このように同ミュージアムの目的は日清食品製品の販売促進や広告宣伝ではないものの，結果的あるいは間接的に同社のブランド浸透とロイヤルティ（忠誠心）の形成に大きな役割を果たしているように思われる。つまり体験プログラム（アトラクション）のほとんどは創業者の安藤百福，カップヌードルやチキンラーメン等の同社製品を素材としているため，これらに関する大きな経験価

値が形成されている。

　ただしプログラムの内容から見てこれら同社の創業者と製品を素材とすることに必然性と合理性があるため，広告宣伝色は弱く，販売促進の意図もほとんど感じられない。そのことが結果としてかえって大きなブランディング効果をもたらしている感がある。

　入館後は1階のエントランスホールにある受付で，入館チケットを購入することになる。ここでは後に述べる体験スペース（アトラクション）の空き状況，混雑具合を上方に設置されているディスプレイ（モニター）で確かめることができる。チケット購入後，幅20メートルほどの広い階段に向かうことになる[15]。これを上ると2階の入り口ゲートに至り，そのゲートにチケットのQRコードをかざして入場する。当日であれば，一度退館した後の再入場も可能である。

　体験スペースおよび展示として，2階に「インスタントラーメンヒストリーキューブ」，「百福シアター」，「百福の研究小屋」，「安藤百福ヒストリー」，3階に「マイカップヌードルファクトリー」，「チキンラーメンファクトリー」，4階に「カップヌードルパーク」，「NOODLES BAZAAR―ワールド麺ロード―」が設けられている。

　2階の正面にある「インスタントラーメンヒストリーキューブ」（以下，ヒストリーキューブ）には，日清食品が出した歴代商品のパッケージやカップが展示されている。原点にあたる商品はチキンラーメンである。ロシア，ドイツ，トルコ，ケニアなど諸外国で販売されているカップ麺，インスタントラーメンも展示されている。

　このヒストリーキューブを入って右側の角には「百福シアター」の入り口がある。ヒストリーキューブをそぞろ歩きしていると，アニメーションの上映が始まる際，シアターの入り口にいるスタッフがマイクでヒストリーキューブ全体に聞こえるようにアナウンスし，14分間の映像が始まる。

　「百福シアター」はベンチ上にクッションが等間隔で比較的ゆったりと配置され，100人前後が座ることができる。コンテンツは「MOMOFUKU TV」と題したCGアニメーションである。このCGアニメーションは擬人的に描かれ

たカップヌードルが出場するクイズ番組や，カップヌードルがアナウンサー，チキンラーメンが現場レポーターとなったニュース番組が盛り込まれるなど，基本的には子供向けのコンテンツである。しかし時々，終戦直後や高度成長期（1960年代）と思われる記録（実写）映像が流れ，見る者にリアリティを感じさせる。つまり来場者は映像内容が実話であることを認識しながら見ることができる。

映像では頭と体の大きさが同じ二等身の安藤百福，すなわち頭の大きい小人風のキャラクターが進行役となって，インスタントラーメンを発明するまでの苦労など，同社の創業者・安藤百福の人生と同氏による新製品発明の歴史が紹介される。より具体的には，インスタントラーメン開発時の思いと苦労・工夫，類似品・粗悪品が出回るという事態を受けての業界団体の設立，アメリカへの視察と売り込みおよびカップヌードルの考案というのがその流れである。つまり日清食品の沿革や会社概要を説明する内容はほとんどなく，むしろわかりやすいエピソードをまじえてクリエイティブ・シンキング（創造的思考）の重要性を説くということに重点が置かれている。例えばカップに麺を入れる際の障害，それを克服するために逆転の発想で麺にカップをかぶせるようにしたというくだり等，大人でもなるほどと思う説明が多い。締めくくりの部分では「一度や二度の失敗でくじけるな」，「人生に遅すぎるということはない」というメッセージが発せられる。

同シアターの出口は入り口と反対側にあり，これを出た所に「百福の研究小屋」がある。これは安藤百福がインスタントラーメンの発明に没頭した小屋を再現したものである。中には初期の電気冷蔵庫と大がまが置かれており，大がまをのぞくと油が煮えたぎっている画像が表示されるといった工夫がなされている。研究小屋の隣にはニワトリ小屋があり，中にはニワトリの模型が置いてあるというように，リアリティを高める演出も行われている。

その研究小屋の横の壁には，「クリエイティブシンキング・ボックス」と題して，創造的思考の極意が書かれている。具体的には「1．まだ無いものを見つける」，「2．なんでもヒントにする」，「3．アイデアを育てる」，「4．タテ・ヨコ・ナナメから見る」，「5．常識にとらわれない」，「6．あきらめな

い」というものである。

　二階の順路はその後，来場者が外周をぐるりと大回りするように設定されている。外周の壁は「安藤百福ヒストリー」と題し，安藤百福の生涯に関するパネル展示になっている。内側スペースの展示には頭の訓練，思考トレーニングを促すトリックアート風のものが多い。例えば「5．常識にとらわれない」というコーナーでは，小さな穴から室内をのぞき，三つ置いてあるカップヌードルの大きさを判別する。実際は大きさが違うが，すべて同じに見えるというつくりになっている。そして壁のプレートには「当たり前と思っていることを疑ってみよう」というメッセージが書かれている。

　以上のほかに偉人パネルコーナー（「6．あきらめない」の展示）と，安藤百福の立像スペースがある。前者には安藤百福や野口英世，松下幸之助，コロンブス，ノーベル，ヘンリー・フォード，キュリー夫人等の等身大写真パネルとカップヌードルの大型オブジェが置かれている。後者にはシルバーの安藤百福像があり，その横の壁面には第1項で述べた同社の創業者精神（グループ理念）である「食足世平」，「食創為世」，「美健賢食」，「食為聖職」等を安藤百福自身が毛筆で書いたガラスパネル入り色紙が掲げられている。両者には記念撮影用に供されているという側面もあると思われ，実際，この2カ所では来場者が自分の友達や子供を立たせて写真を撮っている光景が見られる。

　前述したように3階には「マイカップヌードルファクトリー」，「チキンラーメンファクトリー」がある。両者とも人気があり活気にあふれており，土曜・日曜に行くと，2階から3階へエスカレーターで上る途中で「マイカップヌードルファクトリー」のざわめきがすでに聞こえてくる。

　3階に上がると，手前のほぼ半分が「マイカップヌードルファクトリー」，奥のほぼ半分が「チキンラーメンファクトリー」で占められている。前者ではカップのデザイン，トッピングとスープの選択によりオリジナルのカップヌードルを作ることができる。これは基本的に座って行うプログラムなので，人の動きはあまりないが，にぎやかなざわめきで包まれている。後者ではチキンラーメン作りを小麦粉をこねるところから体験できる。これはクッキングが主体となるので人の動きはあるが，比較的静かでゆったりとした雰囲気でプログ

ラムが進む。後者のチキンラーメンの手作りについては，体験者が真剣に作業に取り組んでいる光景を通路側からもガラス越しに見ることができる。大人も子供たちも全員がチキンラーメンのキャラクター「ひよこちゃん」の絵の入ったおそろいの黄色いバンダナを頭に巻いているのが微笑ましい。

　4階には「カップヌードルパーク」，「NOODLES BAZAAR―ワールド麺ロード―」（以下，ワールド麺ロード）があるが，エスカレーターで上った際にすぐに目に入るのは，テラスとベンチ，その向こうに見える港，海，停泊中の貨物船である。天気の良い日は，このテラスで休憩している人も多い。

　「カップヌードルパーク」は自分自身が麺になった気分でカップヌードルの製造プロセスを体感できるアトラクションで，例えば麺ネット，味付けプール，ヴァーチャルフライヤー，ケーサースライダーなどが設けられている。ここは自分自身が麺の位置に置かれ，まさに身をもってカップ麺の製造工程を理解するというユニークな趣向のスペースである。

　「ワールド麺ロード」では，アジアのナイトマーケットをイメージした空間の中で，有料ではあるがいろいろな国の麺類を食べられる。入り口付近には東南アジアを走っているような三輪自動車が置かれ，店の外部と内部の壁面には東南アジア各国の布が垂れ下がり，店内には所々に本物ではないが南国風の木があり，これらが東南アジアの雰囲気をかもし出している。店内は薄暗く，全体的なイメージは東南アジアにある屋台村の夜というものである。麺を出す各コーナーは，それぞれの国の店舗を模したつくりになっている。例えばパスタを出すコーナーはイタリア風，冷麺を出すコーナーは韓国風の雰囲気になっている。

（3）カップヌードルミュージアムの体験プログラム

　カップヌードルミュージアムの体験プログラムで注目されるのは，3階の「マイカップヌードルファクトリー」におけるオリジナルのカップヌードル作りと，同じ3階の「チキンラーメンファクトリー」における小麦粉からのチキンラーメン作りである。前項でも言及したように，前者はにぎやかなざわめきで包まれ，後者は比較的静かでゆったりとした雰囲気でプログラムが進む。

「マイカップヌードルファクトリー」はカップにイラストや字を書き，好きな具材とスープを選んで，自分だけのカップヌードルをつくることができるスペースである。事前の予約は不要であるが，混雑時には整理券が配布される。体験の流れとしては，まず自動販売機で専用カップを購入する。見た目は市販されているカップヌードルと同じであるが，中に何も入っておらず，よく見ると「CUP NOODLES」のロゴの前に「MY」，後に「FACTORY」と記されている。その下には「マイカップヌードルファクトリー」とカタカナのロゴ表記がある。

次に手を消毒する。消毒用の機器に両手を差し入れるとアルコールの消毒液が自動で吹きかかるようになっている。

消毒後はカップのデザイン工程になる。筆記具として10種類の色のマーカーが各テーブルに準備されているので，これを使ってカップにイラストや字を書くことになる。

カップの外観をデザインし終わると，カップヌードルの中身を作るプロセスとなる。具体的にはまずカップの中に麺を入れる作業を行うのであるが，これは麺の上にカップをのせ，ハンドルを回してカップをひっくり返すと，麺がカップの中に入る仕組みになっている。その後，スープと具材を選ぶ。スープは4種類の中から1つ，具材は12種類から4つを選ぶことができる。これらの組合せで理論的には5,460種のカップヌードルが作られうる。

選んだスープと具材をスタッフに伝えると，それらをカップに入れ，ふたをしめてくれる。さらにシュリンク包装，すなわち薄い透明フィルムで包み，熱してカップとフィルムを密着させるという加工が行われる。最後にエアパッケージに入れてひもをつけると完成である。

このエアパッケージに入れられたカップヌードルは，本人にとって世界でたった1つのカップヌードルという貴重な思い出の品であると同時に，宣伝効果と集客効果も備えていると考えられる。つまり同ミュージアムの内部のみならず，周辺の道路にはこのオリジナルカップヌードルの入ったエアパッケージを肩から下げて歩いている人が多数見られる。表情は心なしか誇らしげで，貴重なおみやげを手に入れたという喜びと満足感も垣間見られる。そのエアパッ

第8章　企業ミュージアムとブランディング　◎——277

ケージを見て，「何だろう」と興味を持ち，自分も欲しいという気持ちにかられて，同ミュージアムに吸込まれる人も多いのではないかと考えられる（図表8-4（A））。

一方，「チキンラーメンファクトリー」は，小麦粉から手作りでチキンラーメンをつくる体験スペースである。ここではインスタントラーメンが世界で初めて生み出された発明の原点を自分の身をもって体験できる。これは二人一組での事前予約が必要であるが，空席がある場合には当日の申込みも可能である。

説明を聞く際のテーブルの上には，バンダナとエプロンが用意されている。前項でも触れたようにバンダナには，市販されているチキンラーメンのパッケージにあるのと同じキャラクター「ひよこちゃん」が描かれている。このバンダナは体験終了時に記念品として持ち帰ることができる。

クッキングスペースにはこれとは別に作業用のテーブルがあり，その上には材料である小麦粉と練り水，ボール，麺打ち台，麺棒が準備されている。作業のしかたはスタッフから説明があるほか，適宜，大きなモニター上に映し出される。

具体的な流れとしては，まずボールに小麦粉を入れ，そこに練り水を入れる。そしてよくかき混ぜた後，手でこねて固まりにしていく。次に固まりを麺打ち台に移し，麺棒で押さえつけるようにしてさらにこねる。その後，こね終わった生地を製麺機に入れて薄く伸ばすという作業を10回くり返し，これを1ミリまで薄くする。

これが終わると，麺の切り出しである。同じ製麺機を使って生地を細く切って麺の状態にし，ハサミを使って20センチくらいの長さでこれをカットする。

その麺を1人分すなわち100グラムに量り分け，スタッフに渡すとそれを蒸してもらえる。蒸された麺にごま油を入れてほぐし，味付けスープを加えて全体になじませ，再びスタッフに渡すと，油で揚げられ水分をとばして乾燥状態にされる。通常，でき上がりの形は市販のものと同じ平べったい直方体であるが，バレンタインデーの特別期間中はハート形のチキンラーメンになる。

蒸しと油揚げの工程はスタッフにより行われるので，体験者にとっては待ち

図表8-4 カップヌードルとチキンラーメン自作による来場者増大プロセス

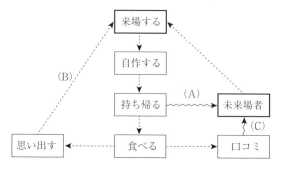

------→ 経験・立場の移行を示す。
〜〜〜→ 刺激し関心を喚起することを示す。

※本書（筆者）による考察・作成。

時間となる。その間，作業を見ていてもよいし，パッケージにオリジナルのデザインを施してもよい。最後にパッケージに麺を入れてフタをすればできあがりである。

　自作したカップヌードル，手作りのチキンラーメンはもちろん家庭で調理して食べることができる。手作りしたものを持ち帰り，それを食べて楽しかった一日をまた思い起こすという効果がそこにはある。そしてそういう楽しい思い出が次の来訪を呼び起こし，来場のリピート化を進めている（図表8-4(B)）。

　同ミュージアムの来場者数は前述したように年間100万人を超えるが，大規模な広告を行ったり施設としての「独り勝ち」を図ったりしているわけではない。意識されているのは口コミの形成と周囲の施設とのコラボレーションである。口コミについてはフェイスブックに交流サイトを設けている。またトリップアドバイザーでも常に上位にランクされている。このような口コミが未来場者の興味・関心を刺激し，来場者を増やしていると考えられる（図表8-4(C)）。周囲とのコラボレーションでは，ほかの施設のイベント例えば「パシフィコ横浜」の恐竜展と協力し，そのチケットを持っている人は入館料を無料にするといった取り組みがなされている。その背後にあるのは，立地する「み

ケージを見て，「何だろう」と興味を持ち，自分も欲しいという気持ちにかられて，同ミュージアムに吸込まれる人も多いのではないかと考えられる（図表8－4（A））。

　一方，「チキンラーメンファクトリー」は，小麦粉から手作りでチキンラーメンをつくる体験スペースである。ここではインスタントラーメンが世界で初めて生み出された発明の原点を自分の身をもって体験できる。これは二人一組での事前予約が必要であるが，空席がある場合には当日の申込みも可能である。

　説明を聞く際のテーブルの上には，バンダナとエプロンが用意されている。前項でも触れたようにバンダナには，市販されているチキンラーメンのパッケージにあるのと同じキャラクター「ひよこちゃん」が描かれている。このバンダナは体験終了時に記念品として持ち帰ることができる。

　クッキングスペースにはこれとは別に作業用のテーブルがあり，その上には材料である小麦粉と練り水，ボール，麺打ち台，麺棒が準備されている。作業のしかたはスタッフから説明があるほか，適宜，大きなモニター上に映し出される。

　具体的な流れとしては，まずボールに小麦粉を入れ，そこに練り水を入れる。そしてよくかき混ぜた後，手でこねて固まりにしていく。次に固まりを麺打ち台に移し，麺棒で押さえつけるようにしてさらにこねる。その後，こね終わった生地を製麺機に入れて薄く伸ばすという作業を10回くり返し，これを1ミリまで薄くする。

　これが終わると，麺の切り出しである。同じ製麺機を使って生地を細く切って麺の状態にし，ハサミを使って20センチくらいの長さでこれをカットする。

　その麺を1人分すなわち100グラムに量り分け，スタッフに渡すとそれを蒸してもらえる。蒸された麺にごま油を入れてほぐし，味付けスープを加えて全体になじませ，再びスタッフに渡すと，油で揚げられ水分をとばして乾燥状態にされる。通常，でき上がりの形は市販のものと同じ平べったい直方体であるが，バレンタインデーの特別期間中はハート形のチキンラーメンになる。

　蒸しと油揚げの工程はスタッフにより行われるので，体験者にとっては待ち

図表 8 − 4　カップヌードルとチキンラーメン自作による来場者増大プロセス

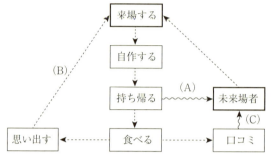

・・・・▶ 経験・立場の移行を示す。
～～▶ 刺激し関心を喚起することを示す。

※本書（筆者）による考察・作成。

時間となる。その間，作業を見ていてもよいし，パッケージにオリジナルのデザインを施してもよい。最後にパッケージに麺を入れてフタをすればできあがりである。

　自作したカップヌードル，手作りのチキンラーメンはもちろん家庭で調理して食べることができる。手作りしたものを持ち帰り，それを食べて楽しかった一日をまた思い起こすという効果がそこにはある。そしてそういう楽しい思い出が次の来訪を呼び起こし，来場のリピート化を進めている（図表8−4（B））。

　同ミュージアムの来場者数は前述したように年間100万人を超えるが，大規模な広告を行ったり施設としての「独り勝ち」を図ったりしているわけではない。意識されているのは口コミの形成と周囲の施設とのコラボレーションである。口コミについてはフェイスブックに交流サイトを設けている。またトリップアドバイザーでも常に上位にランクされている。このような口コミが未来場者の興味・関心を刺激し，来場者を増やしていると考えられる（図表8−4（C））。周囲とのコラボレーションでは，ほかの施設のイベント例えば「パシフィコ横浜」の恐竜展と協力し，そのチケットを持っている人は入館料を無料にするといった取り組みがなされている。その背後にあるのは，立地する「み

第8章　企業ミュージアムとブランディング　◎── 279

なとみらい地区」全体の魅力をほかの施設と協力して高め，まずはこの地区に来てもらい，来てもらった人の中から同ミュージアムにも足を向けてくれる人の比率がなるべく大きくなるように努力するという意識である[16]。

【注】
1) GHPはGas Heat Pumpの略で，ガス利用の冷暖房をさす。またここにおけるコージェネレーションシステム，小形・大形という表記はヤンマーにおける書き方に従っている。
2) オニヤンマは後に取り上げるヤンマーミュージアムで来場者がパンフレット等に押すゴムスタンプの図柄にもさりげなく取り入れられている。
3) 後述するヤンマーミュージアムと同様に，キッザニア甲子園のブースについても好意的な口コミやレビューが来場者から発信されている。具体的には同施設のホームページに設けられている「みんなにインタビュー」というコーナーには，「本当に運転しているみたいでおもしろかった」，「農家の人になった気分で楽しかった」，「本物のトラクターに乗れるなんてびっくりした」等，興奮に満ちた子供たちの声が寄せられている。
4) 同賞は優良な建築資産の創出を図り，文化の進展と地球環境保全に寄与するという目的で，毎年，国内の優秀な建築作品に授与されるもので，1960年に創設された。BCSは社団法人・建築業協会の英語表記 Building Contractors Society を略したものである。ただし2011年からは新しく発足した日本建設業連合会が選定と表彰を行っている。
5) 同ミュージアムは来館者に親子連れが多く，子供を楽しませる工夫も随所に見られることから，基本的性格としては子供向けの体験型施設であると理解される。ただし見ようによっては，子供を連れてきた親，大人の方も同時に教育されており，実態としては大人向け啓蒙施設の側面も強いという印象を受ける。すなわち子供を遊ばせたり，手をつないで回遊している間に，種々の展示を見て，同社の強みないしドメインが農業用機械ではなく，むしろ動力機関，特にディーゼルエンジンであることを大人は実感させられる。ショベルカーの体験コーナーの奥にある「YANMAR：Solutioneering Together」（企業紹介）ゾーンの海外拠点に関する展示「ヤンマーグループの事業拠点」では赤色の世界地図に白丸で同社の事業所が示されている。これを見て同社がグローバル展開している国際的な企業であることを学び，その背後の壁面に描かれている大型タンカーのスクリュー（プロペラ）を見て，ディーゼルエンジンのパワーと応用範囲の広さを思い知らされる。建設用重機，プレジャーボート，エネルギー関連のプラント模型を見る過程で，同社が農業用機械の専業メーカーではなく，エンジンを中核にした総合機械メーカーであることを教育されるのである。

6）ピンを取り付ける段階では「針が指にささらないように気をつけてね」とか「ここは、代わりにやってあげよう」と声をかけている光景が見られる。子供にすれば説明係はちょうど祖父にあたる年齢なので、「やさしいおじいちゃん」に親切にしてもらっているという感覚かもしれない。ヒアリングすると、単に希望すれば説明係になれるわけではなく、事前に展示物に関する勉強や接客マナー講習などの研修・訓練を受けているということであった。

7）おもてなし的な工夫として本文でも言及したように2階のテラスにベンチが置かれたデッキ、その前方に琵琶湖付近の池や湿地帯を再現したビオトープが設けられ、ベンチに座って夕陽に染まる長浜の町並みを眺めたり、ビオトープの周囲を自由に歩いたりできるようになっている。またこの横に設置されている足湯コーナーも癒しを来館者に与えているように思われる。なお屋上の展望台からは琵琶湖や伊吹山、長浜城等の景色も一望できる。

8）同科学館はJR川崎駅西口から徒歩1分にある。同駅の西口改札は2階部分にあり、地上に下りずに左手方向に歩くと、同科学館の入っているラゾーナ川崎東芝ビル（スマートコミュニティセンター）の2階に至る。西口正面側にはラゾーナ（LAZONA）という大きなショッピングビルがあり、この一帯はラゾーナ川崎地区と呼ばれている。筆者が訪問した際、ウェルカムゾーンではコンテンツのクイズがちょうど佳境だったため、その前で来館者が手を上げたり、両足を開いたりといったユーモラスな動作をくり返していた。インフォメーションデスクを右側に行くと、ヒストリーゾーンである「創業者の部屋」と「1号機ものがたり」の部屋に入ることになる。両者は展示が中心で、学ぶという要素が強い。後者の入り口には、「展示のしおり」というA4版の資料が数種類置いてある。筆者訪問時にあったのは「無尽燈―幕末の明かり―」、「弓曳き童子（ゆみひきどうじ）」、「報時器」、「市助ものがたり」、「デュボスク・アーク灯―日本の電灯事始め―」、「電球ものがたり―国産初の白熱電球の誕生―」、「蛍光ランプ―戦艦武蔵の船窓にも蛍光ランプの明かりが―」、「高速コンピューター（TAC）」と題した資料8種類であった。フロアマップに記載されている番号は「創業者の部屋」が1番、「1号機ものがたり」が2番、「エネルギーの未来へ」が3番で、これが同科学館の当初想定していた回遊パターンであると推定される。すなわち設計時に考えていた順路は時計回りであると考えられる。しかし来館者の実際の動きを見ていると、多いのはヒストリーゾーンの後に9番のサイエンスゾーンに向かうという歩き方、すなわち施設側が想定しているのとは逆順の反時計回りである。これはヒストリーゾーンを出た時点で、右手の「静電気」、「超電導」の人だかりに目がいき、どうしても足がそちらに向いてしまうからだと考えられる。施設側は無理に順路に誘導するのではなく、回る順序は来館者の自由にさせ、その意思に任せている。なお「ナノライダー」については、

モニターの映像を見ていて，半導体回路の内部を動き回るSF映画「トロン」を思い出したが，高度のCGを駆使した画面はそれよりも圧倒的にスリル感がある。

9）平均すると常時45名から50名程度がこのボランティアガイドとして登録しており，多い人で週1回，少ない人で月1回，説明係を務めている。

10）後にあらためて言及するが，「海のゾーン」（ものづくりシアター）の映像コンテンツには船舶の進水式，新幹線製造のほかに，航空機ができるまで，神戸第1ドック建造プロジェクトがある。

11）現実に忠実となるよう，自分の操縦と合わせてコクピット自体が動くという所まで再現しているので，危険防止上，当該コクピットには自由に立ち入ることはできない。また注意書きで乗り物酔いをする人，体調不良の人，酒気帯びの人は操縦体験を遠慮するよう求められている。裏を返せば，それだけ映像とコクピットの動きが現実に近い形で再現されているということである。

12）飛行は正面のメインディスプレイと，左下にある機器モニター，特に高度を見ながら行う。どれくらいまじめに操縦しようとするかにもよるが，本気でかつ初めてチャレンジした人は，操縦するのに手一杯で下方の街並み風景を見る余裕はないであろう。つまり遊び半分ではなく真剣な気持ちで無事に神戸空港まで戻ろうとすると，それだけ操縦への意識集中を強いられることになる。特に神戸空港での離発着時には緊張する。失速し墜落した場合には，海面に落ちて水しぶきが上がり，泡がぶくぶく湧き上がる映像となる。

13）臨機応変に女性スタッフがアドバイスできるのは，コクピット内と同じディスプレイがスタッフ側にあり，同じ映像と機器モニターを見ているためである。

14）安藤スポーツ・食文化振興財団の活動にはこのほかに自然体験の普及・促進がある。具体的には全国の学校や団体が企画する自然体験活動を支援・表彰する「トム・ソーヤースクール企画コンテスト」を運営し，長野県小諸市に設けている「安藤百福記念・自然体験活動指導者養成センター」では，子供たちに自然体験活動を教える指導者を育てる上級指導者の養成と，指導カリキュラムの研究開発に取り組んでいる。本文中で示した「全国小学生クロスカントリーリレー研修大会」は陸上競技支援とこのような自然体験促進の融合的なイベントと見ることもできる。

15）階段の下には，高さ1メートルくらいのカップヌードルのオブジェがあり，そこで記念撮影をする来場者が多数見られる。スタッフがシャッターを押すなどのサービスもしている。

16）同ミュージアムは場所的にはコスモワールドの観覧車と道をはさんだ隣のエリア，つまり観覧車の斜め下に立地する。したがって徒歩の場合も，車の場合もこの観覧車を目指すことになる。筆者の印象では，来場者に占める外国人の比率がほかの施設に比べて高い。

また同ミュージアム側も外国人向けのパンフレットや音声ガイダンスを準備している。正面入り口からエントランスホールに入るとミュージアムショップがあり、カップヌードルを模した「カップヌードルまんじゅう」（こしあん入り）、チキンラーメンのマスコット・キャラクターである「ひよこちゃん」の形をした「チキンラーメンサブレ」等、多数のオリジナルグッズが置いてある。ほかの施設に比べて、館内にいるスタッフは人数が多い。ミュージアム側の説明によるとスタッフは土曜・日曜・祝日には120名前後が勤務しているということである。館内には日清食品のシンボルカラーでカップヌードルのロゴにも使用されている赤色が効果的に使われている。例えば「百福シアター」の床、壁、天井、ベンチ、ベンチ上のクッションはすべてこの赤色で統一されている。また「インスタントラーメンヒストリーキューブ」のトンネル型ゲート、「マイカップヌードルファクトリー」に置かれているイス、同ファクトリーにいるスタッフのエプロン、パネル展示のタイトル文字、「常識にとらわれない」の壁面と床面、偉人パネルコーナー背後の壁にもこれが使われている。さらにスタッフのユニフォームは白いシャツ、黒色のズボン、おそろいのベレー帽というものであるが、このスタッフが皆かぶっているベレー帽がシンボルカラーのこの赤色である。なお同ミュージアムの姉妹施設には、大阪府池田市の「インスタントラーメン発明記念館」がある。

謝　辞

　本書で取り上げた施設に訪問調査ないし資料収集を行った際，小口知彦氏（伊那食品工業株式会社・取締役管理本部長），吉川明氏（伊那食品工業株式会社・総務人事部課長），鈴川喜久夫氏（株式会社ノリタケの森，運営・企画グループ・グループリーダー），石田隆彦氏（株式会社ノリタケカンパニーリミテド・広報室長），柿村俊子氏（白い恋人パーク館長），吉原綾子氏（石屋商事株式会社パーク事業部），神藤龍一氏（ヤンマー株式会社・ヤンマーミュージアム副館長），伊東妃李子氏（ヤンマー株式会社・ヤンマーミュージアム），中山純史氏（東芝未来科学館館長），前田徹治氏（カワサキワールド・マネージャー），加賀澤毅氏（安藤百福発明記念館カップヌードルミュージアム・マネージャー）に御対応いただきました（氏名は施設掲載順，所属・肩書は訪問時点）。この場を借りて心よりの御礼を申し上げます。ただし各施設に関する記述も含め本書の内容に関する最終責任は本書の著者にあります。すなわち本書の研究成果は上記の方々各位による調査協力の賜物ですが，万が一内容上明白な誤謬があった場合のその咎めは著者が負います。

引用文献リスト

Aaker, David A. (1996) *Building Strong Brands*, Free Press, New York (陶山計介・小林哲・梅本春夫・石垣智徳訳『ブランド優位の戦略─顧客を創造する BI の開発と実践─』ダイヤモンド社, 1997).

Abernathy, William J., Kim B. Clark, and Alan M.Kantrow (1983) *Industrial Renaissance*, Basic Books, New York (望月嘉幸監訳『インダストリアルルネサンス』TBS ブリタニカ, 1984).

Ansoff, H. Igor (1965) *Corporate Strategy*, McGraw-Hill, New York (広田寿亮訳『企業戦略論』産業能率短期大学出版部, 1969).

青木幸弘・斎藤通貴・杉本徹雄・守口剛 (1988)「関与概念と消費者情報処理─概念規定, 尺度構成, 測定の妥当性─」,『日本商業学会年報 (1988 年度版)』, 157-162.

青島矢一・加藤俊彦 (2003)『競争戦略論』東洋経済新報社.

Arndt, Johan (1967a) "Word of Mouth Advertising and Informal Communication", Donald F.Cox (ed.), *Risk Taking and Information Handling in Consumer Behavior*, Harvard University Press, Boston, 188-239.

Arndt, Johan (1967b) "Role of Product-Related Conversations in the Diffusion of a New Product", *Journal of Marketing Research*, Vol.4 (August), 291-295.

Barich, Howard and Philip Kotler (1991) "A Framework for Marketing Image Management", *Sloan Management Review*, Winter, 94-104.

Bauer, Raymond A. (1967) "Consumer Behavior as Risk Taking", Donald F. Cox (ed.), *Risk Taking and Information Handling in Consumer Behavior*, Harvard University Press, Boston, 23-33.

Besanko, David, David Dranove, Mark Shanley, and Scott Schaefer (2004) *Economics of Strategy*, 3rd. ed., John Wiley & Sons, New York.

Collis, David J. and Cynthia A. Montgomery (1998) *Corporate Strategy: A Resource-Based Approach*, McGraw-Hill, New York (根来龍之・蛭田啓・久保亮一訳『資源ベースの経営戦略論』東洋経済新報社, 2004).

電通 (1976)『PR を考える』電通.

電通 EYE・くちコミ研究会 (1995)『ヒットの裏にくちコミあり』マネジメント社.

Dichter, Ernest (1966) "How Word-of-Mouth Advertising Works", *Harvard Business Review*, Vol.44 (November-December), 147-167.

Dierickx, Ingemar and Karel Cool (1989) "Asset Stock Accumulation and Sustainability of Competitive Advantage", *Management Science*, Vol.35, No.12, 1504-1511.

Drucker, Peter F. (1974) *Management: Tasks, Responsibilities, Practices*, Harper & Row, New York (野田一夫・村上恒夫訳『マネジメント：課題・責任・実践』(上)(下) ダイヤモンド社, 1974).

Feick, Lawrence F. and Linda L.Price (1987) "The Market Maven：A Diffuser of Marketplace Information", *Journal of Marketing*, Vol.51 (January), 83-97.

藤井秀道・金原達夫 (2013)「日米製造業企業の環境経営と外部要因」,『組織科学』第46巻4号, 83-101.

藤本和則・玉置了 (2010)「商品, 商品属性の二つのレイヤの初期態度に着目したeクチコミ情報の効力に関する一検討」,『知能と情報』(日本知能情報ファジィ学会誌) 第22巻6号, 824-831.

藤本隆宏 (2004)『日本のもの造り哲学』日本経済新聞社.

古江晋也 (2007)「CSRはブランド価値を高めるか」,『金融市場』5月号, 14-17.

Galbraith, Jay (1973) *Designing Complex Organizations*, Addison-Wesley, Massachusetts (梅津祐良訳『横断組織の設計』ダイヤモンド社, 1980).

呉國怡 (2005)「『市場の達人』とインターネット：『オピニオンリーダー』との比較」, 池田謙一編『インターネット・コミュニティと日常世界』誠信書房, 135-147.

後藤啓二 (2006)『企業コンプライアンス』文藝春秋.

五藤智久 (2010)「クチコミ行動をモデル化する」, 池田謙一編『クチコミとネットワークの社会心理―消費と普及のサービスイノベーション研究―』東京大学出版会, 49-59.

博報堂ブランドコンサルティング (2000)『ブランドマーケティング』日本能率協会マネジメントセンター.

濱岡豊 (2007)「バズ・マーケティングの展開」,『AD STUDIES』第20巻, 5-10.

Hamel, Gary and C.K.Prahalad (1994) *Competing for the Future*, Harvard Business School Press, Boston, Massachusetts (一條和生訳『コア・コンピタンス経営：大競争時代を勝ち抜く戦略』日本経済新聞社, 1995).

原拓志 (1999)「技術変化の道筋」,『国民経済雑誌』第180巻2号, 77-88.

橋本公美子 (2010)「自動車メーカーの製品開発―3Dシミュレーション経験と顧客ロイヤルティ―」, 村松潤一編著『顧客起点のマーケティング・システム』同文舘出版, 196-217.

服部勝人 (1996)『ホスピタリティ・マネジメント―ポスト・サービス会社の経営―』丸善.

Hax, Arnoldo C. and Dean L. Wilde II (2001) "The Delta Model：Adaptive Management for a Changing World", Michael A.Cusumano and Constantinos C. Markides (eds.) *Strategic Thinking for the Next Economy*, Jossey-Bass, San Francisco, 57-83 (グロービス・マネジメント・インスティテュート訳「デルタ・モデル：激動の時代を勝ち抜くための適応型マネジメント」, 同訳『MITスローン・スクール戦略論』東洋経済新報社,

2003, 80-106).

日野佳恵子（2002）『クチコミュニティ・マーケティング』朝日新聞社．

平田光弘（2003）「コンプライアンス経営とは何か」，東洋大学『経営論集』第61号，113-127．

平山弘，（2007）『ブランド価値の創造―情報価値と経験価値の観点から―』晃洋書房．

広瀬久也（1981）『パブリシティ―その理論と実際―』創元社．

広瀬盛一・森住昌弘（2008）「広告とマーケティングの関わり」嶋村和恵監修『新しい広告』電通，49-60．

堀啓造（1997）「消費者の関与」，杉本徹雄編著『消費者理解のための心理学』福村出版，164-177．

Hughes, Mark（2006）*Buzzmarketing: Get People to Talk about Your Stuff*, Portfolio, New York（依田卓巳訳『バズ・マーケティング―クチコミで注目を確実に集める6つの秘訣―』ダイヤモンド社，2006）．

伊吹英子（2003）「経営戦略としての『企業の社会的責任』」，『知的資産創造』9月号，54-71．

池田謙一（2008）「新しい消費者の出現：採用者カテゴリー要因の再検討」，宮田加久子・池田謙一編著『ネットが変える消費者行動―クチコミの影響力の実証分析―』NTT出版，114-144．

池田謙一（2010）「消費者行動予測の入り口としての対人コミュニケーション」，池田謙一編『クチコミとネットワークの社会心理―消費と普及のサービスイノベーション研究―』東京大学出版会，3-15．

池尾恭一（2011）『モダン・マーケティング・リテラシー』生産性出版．

伊那食品工業（2011）『COMPANY PROFILE―会社案内―』．

石井淳蔵（1985）「競争対応の行動」，石井淳蔵・奥村昭博・加護野忠男・野中郁次郎『経営戦略論』有斐閣，100-111．

石井淳蔵（2000）『ブランド―価値の創造―』岩波書店．

伊丹敬之（1985）「製品構造の決定」，青木昌彦・伊丹敬之『企業の経済学』岩波書店，61-83．

伊藤穣（2009）「情報倫理教育における情報倫理の枠組の規定」，『跡見学園女子大学文学部紀要』第42号，51-63．

加護野忠男（2004）「コア事業をもつ多角化戦略」，『組織科学』第37巻3号，4-10．

加固三郎（1980）『PRの設計』東洋経済新報社．

Kant, Immanuel（1797）*Metaphysik der Sitten, Zweiter Teil: Metaphysische Anfangsgründe der Tugendlehre*, Vorlander, Leipzig（白井成允・小倉貞秀訳「倫理学原論」，同訳『道徳哲学』，71-163）．

笠原正雄（2007）『情報技術の人間学―情報倫理へのプロローグ―』電子情報通信学会．

加藤種男（2002）「芸術文化支援（メセナ）の新たな方向―企業のメセナ活動の変化に着目して―」,『文化経済学』第3巻2号, 21-27.

勝倉章博（2008）「コミュニケーション・ツールの有効活用Ⅰ」, 嶋村和恵監修『新しい広告』電通, 317-329.

Katz, Elihu and Paul F. Lazarsfeld (1955) *Personal Influence*, Free Press,Glencoe,Illinois.

Katz, Michael L.and Carl Shapiro (1985) "Network Externalities, Competition, and Compatibility", *American Economic Review*, Vol.75, No.3, 424-440.

川崎重工業（2007）「『カワサキグループ・ミッションステートメント』の制定について」,『Kawasaki Report』第2007017号.

経済産業省ブランド価値評価研究会（2002）『ブランド価値評価研究会報告書』.

Keller, Kevin Lane (2003) *Strategic Brand Management: Building, Measuring, and Managing Brand Equity*, 2nd ed., Prentice Hall, Upper Saddle River, New Jersey（恩蔵直人研究室訳『ケラーの戦略的ブランディング』東急エージェンシー, 2003）.

Keller, Kevin Lane (2008) *Strategic Brand Management: Building, Measuring, and Managing Brand Equity*, 3rd ed.,Prentice Hall, Upper Saddle River, New Jersey（恩蔵直人監訳・株式会社バベル訳『戦略的ブランド・マネジメント』第3版, 東急エージェンシー, 2010）.

Kim, W. Chan and Renee Mauborgne (2005) *Blue Ocean Strategy: How to Create Uncontested Market Space and Make the Competition Irrelevant*, Boston, Massachusetts（有賀裕子訳『ブルー・オーシャン戦略：競争のない世界を創造する』ランダムハウス講談社, 2005）.

岸志津江（2008）「媒体計画」, 岸志津江・田中洋・嶋村和恵『現代広告論』（新版）有斐閣, 209-244.

鬼頭孝幸（2012）『戦略としてのブランド』東洋経済新報社.

小嶋外弘・杉本徹雄・永野光朗（1985）「製品関与と広告コミュニケーション効果」,『広告科学』第11号, 34-44.

小島健志・田島靖久・宮原啓彰・窪田順生（2012）「ネットの罠」,『週刊ダイヤモンド』6月2日号, 24-53.

近藤佐保子（1999）「情報倫理と法規制」,『明治大学情報科学センター年報』第11号, 1-10.

小坂勝沼（2007）「企業不祥事と『誠実な経営』（Integrity Management）論の台頭―日本的経営の持続可能性の模索―」,『文教大学国際学部紀要』第18巻1号, 119-130.

Kotler, Philip (1984) *Marketing Management: Analysis, Planning, and Control*, 5th ed., Prentice-Hall, Englewood Cliffs, New Jersey.

Kotler, Philip (2000) *Marketing Management*, The Millennium ed., Prentice Hall, Upper Saddle River, New Jersey（恩蔵直人監修・月谷真紀訳『コトラーのマーケティング・マネジメント』ミレニアム版, ピアソン・エデュケーション, 2001）.

久保村隆祐（1969）「現代企業と広告」，久保村隆祐・村田昭治編『広告論』有斐閣，3-13.
工藤剛治（2000）「環境経営の意義と課題」，寺本義也・原田保編著『環境経営』同友館，3-17.
楠木建（2006）「次元の見えない差別化」，『一橋ビジネスレビュー』第53巻4号，6-24.
Leibenstein, Harvey (1950) "Bandwagon, Snob, and Veblen Effects in the Theory of Consumers' Demand", *Quarterly Journal of Economics*, Vol.64, No.2, 183-207.
丸山尚（1981）『企業広報のすべて―社外広報・PR・パブリシティ・社内報の効果的すすめ方―』中央経済社.
宮下幸一（1991）『情報管理の基礎』同文館.
宮田加久子（2008a）「ネット時代の消費者をめぐるコミュニケーション」，宮田加久子・池田謙一編著『ネットが変える消費者行動―クチコミの影響力の実証分析―』NTT出版，1-17.
宮田加久子（2008b）「オフラインとオンラインで重層化する対人コミュニケーション」，宮田加久子・池田謙一編著『ネットが変える消費者行動―クチコミの影響力の実証分析―』NTT出版，77-113.
中村瑞穂（2001）「企業倫理実現の条件」，『明治大学社会科学研究所紀要』第39巻2号，87-99.
二瓶喜博（2003）『うわさとくちコミマーケティング』（第2版），創成社.
日清食品ホールディングス（2014）『NISSIN REPORT―NISSINの「今」を伝える報告書―』第66号.
延岡健太郎・伊藤宗彦・森田弘一（2006）「コモディティ化による価値獲得の失敗―デジタル家電の事例―」，榊原清則・香山晋編著『イノベーションと競争優位』NTT出版，14-48.
ノリタケカンパニーリミテド（2001）『社会・環境報告書2001』.
ノリタケカンパニーリミテド（2014）『社会・環境報告書2014』.
ノリタケ100年史編纂委員会編（2004）『ノリタケ100』.
ノリタケ100年史編纂委員会編（2005）『ノリタケ100年史』.
小川孔輔（1994）『ブランド戦略の実際』日本経済新聞社.
大石芳裕（1999）「グリーンマーケティング」，安室憲一編著『地球環境時代の国際経営』，43-69.
岡徳之（2012）「この異常事態は単なる買い控えだけなのか？家電価格"底なし下落"の知られざる真因」，『ダイヤモンド』オンライン，4月6日配信.
岡本英嗣（2008）「ICTによる購買意思決定支援」，『日本情報経営学会誌』第28巻3号，61-72.
大木英男・山中みずえ（1997）「『クチコミのマーケティング』試論」，『ジャパン・マーケティング・ジャーナル』第64号，28-38.

小野晃典（2002）「ブランド力とその源泉」,『三田商学研究』第45巻1号, 13-40.
恩蔵直人（2006）「コモディティ化市場における市場参入戦略の枠組み」,『組織科学』第39巻3号, 19-26.
大島愼子（2012）「ホスピタリティ研究の課題」,『筑波学院大学紀要』第7集, 31-39.
Pine, B. Joseph II and James H. Gilmore（1999）*The Experience Economy: Work Is Theatre and Every Business a Stage*, Harvard Business School Press, Boston, Massachusetts（岡本慶一・小高尚子訳『新訳・経験経済―脱コモディティ化のマーケティング戦略―』ダイヤモンド社, 2005）.
Porter, Michael E.（1980）*Competitive Strategy*, Free Press, New York（土岐坤・中辻萬治・服部照夫訳『競争の戦略』ダイヤモンド社, 1982）.
Porter, Michael E.（1985）*Competitive Advantage: Creating and Sustaining Superior Performance*, Free Press, New York（土岐坤・中辻萬治・小野寺武夫訳『競争優位の戦略―いかに高業績を持続させるか―』ダイヤモンド社, 1985）.
Robertson, David and Karl Ulrich（1998）"Planning for Product Platforms", *Sloan Management Review*, Vol.39, No.4, 19-31.
Rogers, Everett M.（1995）*Diffusion of Innovations*, 4th ed., Free Press, New York.
Rohlfs, Jeffrey（1974）"A Theory of Interdependent Demand for a Communications Service", *Bell Journal of Economics and Management Science*, Vol.5, No.1, 16-37.
Rosen, Emanuel（2000）*The Anatomy of Buzz: How to Create Word-of-Mouth Marketing*, Doubleday, New York（濱岡豊訳『クチコミはこうしてつくられる―おもしろさが伝染するバズ・マーケティング―』日本経済新聞社, 2002）.
酒井耕一・小林暢子・山端宏実（2013）「『称賛される会社』に学ぶ」,『日経情報ストラテジー』4月号, 18-44.
酒井泰弘（1982）『不確実性の経済学』有斐閣.
櫻井光行（2013）「インターネット時代のマーケティング・コミュニケーションの類型」, 文教大学情報学部『情報研究』第48号, 23-36.
Saloner, Garth, Andrea Shepard, and Joel Podolny（2001）*Strategic Management*, John Wiley & Sons, New York（石倉洋子訳『戦略経営論』東洋経済新報社, 2002）.
Sanders, Donald H.（1972）*Computers in Business: An Introduction*, 2nd ed., McGraw-Hill, New York.
佐々木茂・徳江順一郎（2009）「ホスピタリティ研究の潮流と今後の課題」,『産業研究』（高崎経済大学附属研究所紀要）第44巻2号, 1-19.
Schmitt, Bernd H.（1999）*Experiential Marketing: How to Get Customers to Sense, Feel, Think, Act, Relate*, Free Press, New York（嶋村和恵・広瀬盛一訳『経験価値マーケティング―消費者が「何か」を感じるプラスαの魅力―』ダイヤモンド社, 2000）.
清野正哉（2009）『情報倫理―インターネット社会における法とルール―』中央経済社.

Shapiro, Carl and Hal R. Varian (1999) *Information Rules: A Strategic Guide to the Network Economy*, Harvard Business School Press, Boston (千本倖夫監訳・宮本喜一訳『ネットワーク経済の法則：アトム型産業からビット型産業へ変革期を生き抜く72の指針』IDGジャパン，1999).

Sheth, Jagdish N. and M. Venkatesan (1968) "Risk-Reduction Processes in Repetitive Consumer Behavior", *Journal of Marketing Research*, Vol.5 (August), 307-310.

澁谷覚 (2007)「ネット上の消費者情報探索とネット・クチコミのマーケティング利用」，『AD STUDIES』第20巻，11-15.

嶋村和恵 (2008a)「広告計画の構造と調査」，岸志津江・田中洋・嶋村和恵『現代広告論』（新版）有斐閣，93-110.

嶋村和恵 (2008b)「広告とは何か」，嶋村和恵監修『新しい広告』電通，9-25.

島津忠承 (2008)「品質偽装を防ぐ現場を作れ」，『日経情報ストラテジー』7月号，131-145.

清水良郎 (2007)「地域ブランド育成におけるマーケティングの実践」，『名古屋学院大学論集・社会科学篇』第44巻1号，33-45.

白石武志 (2014)「中国・ファーウェイ（通信機器）―モーレツ企業の素顔―」，『日経ビジネス』2月10日号，52-56.

朱穎 (2003)「ドミナントデザイン発生の分析視角―文献サーベイを中心に―」，『跡見学園女子大学マネジメント学部紀要』創刊号，85-102.

Simon, Herbert A. (1977) *The New Science of Management Decision*, revised ed., Prentice-Hall, New Jersey (稲葉元吉・倉井武夫訳『意思決定の科学』産業能率大学出版部，1979).

杉本徹雄 (1997)「対人・集団の要因と消費者行動」，杉本徹雄編著『消費者理解のための心理学』福村出版，223-237.

杉本泰治・高城重厚 (2008)『技術者の倫理入門』丸善.

杉谷陽子 (2009)「インターネット上の口コミの有効性：製品の評価における非言語的手がかりの効果」，『上智経済論集』第54巻1・2合併号，47-58.

杉谷陽子 (2013)「新規ブランド構築における消費者の感情の役割」，『上智経済論集』第58巻1・2合併号，289-298.

高巌 (2013)『ビジネスエシックス』日本経済新聞出版社.

高林茂樹 (2007)「情報倫理と医療情報」，『埼玉女子短期大学研究紀要』第18号，1-17.

高橋伸大 (1997)『日本企業の意思決定原理』東京大学出版会.

高橋伸夫 (2005)『＜育てる経営＞の戦略：ポスト成果主義への道』講談社.

武田哲男 (2013)『日本流「おもてなし」文化は世界的資産―ビジネスを成功に導く秘訣がここにある―』産業能率大学出版部.

田中義厚 (2003)『「口こみ」の経済学』青春出版社.

東芝 (2014)『東芝グループ環境レポート2014』.

東洋経済（2013）『会社四季報』第1集，東洋経済新報社．
塚越寛（2004）『いい会社をつくりましょう』文屋．
塚越寛（2009）『リストラなしの年輪経営―いい会社は遠きをはかりゆっくり成長―』光文社．
塚越寛（2012）『幸せになる生き方，働き方』PHP研究所．
塚越寛（2014）「企業に『成功』などない」（取材・構成：森末祐二），『PHP Business Review』第12号（1・2月号），21-27．
上田和勇（1987）「保険加入時の消費者の知覚リスクに関する実証的研究」，『生命保険文化研究所・文研論集』第79号，1-86．
上野正樹（2006）「モジュラー型製品の二面性」，『一橋ビジネスレビュー』第53巻4号，52-65．
Ulrich, Karl (1995) "The Role of Product Architecture in the Manufacturing Firm", *Research Policy*, Vol.24, 419-440.
梅津光弘（2002）『ビジネスの倫理学』丸善．
梅津光弘（2003）「アメリカにおける企業倫理論」，中村瑞穂編著『企業倫理と企業統治―国際比較―』文眞堂，13-27．
渡辺聡（1992）「商品に対する関与と商品購買時の情報探索におけるくちコミの利用との関係」，『社会心理学研究』第7巻3号，172-179．
和辻哲郎（1971）『人間の学としての倫理学』岩波書店．
山口隆久（2010）「関係性マーケティングにおけるCRM論」，村松潤一編著『顧客起点のマーケティング・システム』同文舘出版，49-69．
山本典弘（2005）「NISSAN『X-TRAIL』の使える道具感」，長沢伸也編著『ヒットを生む経験価値創造―感性をゆさぶるものづくり―』日科技連出版社，136-165．
山本昭二（1999）『サービス・クォリティ』千倉書房．
山本昭二（2003）「消費者のリスク対応行動と情報処理―サーベイデータから―」，関西学院大学『商学論究』第52巻2号，21-37．
ヤンマー（2013）『CSR報告書2013』．

Shapiro, Carl and Hal R. Varian (1999) *Information Rules: A Strategic Guide to the Network Economy*, Harvard Business School Press, Boston (千本倖夫監訳・宮本喜一訳『ネットワーク経済の法則：アトム型産業からビット型産業へ変革期を生き抜く72の指針』IDGジャパン，1999).

Sheth, Jagdish N. and M. Venkatesan (1968) "Risk-Reduction Processes in Repetitive Consumer Behavior", *Journal of Marketing Research*, Vol.5 (August), 307-310.

澁谷覚 (2007)「ネット上の消費者情報探索とネット・クチコミのマーケティング利用」，『AD STUDIES』第20巻，11-15.

嶋村和恵 (2008a)「広告計画の構造と調査」，岸志津江・田中洋・嶋村和恵『現代広告論』(新版) 有斐閣，93-110.

嶋村和恵 (2008b)「広告とは何か」，嶋村和恵監修『新しい広告』電通，9-25.

島津忠承 (2008)「品質偽装を防ぐ現場を作れ」，『日経情報ストラテジー』7月号，131-145.

清水良郎 (2007)「地域ブランド育成におけるマーケティングの実践」，『名古屋学院大学論集・社会科学篇』第44巻1号，33-45.

白石武志 (2014)「中国・ファーウェイ（通信機器）—モーレツ企業の素顔—」，『日経ビジネス』2月10日号，52-56.

朱穎 (2003)「ドミナントデザイン発生の分析視角—文献サーベイを中心に—」，『跡見学園女子大学マネジメント学部紀要』創刊号，85-102.

Simon, Herbert A. (1977) *The New Science of Management Decision*, revised ed., Prentice-Hall, New Jersey (稲葉元吉・倉井武夫訳『意思決定の科学』産業能率大学出版部，1979).

杉本徹雄 (1997)「対人・集団の要因と消費者行動」，杉本徹雄編著『消費者理解のための心理学』福村出版，223-237.

杉本泰治・高城重厚 (2008)『技術者の倫理入門』丸善.

杉谷陽子 (2009)「インターネット上の口コミの有効性：製品の評価における非言語的手がかりの効果」，『上智経済論集』第54巻1・2合併号，47-58.

杉谷陽子 (2013)「新規ブランド構築における消費者の感情の役割」，『上智経済論集』第58巻1・2合併号，289-298.

高巌 (2013)『ビジネスエシックス』日本経済新聞出版社.

高林茂樹 (2007)「情報倫理と医療情報」，『埼玉女子短期大学研究紀要』第18号，1-17.

高橋伸夫 (1997)『日本企業の意思決定原理』東京大学出版会.

高橋伸夫 (2005)『＜育てる経営＞の戦略：ポスト成果主義への道』講談社.

武田哲男 (2013)『日本流「おもてなし」文化は世界的資産—ビジネスを成功に導く秘訣がここにある—』産業能率大学出版部.

田中義厚 (2003)『「口こみ」の経済学』青春出版社.

東芝 (2014)『東芝グループ環境レポート2014』.

東洋経済（2013）『会社四季報』第1集，東洋経済新報社．
塚越寛（2004）『いい会社をつくりましょう』文屋．
塚越寛（2009）『リストラなしの年輪経営―いい会社は遠きをはかりゆっくり成長―』光文社．
塚越寛（2012）『幸せになる生き方，働き方』PHP研究所．
塚越寛（2014）「企業に『成功』などない」（取材・構成：森末祐二），『PHP Business Review』第12号（1・2月号），21-27．
上田和勇（1987）「保険加入時の消費者の知覚リスクに関する実証的研究」，『生命保険文化研究所・文研論集』第79号，1-86．
上野正樹（2006）「モジュラー型製品の二面性」，『一橋ビジネスレビュー』第53巻4号，52-65．
Ulrich, Karl (1995) "The Role of Product Architecture in the Manufacturing Firm", *Research Policy*, Vol.24, 419-440.
梅津光弘（2002）『ビジネスの倫理学』丸善．
梅津光弘（2003）「アメリカにおける企業倫理論」，中村瑞穂編著『企業倫理と企業統治―国際比較―』文眞堂，13-27．
渡辺聡（1992）「商品に対する関与と商品購買時の情報探索におけるくちコミの利用との関係」，『社会心理学研究』第7巻3号，172-179．
和辻哲郎（1971）『人間の学としての倫理学』岩波書店．
山口隆久（2010）「関係性マーケティングにおけるCRM論」，村松潤一編著『顧客起点のマーケティング・システム』同文舘出版，49-69．
山本典弘（2005）「NISSAN『X-TRAIL』の使える道具感」，長沢伸也編著『ヒットを生む経験価値創造―感性をゆさぶるものづくり―』日科技連出版社，136-165．
山本昭二（1999）『サービス・クォリティ』千倉書房．
山本昭二（2003）「消費者のリスク対応行動と情報処理―サーベイデータから―」，関西学院大学『商学論究』第52巻2号，21-37．
ヤンマー（2013）『CSR報告書2013』．

索　引

A—Z

ICT……………………………3，85，90，91
ISO14001………………………137，268
IT……………………………………85，90，91
KPI…………………………………………130
NB…………………………………………102
ODM…………………………………………25
OEM………………………………………103
PB…………………………………………102
PDCAサイクル……………………………77
PPM……………………………1，8，144
PR………………………51，65，69，72，77
RBV………………………………………120

ア

アフィリエイト……………………………58
一期一会……………………………185，188
イメージソング…………………………237
インストールド・ベース……………18，20
インフルエンサー………………39，42，58
ウォンツ…………………………………138
永続的関与………………………………118
エデュテインメント……………168，242
オピニオン・リーダー………………39〜41
オープンネス……………………139，184

カ

拡張現実技術……………………253，255
価値次元……………………………29，30
カテゴリー・ブランド…………103，104，193
家電エコポイント制度…………10，11，145
金のなる木…………………………………8
カリスマ消費者……………………39，40，53
環境アクションプラン…………………248
環境関連ビジネス………………………239
環境貢献…………………………………207
環境性能……………………136，249，258
環境保護活動………………74，136，207
感性品質…………………………………152
感染型製品…………………………………45
記事広告……………………………………97
既得顧客基盤………………………………18
規模の経済性………………………………24
キャッシュカウ……………………1，8，144
キャッチコピー……………………248，265
競争ポジション……………………………12
クリティカル・ステージ…………………20
クロスメディア戦略………………………47
研究開発費………………………………121
コア・コンピタンス……………………193
コア事業……………………………………8
公共財的性格……………122，123，156
広告コード…………………………………70
広告出稿……………………………………96
広告情報……………………………………51
広告宣伝費………………………………121
広告宣伝予算………………………………68
口頭コミュニケーション…………………34
顧客情報取得………………………………3
顧客接点…………………………………160
コンプライアンス委員会…………………84
コンプライアンス担当役員………………84

サ

差別化属性………………………………28，29
参入障壁…………………………24，125，126
シグナル基準………………………147，148
資源アプローチ…………………………120
資源ベースビュー………………………120
資産ストック……………………………121
資産フロー………………………………121
自然再生運動……………………………239
シーダー……………………………………39，40

重要業績評価指標 130
受託生産 103
受動的パブリシティ活動 64
生涯売上 126
使用基準 147
状況関与 118
消費者行動 38, 113, 115
消費者心理 117
情報意識 116, 117
情報解釈能力 53
情報過多 52
情報技術 85
情報処理能力 52
情報操作 93, 95
情報探索手段 48
情報探索能力 53
情報通信技術 3, 85
情報編集能力 53
ショールーミング 93
心理的差別化 3, 31, 144, 147
人倫 84
推奨設計 25
すばらしい物語 59, 60
生産委託 103
成熟製品 24
ゼロエミッション 136, 258
戦略策定 121

タ

多角化戦略 174
定型的意思決定 115
伝道師 130
都市養蜂活動 239
ドメイン 235, 266
トレンド・リーダー 39, 41, 58

ナ

ナショナル・ブランド 102
ネット・プロモーター・スコア 130
能動的パブリシティ活動 64, 65, 72
ノーブランド 132, 150

ハ

バイラルマーケティング 57
バズ 42, 57
――マーケティング 41, 47, 57, 58
バックワード互換性 16
パブリシティ・イベント 74
範囲の経済性 107, 122, 123
バンドワゴン効果 20
非定型的意思決定 115
プライベート・ブランド 102, 103
ブランド・エクイティ 105, 109, 124
ブランド再生 108
ブランド再認 107
ブランド・スイッチ 125, 126
ブランド・ステートメント 248
ブランドマネージャー制 269
プレス・リレーションズ 72
プロモーター 130, 201
ベスト・プロダクト 127
法令遵守 84
補完財 19, 127
ポジショニング 105, 106

マ

マスコット・キャラクター 221, 237
マス・マーケティング 160
メセナ 133, 134, 197, 248
メディア連携 47
モジュール外販ビジネス 24, 25
モジュール差別化 24
モディファイアー 104
モニター宿泊 153
模倣リスク 143

ラ

ライセンス供与 103
ライセンスフィー 103
リサイクル 136, 213, 239, 258
リーチ 68
リデュース 136, 258
リピーター 187, 265
リファレンスデザイン 25
リユース 136, 258, 268
レッドオーシャン 26
ロックイン型消費 4, 128

《著者紹介》

白石弘幸（しらいし・ひろゆき）

金沢大学教授，博士（経営情報学）
1961 年　札幌市に生まれる。
　　　　東京大学経済学部，同大学院経済学研究科を経て，
1992 年　信州大学経済学部専任講師。
1996 年　金沢大学経済学部助教授。
2004 年　金沢大学経済学部教授。
2008 年　同大学組織再編により人間社会学域・経済学類教授。
　　　　現在に至る。
主　著　『組織ナレッジと情報：メタナレッジによるダイナミクス』千倉書房，2003 年。
　　　　『経営戦略の探究―ポジション・資源・能力の統合理論―』創成社，2005 年。
　　　　『経営学の系譜―組織・戦略理論の基礎とフロンティア―』中央経済社，2008 年。
　　　　『企業経営の情報論―知識経営への展開―』創成社，2010 年。

（検印省略）

2016 年 2 月 25 日　初版発行　　　　　　　　　略称 ― 脱コモディティ

脱コモディティへのブランディング
―企業ミュージアム・情報倫理と「彫り込まれた」消費―

　　　著　者　白　石　弘　幸
　　　発行者　塚　田　尚　寛

発行所　東京都文京区　　株式会社　創　成　社
　　　　春日 2-13-1
　　　　電　話 03（3868）3867　　FAX 03（5802）6802
　　　　出版部 03（3868）3857　　FAX 03（5802）6801
　　　　http://www.books-sosei.com　振替 00150-9-191261

定価はカバーに表示してあります。

©2016 Hiroyuki Shiraishi　　　組版：トミ・アート　印刷：エーヴィスシステムズ
ISBN978-4-7944-2470-9 C3034　製本：カナメブックス
Printed in Japan　　　　　　　落丁・乱丁本はお取り替えいたします。

─── 経営選書 ───

脱コモディティへのブランディング ―企業ミュージアム・情報倫理と「彫り込まれた」消費―	白石弘幸	著	3,100円
企業経営の情報論 ― 知識経営への展開 ―	白石弘幸	著	2,400円
経営戦略の探究 ―ポジション・資源・能力の統合理論―	白石弘幸	著	2,700円
やさしく学ぶ経営学	海野博 畑隆	編著	2,600円
豊かに暮らし社会を支えるための 教養としてのビジネス入門	石毛宏	著	2,800円
テキスト経営・人事入門	宮下清	著	2,400円
東北地方と自動車産業 ―トヨタ国内第3の拠点をめぐって―	折橋伸哉 目代武史 村山貴俊	編著	3,600円
おもてなしの経営学［実践編］ ―宮城のおかみが語るサービス経営の極意―	東北学院大学経営学部 おもてなし研究チーム みやぎ おかみ会	編著 協力	1,600円
おもてなしの経営学［理論編］ ― 旅館経営への複合的アプローチ ―	東北学院大学経営学部 おもてなし研究チーム	著	1,600円
おもてなしの経営学［震災編］ ―東日本大震災下で輝いたおもてなしの心―	東北学院大学経営学部 おもてなし研究チーム みやぎ おかみ会	編著 協力	1,600円
転職とキャリアの研究 ―組織間キャリア発達の観点から―	山本寛	著	3,200円
昇進の研究 ―キャリア・プラトー現象の観点から―	山本寛	著	3,200円
経営財務論	小山明宏	著	3,000円
イノベーションと組織	首藤禎史 伊藤友章 平安山英成	訳	2,400円
経営情報システムとビジネスプロセス管理	大場允晶 藤川裕晃	編著	2,500円

(本体価格)

─── 創成社 ───